上海市重点图书

马缨花下的扶贫记忆

——从脱贫到振兴的红土地群像

储 琰 著

華東理工大學出版社
EAST CHINA UNIVERSITY OF SCIENCE AND TECHNOLOGY PRESS
·上海·

图书在版编目(CIP)数据

马缨花下的扶贫记忆：从脱贫到振兴的红土地群像/储琰著. —上海：华东理工大学出版社，2019.8
ISBN 978-7-5628-5825-6

Ⅰ.①马…　Ⅱ.①储…　Ⅲ.①扶贫—研究—中国
Ⅳ.①F126

中国版本图书馆CIP数据核字(2019)第159984号

内容提要

这是一场没有硝烟却激烈异常的战役，这是一位挂职干部亲眼看见、亲身经历的与贫困做最后决战的真实画面。书中的一个个真实鲜活的故事，有喜悦也有悲伤，有激情也有感动，有艰难更有奋进……笔者用微观社会学的视角记录下这个过程中的群像，就是要用这些真实的故事告诉读者：在中国进行着的这场举世瞩目的摆脱贫困的战役，是一场扎扎实实来不得半点虚假的真抓实干！是一场共产党人用实际行动践行向百姓做出的承诺的世纪决战！是一场农民群众告别贫困奔向幸福的自我发展之战！

策划编辑/刘　军
责任编辑/刘　军　章斯纯
装帧设计/王　翔
出版发行/华东理工大学出版社有限公司
地址：上海市梅陇路130号，200237
电话：021-64250306
网址：www.ecustpress.cn
邮箱：zongbianban@ecustpress.cn
印　刷/江苏凤凰数码印务有限公司
开　本/710 mm×1000 mm　1/16
印　张/19.25
字　数/227千字
版　次/2019年8月第1版
印　次/2019年8月第1次
定　价/78.00元

（图片拍摄：马克军）

这片红土地上盛开着一种花，傲骨迎风，顽强倔强。

当地人叫它马缨花。

每当初春，满山遍野的马缨花开放，

红的、黄的、粉的……

那一片片映在绿丛中的色彩，

就像是人们对幸福生活的向往，

希望，呼之欲出，势不可挡！

序

这本书是一个年轻教师在脱贫攻坚一线的观察和思考，一个个故事娓娓道来，不乏乡土气息，又蕴含着深厚的情感和家国情怀。我很欣慰看到这样一本原汁原味的社会调查著作的付梓。

我们国家正在进行的这一场脱贫攻坚决战是一场伟大的世纪之战。之所以说其伟大，从纵向上看，这是在中华民族几千年历史发展中首次整体消除绝对贫困现象的壮举；从横向上看，我国承诺到2020年实现现行标准下农村贫困人口脱贫，贫困县全部摘帽，比联合国提出的2030年全球要消除绝对贫困早了十年达到目标，这是为全球的减贫事业做出了中国贡献，提供了中国方案。动员一切可以动员的力量，是我们社会主义优越性的集中体现。近几年，在古老的中国大地上招展着向贫困做最后决战的旌旗，每每看到各种报道中的脱贫攻坚画面，我的心中都会充满着感慨。为中国人民谋幸福，为中华民族谋复兴，是共产党人的初心和使命，也是激励中国共产党人不断前进的根本动力。直接在一线参与脱贫攻坚实际工作，并以社会学方法记录下脱贫攻坚过程中的点点滴滴，是一名共产党员教师的职责与光荣，这一点，储琰做了很多努力，我很欣慰。

储琰是一个很勤奋并颇有才气的书生，我是看着他在学术和职业上一点一点成长的。记得在他博士论文答辩的时候，我就曾经对他的一些微观社会学的新颖观点和论述进行过专门的指导。这个年轻人为人热情、开朗正派、乐于观察、善于思考，在朋友和同事中口碑颇佳。当他拿着这本书的初稿给我看的时候，我很高兴，因为这是他以一个社会学者的视角进行的最真实的田野调查，也是难得的脱贫攻坚研究的第一手资料。我一直很看重社会调查的原汁原味，并且一直认为，作为一名社会学工作者，要立足于中国的实际进行深入的观察和思考，要深入基层，以自下而上的视角探究中国，要具有家国情怀。储琰利用他挂职的契机，在完成工作的同时，深入农村群众，运用社会调查的方法，真实记录了这场世纪决战中的种种面孔和事件，生动又不乏深度。而且，在每一部分的前面，他都作了一首词作为引导，看得出来，这些词句中凝聚了他真挚的情感，也为整个著作增加了一些耐人寻味的诗意。

脱贫攻坚是一个宏观目标，在工作推进过程中必然要面对基层工作的复杂性和艰巨性。在基层工作中，各村有各村的条件，各家有各家的情况，群众有各自的利益诉求，要将“两不愁三保障”的目标精准落实到位，就需要基层干部在落实宏观政策的过程中，加入基层微观执行的智慧。储琰曾经和我提到，刚刚开始的时候，并没有找到什么合适的方式来展现这一场脱贫攻坚战，直到他在深入访谈中积累了一定素材之后，才决定用口述故事的形式来展现。这也是我所支持的。在口述史的写作中，最关键的是类型学的划分。每一个故事，并不仅仅表现故事或个人本身，而是应该体现这一类事或人的典型特征，即具有代表性。储琰在这本书中，不仅关注到了脱贫攻坚中干部、群众的个别问题，而且由这些个性问题推而广之，做了普遍意义的思考，这是比较难得的。

作为一名挂职干部，储琰在云南的工作得到了广大干部群众的充分认可，作为一名社会学者，储琰的社会调查体现了一名学者的素养与情怀。他说，希望这本书能够为社会大众展现一个真抓实干的脱贫攻坚战场，展现中国共产党人用实际行动践行的初心与使命，展现广大农民群众告别贫困奔向幸福的自我发展画面。这一点我深以为然。希望储琰能够笔耕不辍，以这本书为新的起点，在学术和职业的道路上不断拼搏奋进，取得更大的成绩。

掩卷而思，颇有余味；欣然提笔，聊作数语，以为序。

曹锦清

2019 年 7 月

（图片拍摄：李永坤）

前　言

十五年前，我第一次来到云南省的时候，还是一名大学生，作为暑期社会服务团的一名成员，进入某州的社区进行社区服务。我的印象很深刻，当时一位社区居委会的主任——一名五十多岁的基层干部这样对我说："我们是党的最基层的触手，我们工作干得好，群众会说这个人还是不错的；但我们要干得不好，群众就该埋怨党和政府了。你说我们能不好好干吗?!"这样朴实的基层工作理论让我倍感欣慰和激动，这句朴实的话我一直牢记到现在。

我真的没有想到，十五年后，已经成为一名高校教师的我，又一次踏上了这片红土地，并在这片热土上参与了一场与贫困做斗争的世纪决战。党的十八大以来，党中央对脱贫攻坚做出新的部署，吹响了打赢脱贫攻坚战的进军号。习近平总书记多次指出，让贫困人口和贫困地区同全国一道进入全面小康社会是我们党的庄严承诺；深入实施东西部扶贫协作，重点攻克深度贫困地区脱贫任务，确保到 2020 年我国现行标准下农村贫困人口实现脱贫，贫困县全部摘帽，解决区域性整体贫困，做到脱真贫、真脱贫。为此，全国上下行动起来了，共同发起向贫困的最后决战。而我有幸在这样的大背景下，在学校领导的关心、鼓励和支持下，成为挂职到地方参与脱贫攻坚决战的干部中的一员。

作为基层干部，我是一名和大家一样冲在脱贫攻坚一线携手群众与贫困做最后决战的战斗员；作为高校挂职干部，我是一名为学校科技教育产业支持贫困地区建设发展起桥梁纽带作用的服务员；作为从事社会科学研究的学人，我又是一名观察和记录这样一场世纪决战的记录员。两年的挂职工作，让我实实在在地经历了这样一场全民动员的脱贫攻坚战。我一直在想，要用怎样的方式才能够记录下这场攻坚战中的一张张面孔、一个个身影呢？

习近平总书记指出，到2020年现行标准下农村贫困人口全部脱贫、贫困县全部摘帽，是我们党立下的军令状。为了这个军令状，全党上下全国上下全部行动起来。实现"两不愁、三保障"（到2020年稳定实现农村贫困人口不愁吃、不愁穿，农村贫困人口义务教育、基本医疗、住房安全有保障）是我们脱贫攻坚的总目标；"实行严格责任制，做到省市县乡村五级书记一起抓扶贫工作，带领全党全社会推进脱贫攻坚"是中国的特色，也是中国的决心。习近平总书记同时指出，"要强化领导责任、强化资金投入、强化部门协同、强化东西协作、强化社会合力、强化基层活力、强化任务落实"，"加强领导是根本、把握精准是要义、增加投入是保障、各方参与是合力、群众参与是基础"。这"七个强化"和"五条经验"，是以战略思维谋大局，以系统思维汇合力，为打赢脱贫攻坚战提供了重要方法论指导（《党的十八大以来以习近平同志为核心的党中央引领脱贫攻坚纪实》，人民网，

2017年5月22日)；“五个一批”(发展生产脱贫一批、易地搬迁脱贫一批、生态补偿脱贫一批、发展教育脱贫一批、社会保障兜底一批)是对怎么扶的问题开出的“药方子”。有了总目标，有了方法论，有了“药方子”，全党上下行动起来，全民动员起来，结合各地区实际情况，轰轰烈烈的脱贫攻坚大决战吹响了号角！

脱贫攻坚，是一曲广大干部携手群众与贫困拼搏奋战的壮歌。两年来，广大干部深入乡村、深入群众，精准识别、精准对接，一户户地走、一个个地谈，针对不同的贫困家庭情况，进行不同的扶贫政策的帮扶。干部的节假日没有了，干群关系却越来越亲密了；同志们越来越劳累了，老百姓的理解和感恩却越来越多了；破旧的危房越来越少了，新的宽敞道路和安全住房越来越多了；干部越来越瘦了，老百姓的钱袋子却越来越鼓了……

脱贫攻坚，是一幅百姓告别贫困旧生活、迎接新幸福的众生相。基层工作难，难在争取群众的理解接受和拥护信任，难在政策的精准公平实施。要将国家的扶贫政策精准地施惠于老百姓，就要精准地掌握群众的情况，如实地了解群众的需求，要变告诉老百姓“干什么”为解释清楚“为什么”。群众是朴实的、真诚的，只要和他们说明白、讲清楚，他们会从内心深处拥护感恩和理解支持。一路走来，当面对群众发自内心的感谢，当看到他们捧出一盘盘瓜子、板栗，端上一杯杯热茶的时候，我们感觉到了真挚的情感！当然，面对个别群众的不理解，还需要用耐心、细心和深情厚谊，不断地改进和加强工作。

很多人都会问，这是怎样的一场脱贫攻坚战？甚至有人会问，脱贫攻坚是不是雷声大雨点小？其实，我写这本书，就是想用真实的案例告诉大家，这是一场扎扎实实、来不得半点虚假的真抓实干！这是一场共产党人用实际行动践行向百姓做出的承诺的世纪决战！这是一场农民群众告别贫困奔向幸福的自我发展之战！

本书中的故事，是原汁原味的对脱贫攻坚过程中干部、群众的记录，是笔者深入田野调查得到的第一手资料。这些故事，之所以用“群像”来命名，是要说明这并不是发生在某一个特定地区的个案，它反映的是广阔的脱贫攻坚战场上的真实情况，反映的是脱贫攻坚过程中各种人群的心态、行为、动机，等等。微观社会学的视角，总会关注到社会细胞的最微末之处；而对于微末之处的分析，可以为我们进行宏观的分析决策做出重要的支撑。本书的前四部分，分别从不同的角度，以访谈的形式，记录了脱贫过程中形形色色的人和事。最后一部分是笔者在访谈的同时，以微观权力等社会学理论视角进行研究思考所撰写的几篇论文。在每一章的开始，笔者不揣浅薄，写下一些顺口溜，虽不甚工整，也算是一种情感表达。书中穿插的照片并非与文字内容一一对应，只是为了增加直观感受。照片部分选自县里脱贫攻坚摄影大赛的作品，是一线干部的真实记录。所谓见微知著，笔者希望这样原汁原味的记录，能够让更多的社会大众了解这样一场伟大的世纪决战，也为从事这方面研究的学者们提供一些可以参考的田野资料。

在本书的写作整理过程中，得到了各级领导和同事、朋友的大力支持，尤其是得到了很多尊敬的师长的指导，在这里一并表示感谢。由于本人水平有限，书中不足之处恳请批评指正。

伍 研究与思考 · 229

适足乡土，笔随心录，思意跨越滇沪。会当一朝扶贫人，便难却他乡故处。

时回梦里，心念飞度，情牵振兴前路。再会春沐家园时，又重忆乡情如故。

（图片拍摄：卯明勇）

壹

乡土情深

（图片拍摄：周明清）

临江仙·乡土情深

密枝清海红土地，
千年故城惊鸿。
布衣蓑笠勤农耕，
家园见兴旺，
乡愁意更浓。

攻坚克难苦乐处，
更现鱼水情。
干群携手众志诚，
倾力付桑梓，
脱贫到振兴。

一个家族一个村

在大山深处坐落着一个集中安置的小山村，初到这个小山村时，我被这里的美丽和干净所震撼。一排排整洁的新房，墙壁上生动的民族绘画，让我惊奇于这个苗族小山村与其他深山中山村的不同。

村支书告诉我们，这个山村共有二十一户人家，是按照国家政策集中安置的新自然村。

村支书开始介绍这个具有特色的小山村。

“这个村子是一大家人，”村支书饶有兴致地说道，并顺手指向不远处，“你看这一片十一户人家，都是一大家子，已经是第四代了。”

“这是怎么回事？”所有人都很感兴趣。

“这要说到20世纪70年代的事情了，”村支书说起来也很有兴致，“那时候，另一个村的支书从隔壁镇请了一对苗族夫妇，来到这个山头上看护山林。两口子一直生活在山里，也习惯了，就一直在这个山里看护山头和树林，住的是简易的茅草房。两口子还算勤劳，在这里生活，也把孩子带过来，前后一共生了十一个孩子，十个男孩，一个女孩。这些孩子长大以后，各自成家，也没有走出这片山林，在这片山头上开始盖自己的房子（土坯房），开始独立生活。”

“那老两口还在吗？”

“老两口现在已经不在了,他们最大的孩子也已经不在了,要是在的话也有五六十岁了。现在,这下面的大家族,从老两口算起来已经到了第四代了。”

“那这一大家子最大的困难是什么?”

“主要是没有土地。这个山上本来就没有耕地,他们自己开辟了一些土地种,原来从村里到这里来的路都没有,前些年的生活还是很苦的。更关键的是,他们没有土地,又不是这个村里的人,盖房子也没有地方盖。”

“2003 年,这个大家族的规模已经很大了,这个山里只有山地,没有耕地划分,这么多人,这么一个大家族,山上山下的,住得零零落落,没有户口是不行的。在县里相关部门和镇里的直接关心下,这一大家子终于正式上了户口,并落在我们村。”

“这样问题又来了。他们上户口分到了我们村,而他们实际居住和劳作的地方,又属于隔壁一个村,他们住的地方属于那个村的集体林地。他们要盖房子,要征得那个村子的同意。我们村和隔壁村为这个事情反复讨论,解决了这些苗族群众的实际问题。我们说,希望隔壁村能够考虑到,当初请人家来看护林地,现在人家在这里安家了,应该为他们解决实际困难,同时,都是我们的村民,大家相互支持、关爱也是应该的。两个村支部共同商量,所有党员参与表决,最终,隔壁村同意在这片林地为他们提供住宅用地。去年,咱们扶贫政策落实,决定对他们集中安置,这些兄弟们又盖起了新房,开始了新生活。你看,现在路也通了,电也通了,水也通了,网络也通了,日子越来越好了!”村支书感慨道。

说着,我们走进了村头的一户人家。一个长相秀气、干净利索的苗族青年女子正好在家,邀请我们进屋小坐。屋里收拾得很干净,沙发、茶几、电视机一应俱全，更醒目的是，茶几上摆着一个插满野花的花瓶，体现了主人的生活情致，这在乡村中是不多见的。一个四岁的小男孩刚睡醒午觉，黏在妈妈身边。女青年落落大方，普通话说得也很好。问起来，原来她刚刚从广东回来，为了孩子上学回到乡里暂时不出去了。她的丈夫在隔壁乡镇打工，是开挖掘机的。

"你知道你们这个家族的故事吗？"我饶有兴致地问。

"不太清楚，只知道我的公公兄弟姐妹好多，"略带一些不好意思，她回答道，"这下面的人家都是我们家的亲戚，我公公排行第三，我丈夫还有一个妹妹。"

"都已经到了第四代了，你们这个家族真兴旺啊，你嫁过来也是有福呢。"我指着男孩子笑道。

"是挺热闹的，一到过年过节，他们就都到我们家里来，一块吃饭、唱歌，还要吃烧烤。"

"他们为什么都到你这里来呢？是只有你们这一代吗？上一代来吗？"我继续笑着问。

"这个我不知道，他们都爱到这里来玩。主要是我们这一代的兄弟姐妹们，老人们吃好晚饭也就走了。"她又笑着回答。

"嗯，她公公还是主心骨呢，"村支书补充道，"她公公人能干，有主见，实际上在老大过世以后，就是这个老三把这个大家庭撑起来了。虽然现在都各过各的，但是逢年过节还是要聚在一起的。"

"那这个村子一共二十一家，坡上面那十家呢？"我们问道。

"那十家是旁边搬过来的，"村支书说，"这个大家族在这里，旁边也有村民零落散居，按照集中安置的政策，我们就动员旁边散居的几家共同搬到这里,成立了一个村民小组。”

“这个小组民风非常好,你看到上面那一家吗?”村支书指向坡上,“那家一个老奶奶,总是会拦我们的车。”

看到我们一脸诧异,村支书笑着说:“老人家八十多岁了,单身一人,政府给她盖了新房,虽然小,但是设施都齐全。老人家一直念叨共产党好! 每次我们路过,她都会上来拦住我们的车,要不就让我们喝水,要不就送给我们鸡蛋,我们说要买,她说要买她就不认我们了。”

在返回的路上,同行的同志们兴致未减,继续聊起来,这个村子真的是我们脱贫攻坚的典型。大家觉得,这个村子体现出了三个方面的特点。第一,体现了一代人的奉献和坚守。老两口坚守承诺,在这里守山守了近五十年,家人后代全部在这里繁衍生息。第二,体现了守望相助的淳朴民风。两个村子为了解决这个大家族的问题,共同商量,各自想办法,不计较利益得失,以人为本,为这些群众解决耕地和住房,这是基层党组织的力量,是基层党员干部心系群众的最好体现。第三,体现了国家精准扶贫政策的实际落地。如果没有国家的精准扶贫政策,这个村子的大家族,即便是能够有房住、有地种,他们的房子也不会像现在这样漂亮,他们的环境也不会像现在这样优美,同时,没有通路通水通电,他们的生活还是像原来一样贫困和不便。

现在,这个村子有水泥路直接通到山外,而山外就是县里最著名的温泉度假区,每年都会有大量的游客来度假区游玩。我向镇里和村里的同志建议,现在这个村子建设得这么好,又是一个民风淳朴具有凝聚力的大家族,可以充分利用现有的地理优势和政策优势,开展乡村民族餐饮和旅游服务。我说,如果能够请老三这个当家人主持一下,张罗着第三代的年轻人们,将这个小山村打造一下,路边种上格桑花,院子里圈养上小鸡小羊,准备好洁净的餐具，穿上民族的服装，请游客们到这里来，享受一下山里清新的空气，品尝一下苗家的美味，在院子里谈天说地，那这个小山村后面马上会发展起来，而且会越来越好！镇里和村里的干部深以为是。

返程的路上，我和这位当了二十八年村支书的村干部聊了起来。我问老支书："您觉得现在基层工作最难的是什么？"

老支书打开了话匣子。

"其实，你说到最难的，我干了这么多年，最难的不是吃苦受累，更不是自己家里挣不到钱日子过不下去，其实我家里日子过得挺不错的，自己也干着事业，儿女们都齐整。最难的就是群众的不理解。"

"说实话，原来挣工分的时候，我就是村里的文书，那个时候，给谁多少工分，没有人说什么，都是乐呵呵地接受。"

"那是，那个时候有顿饱饭吃就不错了，人都单纯得很，哪有那么多想法。"旁边的妇女主任插话道。

"是啊，那个时候人的思想都单纯，不会那么计较。可你说现在政策越来越好了，为啥有的人就是不理解了呢？现在的群众都在看各种报道，说，习总书记带领大家脱贫致富，政策多好啊，都是为我们老百姓着想的，为啥到了你们这里，就不一样了？为啥有的家能拿到的补助比我们的多？为啥他们有，我们没有？为啥别的村我们的亲戚朋友能拿到那么多，我们拿不到那么多？肯定是你们这些干部层层贪污不给我们了。"

"天地良心，我们真的是按照政策来实施的。我们承认，不排除有个别干部真的是没良心，贪污扶贫款、截留挪用扶贫资金啥的，可我们真的没有。那你说为啥老百姓会这么想呢？"

"我琢磨了几个原因，你看看对不对啊，"老支书继续说，"第一，真的有一些败类，他们做的一些事寒了百姓的心，让群众心里感到不平衡还有怀疑。第二，扶贫的项目是有不同的啊。你就说不同的地方，因为地理位置、扶贫项目的不同，补贴的金额肯定是不一样的，那都是按照政策办的。但是老百姓会互相通消息的，哪个地方谁家拿了多少钱，比我们的多，那我就问了，为啥比我们多？你说是不？第三，建档立卡贫困户是扶贫的重点，政策往建档立卡贫困户倾斜，非建档立卡贫困户就会有些想法了。尤其是那些虽然不是建档立卡贫困户，但是条件又好不了多少的，心里就觉得不平衡啦。我拼死拼活地挣钱却拿不到补助，他们却能拿到。所以啊，基层工作难主要是难在这里。”

村支书的话引起了我们所有人的思考。是的，国家政策越来越好，生活越来越好，基层的工作也面临着新的挑战。我也想到了几个方面：

第一，政策宣讲的及时性和翔实性。政策宣讲不但要讲清楚干什么，还要和群众讲清楚为什么，否则“不完整的信息就是假信息”。当老百姓了解的信息是片面的、局限的，那他们就会在其中加入自己的理解，三人成虎，以讹传讹的信息传递会导致政策理解的失真。谣言止于智者，而智者的产生是源于我们对于政策的准确、充分的解读。因此，基层工作更为重要的一点，是要在干部充分准确理解政策的前提下，及时准确地向农民传达，要切实改变工作作风，坐下来，和群众耐心细致地讲清楚前因后果。相信绝大多数群众是明事理的，只要讲清楚，他们还是能够理解和支持的。

第二，政策落实的公平性和公开性。不患寡而患不公，在政策落实的过程中，一定要保证政策落实的公平和公开。在基层有时会听到一种声音，谁谁家开着豪车还吃着低保，谁谁家不困难还能够成为建档立卡户。排除个别的优亲厚友的违规行为，老百姓更关心的是政策倾斜是否公正、公平。因此，一定要不折不扣地按照建档立卡的标准和认定的程序严格执行，这样才能让群众认可我们的工作。

第三，政策的一致性和稳定性。政策的一致性和稳定性，是基层工作有效推进的重要保证。上面千根线，下面一根针。所有的政策都要靠基层干部落实在百姓身上。只有保证政策的稳定性和一致性，才能提升基层干部的公信力。比如说，在脱贫攻坚的过程中，民间有一种传言，说现在不接受政府给的补助，坚持到最后，没准以后的政策更好，拿到的补助更多。这种传言肯定是有滋生土壤的，针对的就是政策的一致性和稳定性。因此，我们在制定政策的时候，一定要考虑基层执行的实际情况和群众的心理。

（图片拍摄：储琰）

我来了，他们就是亲人

在路上，我们看到一位农户正在往还没有修好外墙的新房子里搬新沙发，便感兴趣地走上前去。

随行的村干部笑着说："呵，这家伙终于把新沙发搬进来了。"听这话似乎是有故事的，我们用询问的眼光看着村干部。

"哈哈，事情是这样的，"村干部笑道，"这户人家很有意思，他们家的新房子盖起来了，我们和他说：我们来帮你搬家吧！把家什都搬进来，住新房多好！你猜人家咋说？人家说了，不行，搬新家咱就得有新样子，要先把新沙发搬进去，图个新鲜。看看，还挺会生活的。这不，正好新沙发进来让咱们赶上了。"

说话间，我们走进这座新房子里，主人是一个四十岁出头的精壮汉子，他热情地招呼我们坐在屋里的小板凳上。我打量了一下新房子，地板是用不同花纹的瓷砖铺的，更用心的是，墙围子也用瓷砖镶了一圈，显得整洁时尚。

"您贵姓啊？家里几口人？您是哪里人啊？"我们开始攀谈。

"嗨，啥贵不贵的，我姓L，家里五口人，我们两口子还有俩娃，还有丈母娘。我是临县人。"汉子憨厚地笑着说。

"他是上门招亲来的。"村干部笑着补充。

"呵呵，是呢，我是上门来的。"汉子有点不好意思。

"嗨，这都啥年代了，还有啥招亲不招亲、上门不上门的，一家人在哪里，家就在哪里了。"看出了他的不好意思，我圆了圆场。

"是呢是呢，你说得合呢合呢（认同的意思）。"汉子似乎很振奋，抬起头高兴地看着我。

"这座房子盖起来要不少钱吧？"

"可不是，前后花了九万多块，还没装修完呢，还要个一两万呢。"说起房子，汉子很是高兴。"国家政策好啊！我就说个实在话，要是没有国家的政策，你说我们敢想吗？这不我盖了（这座房子），国家按照相关政策还给我们补贴点，这样我才敢盖呢。要是没有国家政策补贴，我们可不敢轻易盖，也盖不起啊！"

"你们是真真正正享受到了国家扶贫的好政策，"我说道，"是不是感到生活有奔头？"

"可不是嘛，国家扶贫政策真的好，干部们也是实实在在给老百姓干事啊！"汉子笑道，"你就说各级领导，我都见到过多少个了？镇里的书记啊、镇长啥的，我经常见到，管我们村的镇里领导，我们都熟得很了。还有啊，县里的领导我也见过很多回了。原来哪能见过这么多的领导？不一样啦，不一样啦！"

汉子这样一说，旁边村里、镇里的领导都笑了。

"你主要靠啥收入？"我问道。

"唉，主要还是种种地、打打零工。"

"他们家土地还是有点少的。"旁边村干部插话道。

"是，土地少，我们家劳动力也少。我在地里干干活，媳妇主要是带孩子。孩子大的十五岁啦，小的才上两年级，离不开人呢。然后我有空就在周边打打零工，我有装修的手艺，能揽些装修的活。”

“打打零工包吃包住，一天拿个一百块没问题，手艺好着呢，又勤快，周边有活都愿意叫他。”村干部笑道。

“那你丈母娘可以在家帮你们收拾收拾、做做饭。”

“唉，她身体不太好，但也能干一些。”

“看来你和你丈母娘相处得还挺好的。”

“嗨，农村嘛，一块儿过日子，我们不管谁管啊！我丈母娘还有一个哥哥，脑子有点问题，是五保户，还不是要我来管！”

“他这个人的心蛮好的，”村干部补充道，“他丈人死得早，他们两口子不光管着丈母娘，还要管着这个舅舅，也没啥怨言，挺孝顺的，村里人都知道。”

“呵呵，”汉子又憨厚地笑了，“我们不管谁管，我媳妇家里又没有别的人，我既然来了，他们就是我的亲人，都得管。”

“你的老家还有啥人？”我继续问。

“家里还有哥姐好几个，现在也都单过了。我都不记得我妈长啥样了，她应该是在我半岁左右就走了，家里也穷，我爸把我们拉扯大，在我二十来岁的时候，他也不在了。后来我就和我媳妇结了婚，到这边来了。”他似乎回忆起了曾经的苦日子。

“嗯，你以前的日子也够苦的，”看到他回忆，我岔开话，“不过现在日子好过了，你们两口子又孝顺，后面的日子会越来越好的。你看看，今后努力把两个孩子教育好，日子肯定会越来越好！”

“嗯，我也是这么想的，现在能干就多干点，政策好、有钱挣，好好干几年，把孩子供养成材！”

“你为什么要把家里贴上瓷砖啊？在咱们农村，经常就是土泥的墙和地，直接弄一个水泥地面或者是水磨石的地面，经济实惠耐用，不比瓷砖差，还省钱！”我问道。

“你说得合呢。要是我自己啊，我就直接用水泥一弄平就行了，还省得麻烦！可是我这不还一大家子嘛，他们三个都说，别人家都贴了，咱们也图个干净漂亮，就贴吧！那我能说啥，肯定贴啊！贴了他们仨高兴啊！他们高兴我就高兴啦！”

“哈哈，你说得对，家人高兴就都高兴啦！你的日子肯定越过越好的。”我们笑着鼓励他。

在写下这个故事的时候，习近平总书记对实施乡村振兴战略做出重要指示：实现乡村产业振兴、人才振兴、文化振兴、生态振兴、组织振兴，推动农业全面升级、农村全面进步、农民全面发展。文明乡村的建设，正需要这些有担当、有孝心的乡村典型。他们虽然不是乡村中经济最强大的群体，但是，他们身上体现出的中国传统的尊老爱幼、感恩担当的朴素品质，正是我们需要大力宣扬并且鼓励的乡村文明的重要组成部分。大力宣传传统美德的榜样，在乡村振兴中，在建设文明乡村的过程中，将会起到举足轻重的作用；营造感恩诚信美德的乡村文化，是乡村振兴的重要环境支持。

日子总是越过越好的

在一座刚刚盖起来的简单装修的房子前面，我们遇到了房子的主人一家，快言快语的女主人热情地邀请我们在院子里坐下。

我打量了一下这个院子，虽然堆着一些建筑材料，还有一些用于养殖的饲料草，但却收拾得整洁有序，土质的院子打扫得干干净净，一个八岁左右的小女孩活泼地在屋里屋外跑着。还有一对五十岁左右的夫妇站在院子里，笑呵呵地看着我们。女主人麻利地招呼我们坐下，张罗着给我们倒茶。我们一共来了四个人，女主人给我们倒了四杯茶。我看到四个茶杯是挺时尚的玻璃杯，而且都是一样的。这让我在心里产生了好感：这是一家会过日子的人！

“您是这家女主人啊？您贵姓啊？家里几口人啊？”

“哈哈，啥贵姓不贵姓的，我姓Z，你们就叫我小Z好了。”年轻的女主人很健谈，兴致也很高。“我家里户头上三个人，我老公、孩子，还有老公公。”

“啊？那您的户口没有在这里？”

“嗯，我是临县人，离这里有六十里路吧，”女主人指着两位老人说，“这是我娘家爸妈，这两天来看我哩，来串亲戚啦！哈哈！”

“自己爸妈来了，应该是回家才对啊！咋能说是串亲戚呢？”我笑道。

“嗨，农村嘛，娘家爹妈来婆家，可不是串亲戚嘛。”女主人大声笑道。

“你们家是建档立卡户啊？大哥大嫂也过来坐下啊！”我们看到墙上的建档立卡帮扶卡，便这样问女主人，并招呼两位临县的“亲戚”一起来坐。老夫妇俩倒也大方，笑呵呵地坐下来和我们聊天。

“是呢，”女主人答道，“我们是前几年的建档立卡户，现在已经脱贫了，不是建档立卡户了。国家政策好啊！”

“是啊，现在国家政策真好啊！”女主人的父亲接上话，“你们县的发展真是快啊！闺女在这边，我们也经常来看看，反正也不远，你看这两年变化真大啊！我们县前几年就脱贫了，不是贫困县了，现在看看，你们县这几年发展比我们还好啊！”

“您说说看，咋个好法？”我笑着问。

“嗨，别的不说，你就看看这门前的路，全是水泥硬化的，而且是国家帮忙修的。我们家那边，门前也都硬化了，那还是好多年前政府投入再加上村民们出工出力共同修的呢，你说这不是越来越好嘛！国家政策真的好啊。”

“是啊，这几年确实在公共设施上面投入更多了，”随行的一位村干部说道，“你们这老两口还真是要表扬的呢。你们能看到国家在扶贫过程中对公共设施的不断改善，而不是像个别人似的总是计较自己拿了多少，还有埋怨政府没把水泥路修到自己家门口的呢！一点也看不到政府为了改善大家的生活在公共设施上的投入。”

“嗨，你说那个别人都不走脑子想想，自己修房子哪能还让别人修门前的路啊！那外面的路好了还不是我们老百姓享福？”老人被夸得有些不好意思。

“你们是咋评上建档立卡户的？”我问年轻的女主人。

“唉，当年我嫁过来的时候，老公没有户口，两位老人都已经快八十了，也没啥收入，当时房子也又破又旧。后来，我们去村里面问了，村里面知道我们日子过得苦，就帮忙把老公的户口落回来，和老人们在一起，村里面评议了以后就把我们评为建档立卡户了。后来，我和老公都出去打工了，老人在家里还种点地，拼了几年，加上国家的一些补助，日子就慢慢缓过劲来了，我们也就脱贫销卡了。”女主人介绍了当年的经历。

“我听你说是当年到村委会问的，你们认为是因为去找了才拿到的建档立卡，还是按照政策得到的建档立卡？”我问道。

“哎，这可要说明白，”女主人似乎有点紧张，“我们找是找，是把情况说明白，我老公户口找不到嘛，村里还是按照政策一点一点解决的呢。”

“别紧张，”我笑道，“我们也知道肯定是按照政策办的，如果不按政策，那村干部就要犯错误了。”旁边的村干部也跟着笑起来。

“老哥，你们在那个县主要是做什么？”我们转向临县的老两口。

“我们主要是打工呢，一般干干建筑装修什么的。家里还有十多亩的果山，种了点桃子、栗子什么的，但现在一是量不多，也不是很贵，二是家里亲戚朋友分点，外面来的商人收点也就没啥了，也没指望这些果树挣钱。”

“闺女嫁过来感觉咋样？”我继续问。

“嗨，这闺女啊，仁义！两口子过得也挺好的，女婿在外面打工，闺女在家照顾孩子上学，还有一个八十多岁的老公公。”

“是个孝顺孩子。”我们夸奖道。

“是呢，”娘家父亲接着说，“她公公有四个儿子，现在就是跟着他们两口子，她老公公还说呢，就是这小两口有良心呢！”

“也是这俩孩子仁义，”娘家母亲有话说，“这俩孩子还是识大体的。他的三个哥哥也确实是没有他们做得好。她婆婆去世的时候，坟地在其中一个儿子的地里，那个儿子说啥也不同意，最后还是这小两口拿出自己的地置换给他哥哥，才让埋在那儿。分家的时候，公公婆婆把老房子分给了其他两个儿子，这个小儿子一点没拿到，现在还不是在养着老头？我有一次在和亲家闲聊的时候还拿这话半开玩笑地点他们呢。”看来娘家母亲还是有些想法。

“嗨，那人老了还不是要有人养着，”旁边的女儿嘟囔了一句，“我们俩年纪轻轻的，都能干，我又在家里照顾孩子，连老的一块照顾了。谁还没有老的时候啊。现在我们有手有脚的，计较那些干啥！”

“你这话说得合的，”一旁的村干部赞成道，“年纪轻轻不等不靠，有孝心，又知道感恩，你们家的日子肯定会越来越红火，错不了。”

“是啊，”另一位同行的干部说，“这个居家过日子啊，讲究个气场。你看看，你们小两口心里宽，又懂事，见过世面，没有那么多怨气，知道奔着好日子努力，这日子错不了。还有你这娘家爹妈，也是识大体的，没有拿这些事情说三道四的，这就是家里的气场！日子肯定越来越好！”

一席话说得大家都笑了。

“一定要用心地把孩子培养好，等孩子以后把书读好了，你们的日子就会更上一层楼了！”我们祝愿道。

“是呢是呢，我现在不就是在家陪着她呢，以后再出去打工！日子总是越过越好的！”女主人笑道。

我们谢绝了留下吃饭的邀请，起身的时候，我笑道：“娘家爹妈来闺女这儿，可不是串亲戚，那是回家！在一块就是家！等以后这小两口干得好了，房子再加盖一层，你们来住，一家人多乐呵！”

“哈哈，离得不远，现在车又多，方便得很！到她这儿住，我们还真不习惯，就算他们加盖一层，还是没有我们家的大瓦房宽敞呢！我们那个是冬暖夏凉呢！”娘家父母的笑声中充满着自豪与对生活的满足。

（图片拍摄：储琰）

一位老人和三副对联

这是位于村子东北方向主路边的一座简易平房，院子用水泥铺平，打扫得很干净；平房不大，有一厅一室，厅兼当厨房与客厅，内间是卧室。

引起我们注意的是平房大门上贴的一副对联，对联的内容是“村镇领导步步高升，孤寡老人天天幸福”，横批是“梦想事成”。写这副对联的是一位八十四岁的老人。

“感谢共产党，感谢你们这些干部啊！让我这个孤老头子现在过得有吃有穿还有住，这要搁在过去，可啥都没有啊！你们快进来，我给你们烧水。”见到我们在门前驻留，老人家热情地迎上来，开门见山就对我们讲出这番话。

“我今年八十四岁了，就孤老头子一个了，政府给我盖了房，还总是关心我，我觉得过得挺好，谢谢你们。”坐下来，老人家就开始自顾自地描述起他的生活。“我是邻村人，三十多岁的时候上门（指入赘）来到这个村的，在这个村待了五十多年了。原来我有点木匠手艺，也读了点书，就干这个养家。老伴早就没了，我们结婚的时候她已经带着两个孩子，现在老伴没了，两个孩子也自己生活，就剩我老头子一个人了。”

“党的政策好啊，像我们这样的，有‘五保’，有高龄补助，我每个月能领到几百块钱，够我吃够我穿，还一分钱不用我花给我盖了这个平房。我心里感谢啊！我就想表达一下，正好会写几个字，就把心意写在对联上。”面对我们为什么写春联的疑问，老人家这样回答。“都写了三年了，从前年就开始写了。”

“现在还种点地吗？还有什么挣钱的营生？我看那里有个爆米花的炉子，您老人家还做点小生意，卖点爆米花挣钱吗？”

（图片拍摄：储琰）

“唉，地我肯定是种不动了。那个炉子啊！那是为人民服务的！”看到我们一脸懵懂，老人指着炉子笑着说，“村里的干部、邻居都帮着我，我也干不了啥，给他们爆点爆米花，也是给大家服务。”

看着老人爽朗、欣慰的笑脸，一行人都很感慨。临走之时，老人拉着我们，指着门口编了一半的竹制背篓说：“等我编好了，送给你们！”我笑着说：“老人家，您这手艺不错，您好好编，到时候我来买！”老人家紧张地慌忙摇手：“买不得买不得！”

大学教师夫妇和一对乡村姐妹

一位大学的同事和我联系，说希望能够在贫困地区孩子上学的方面贡献一点力量。他们夫妇俩都是我的同事，也是我的前辈，两位在学术和工作上都有一定的建树。在他们的一再要求下，我答应帮他们留心真正需要帮助的贫困学生。

在感谢他们奉献爱心的同时，我将贫困地区孩子的教育情况向他们做了介绍。在国家义务教育均衡发展推进的过程中，贫困地区落实义务教育的工作非常到位，义务教育阶段免费读书，初中和小学的孩子们的经济压力更多的是在生活方面。由于高中阶段不属于免费义务教育，希望考取高中继续深造的贫困家庭孩子，将面临学费和生活费的双重压力，如果家中经济状况不是很好，那么高中的费用将成为一种压力。当然，现在对高中阶段的建档立卡户学生的学费减免政策已经落实，但一些家境一般的学生压力还是有的。在我的介绍下，夫妇二人决定资助几名高中生继续学业。

我曾经笑着问他们：“资助几个孩子，知道你们的经济实力还是可以的，但还是有点压力吧？”他们是这样说的：“帮助孩子上学是应该的，我们本身就是老师，更有责任贡献一些自己的力量。再说以我们现在的生活条件拿出一些钱不会吃紧。大不了从此以后我们就不请人吃饭了，让别人请我们！哈哈！”爽朗的笑声让我深深地感动。

受两位之托，我在某村找到这样两个孩子。她们来自一个命运多舛的家庭。姐妹两个，一个在县城上高一，一个在乡镇上初二。在姐姐三岁的时候，她们的母亲因病去世；她们的父亲从她们出生起就没有真正关心她们两个，一直在外面瞎混，以至于"几进宫"，从监狱出来一次没几天就又进去了，现在还在监狱服刑。两个孩子的外公早逝，由外婆一手拉扯大，两个舅舅也没有多余的能力照看这两个外甥女。因为孩子一直住校读书，我请村委会的同志联系了几次都没有联系到。终于，一个月以后，恰逢一个周末，在村委会同志的帮助下，我和她们取得了联系。

村主任告诉我，很遗憾，上高中的姐姐已经在两个月以前辍学外出打工了，妹妹和外婆住在另外一个村子（外婆老家的村子）。在我的强烈要求下，村主任想办法和在外打工的姐姐取得了联系。村主任向她说明了缘由，我把电话接了过来。

孩子对我说："老师，谢谢你们，谢谢你们关心我的读书问题。老师，我不上学出来打工，真的不是我不愿意读书了，是因为我家庭的实际情况，外婆真的拿不出钱来了。我出来的时候，并没有办辍学，我办的是休学。我的班主任和我舅舅都和我说，将来不要因为现在不读书的决定后悔。所以，我还是决定休学。等一年以后我攒点钱，回来继续读。"

我把我同事夫妇的心意转达给孩子，并鼓励她，一定要坚持读下去。我能听到电话那头孩子激动而颤抖的声音。我知道，她一定会回来继续读书的。

村主任又带着我马不停蹄地来到妹妹和外婆住的地方。这是一座非常老旧的房子，虽然还算安全稳固，但看上去十分破烂。一个胖乎乎笑得很甜的小女孩从屋里迎出来，我知道，这就是妹妹。

“外婆在地里种玉米,我去把她叫回来。”小姑娘飞快地跑出门,一会儿,陪着一位老妇快步走回来。老人家今年六十一岁,但看上去足足有近七十岁的年纪,饱经风霜的脸和手布满皱纹,嘴里的牙基本掉光了。

坐在简陋的院子里,我们聊起了家常。听我说明了来意,老人家激动不已。

“前阵子老大说不读了,说学费和每个月的生活费我根本出不起,不想让我太累了。我能说啥?我们娘俩就抱着一块哭!她说马上妹妹也上高中了,她不能只管自己。”老人家一边说一边用手抹着眼睛。

“谢谢老师。”小姑娘也抹了抹眼睛,随即坚强地抬起头,我看得出来,这是一个坚强、阳光的孩子。“老师,我也特别爱读书,我知道高中三年不容易,但我还是想读高中,我想考大学。我进了大学就能自己勤工俭学了,我们班主任也是这么告诉我的。请您转告想要帮助我们的两位老师,我学习成绩不错,我会继续努力读下去的。”

我能说什么呢?看着这样的家庭,看着这两个坚强乐观的孩子,看着这位饱经沧桑的老人家,我只能把看到的和听到的原原本本地向两位同事反馈。

两位老师说谢谢我帮他们找到了需要帮助的人,他们一定会竭尽全力帮助这两个孩子完成学业。我给妹妹和外婆拍了一张照片发给他们,他们在微信里说:我们两口子会给她们姐俩打电话,鼓励她们,帮助她们,让她们能够继续读下去!

我在给他们的微信里说:谢谢你们,你们的善举救了一大家子!

他们回复:应该的!

记录下这样一个事例,我有几个方面的思考和感受:

第一，感谢包括我这两位同事在内的所有热心的人们，他们的善举真的可以帮助孩子，甚至挽救一个家庭。设想一下，如果没有爱心人士的帮助，本来能够上大学闯出一条更好出路的姐姐，可能真的会淹没在茫茫的打工大军中，最终只能揣着美丽的梦想过着贫苦的生活。我这里只是记录了这对教师夫妇的故事，而和他们一样的和我联系，一对一支持孩子读书的好人们还有很多，我没有一一列举，但是他们的善举和与我联系过程中说过的每一句话，都让我倍感振奋和感动，向他们致敬！

第二，用教育阻断贫困的代际传递，高中阶段也需要得到社会各界的深入关注。在国家扶贫措施不断完善、精准的同时，义务教育得到普及，教学条件有效提升，高中教育阶段也有各种相关的贫困补助政策。但是，高中阶段的学费和住宿费对一些贫困家庭的孩子来说还是有一定压力的。一般说来，寒门学子能够考上高中的，大都是心中揣着梦想，学习努力拼搏，希望考上大学，并极有可能考上大学进一步深造，获得能力回馈家庭的孩子。但另一个事实是，高中学生的年龄阶段以及高中繁重的课业和高考的压力，使得就读于这一阶段的孩子根本没有精力像大学生一样一边勤工俭学，一边完成学业，他们更多的还是会依赖家庭的支持和贫困补助的支撑。所以，这一阶段的孩子更需要经济上的资助，这样他们才能够安心地读书和参加高考。我们当然会相信，在这一艰苦阶段得到资助的孩子，一定会建立起一个善良的、感恩的心态，他们以后上了大学、踏入社会，也会成为一个有爱心、乐于奉献的人。

第三，爱心人士需要更精准地对接到需要帮助的孩子个人。在帮助众多爱心人士和受助对象建立联系、搭建一对一桥梁的过程中，我深切地感受到，很多慈善爱心人士，更希望自己能够精准地对接到需要帮助的孩子，与受助者建立起直接的联系，从而一对一地进行经济、情感的资助与支持。包括我自己在内，因为我有接触基层的条件，我就可以定点定人地直接资助孩子，并经常和他们交流，在情感上对他们进行支持。但是，很多爱心人士虽有资助意愿，但苦于找不到精准的信息来源，我相信这样的情况还是不少的。因此，我更加呼吁具有爱心的慈善机构，多搭建一些资助和受助双方直接交流的平台，也就是说搭建起资受双方直接联系的平台，承担更多的精准信息掌控、精准对接的工作，从而更有效地使需要帮助的人得到精准的帮助。有很多爱心人士表示，一对一地定点帮扶到孩子本人，比通过一些公益机构转手更好，因为这样可以直接和孩子交流，在孩子的成长支持、心理关爱、情感互动方面有更好的效果。

（图片拍摄：储琰）

把自己关起来的姐妹俩

听一位扶贫干部讲，有两个女孩子，正在读小学，寒假开学之后就没有返回学校上学，学校老师已经多次上门做工作，但两个孩子就是闭门不见。这位干部说，她也已经去了一次，但是两个孩子躲在屋里，就是不开门，一个多小时没有任何回应。她说，为了孩子，她还要再去跑一趟，于是我们也跟着来到了这两个女孩子的家里。

这是一个非常贫困和脏乱的家庭，院子里到处散落着垃圾，破旧的灶房墙壁被熏得漆黑，灶房的锅里煮着黑乎乎的不知道是什么食物的午餐。唯一新鲜的，是政府帮忙修建的保障住房。院子里一对中年夫妻，看上去有些邋遢，但态度倒很热情，不过用普通话进行沟通还是有点困难。

随行村干部告诉我们，这家的女主人是苗族，男主人是汉族。女主人不擅长家务，男主人每天喝得醉醺醺的（这点不用他介绍了，我们到的时候男主人站立不稳，说话也是大舌头的）。

“你们坐，你们坐。”男女主人很热情，但院子里真的没有地方可坐。

“孩子在家吗?”我们问道，同时发现屋子一个房间的门本来开着一条缝，现在迅速地锁上了，由此我们知道孩子在家。

随行的一位县里的干部走到门口，开始和孩子说话。

“孩子，开开门，姑姑是来看你们的。你们打开门和姑姑说说话好吗?”

没有反应。

“孩子,不要害怕,我们买了你们爱吃的薯片和辣条,你们出来,或者让我们进去,好吗?”还是没有反应。

“孩子,你们如果不出来,能把窗帘拉开一点让我们看看你们吗?”屋里一点动静都没有。

……

就这样,这位县里的干部站在房门口,一直耐心地和孩子说话,虽然里面没有一点反应,但她还是没有放弃。

十分钟、半个小时、一个小时……

一个半小时过去了,这位扶贫干部就那样一直靠在门上,耐心地说着,房间里的孩子虽然偶尔会轻轻回答一下,但还是没有开门。

这位女干部一直没有变化的身姿似乎已经凝结成一座雕塑,一座美丽的心怀群众、心怀责任的雕塑。我忽然感到一种强烈的震撼和感动!她是县里的一位领导,但现在,她身上所表现出的是一种母性的耐心与细致,和一个基层干部令人敬佩的责任感。

又过了半小时,她转过身来,走向我们,虽然房门一直没开,她脸上难掩一丝失望,但还有一丝欣喜。她和我们说:“我看到孩子们了,她们拉开了一角窗帘,我看到两个孩子了!前面村干部告诉我了,再过两天是妹妹的生日,我们可以利用这个机会和孩子们进一步交流!”看到她洋溢着兴奋与希望,我更加感动了。这样一位领导干部,在对孩子进行了近两个小时的劝导后表现出这样兴奋的表情,这是一种发自内心的情怀使然!

我们把孩子的父母叫到身边,详细询问孩子的情况。

“孩子多大了?”

“十六？十七？小的十三？说不清楚了。”这是母亲的回答。

“就是上小学嘛。”这是父亲的回答。

我们惊愕了，这是连女儿年龄都说不清楚的父母！

“孩子为什么不去上学了？”

“不晓得，就是回来和我们说不去上了，我们再说，她们就不理我们了。”

“没有说为什么？”

“啥也不说，我们要是说多了，她们会打我们的，”母亲气愤地说，“你看看我这个脚，就是昨天老大拿石头砸的。”

上小学五年级的孩子，能够用石块砸母亲，这是多大的仇恨！这里面一定有原因。

再问什么，父母已经提供不出任何信息了。

回到村委会，我们将村支书、分管教育的镇领导召集在一起，大家共同讨论如何让两个孩子从屋子里走出来。讨论的结果是，由于孩子警惕性比较高，而且我们还不明确孩子到底经历了什么才会躲着生人，所以首要任务是得到孩子的信任，先使她们从屋子里出来，再详细地了解情况。

女村支书和分管教育的女副镇长，以及派出所所长自告奋勇，第二天再去试一试。

第二天，在所有人焦急的等待中，下午，好消息终于传来。两个孩子终于出来了，并且在两位女干部的陪同下买了新衣服，准备上学。事情的过程是这样的。

村支书是孩子比较熟悉和信任的人，她首先去敲孩子的门。

村支书这样说：“孩子，我来看看你，记得你快过生日了，上次那个姑姑来，你没给开门，她告诉我要给你买新衣服。你看，我给你带来了新衣服，你开开门咱们试一试?”

孩子不开。

村支书又说:“就我自己在门外,没有外人,你不要害怕,你把门开开,我进来给你试一试?”

……

半个小时后,天下起了雨。

村支书站在雨中,没有打伞,继续努力:“孩子,你看,我没有带伞,在外面淋着雨,你看能不能把门开开,省得我挨浇?”

孩子终于说话了:“姑姑,我们的门打不开了,只有窗子打得开,您就回去吧。”

村支书问:“那你们是怎么进去的?”

孩子说:“我们是爬窗户进来的。”

村支书说:“那我也可以爬进来,帮你们看看是不是锁坏了,可以给你们换锁。”

孩子沉默了(村支书事后说,说锁坏是她们的小伎俩,看来没有奏效)。

村支书真的爬了进去,两个孩子站在阴暗的房间里,不知所措。

村支书一边拿出准备好的衣服,一边打开了房门(锁根本没有坏)。

这时,在远处一直等着的女副镇长和派出所所长也走了过来,孩子的目光马上警觉起来,立刻又要逃。

副镇长灵机一动,对村支书说:“下了雨,你怎么没有带伞?我们等着你商量事呢,看到你没有伞,就一块过来给你送伞。”

村支书也明白过来,马上说:“我这边没有忙过来,也没来得及给你们打电话。”她又转过身来对孩子说:“这是我非常好的朋友,你们也要叫姑姑。”

看到孩子警惕地看着派出所所长，村支书灵机一动，说：“他们是两口子。”

孩子终于放松了警惕，接下来的事情就顺利了。

三位干部坐在孩子的屋里，从买衣服开始说到上学，孩子终于可以正常交流了。两位女干部带着孩子来到镇上，在商店重新为她们买了新衣服，在饭店吃了一顿饭，并且非常自然地带着孩子做了体检，孩子并没有受到我们所一直担心的伤害。

最终了解的情况是，孩子因为父母实在太过懒惰、邋遢，且父亲酗酒，家中经济实在困难，感觉在学校受到歧视，感到自卑，才最终躲起来不愿意见人。

当这一天过去，和孩子分手的时候，孩子的眼里充满了泪水。村支书说，那是委屈、感动，还有什么，她说不出来，只是感觉心里酸酸的。

事后我们坐在一起讨论事情的经过，说到当时的“惊险”场面，很多人都不禁发笑，比如爬窗子、假装两口子、随机应变……在他们的笑容中，我看到的是一种努力过后的欣慰。

记下这样一个故事，主要想表达两个方面的内容：

第一，是千千万万个像故事中的几位干部一样的基层干部，为我们社会的和谐、群众的发展默默地贡献着自己的力量。他们是最基层的，他们也是最重要的。党的政策需要他们落实到群众身上，党的声音要靠他们传到百姓心中。他们收入不高，但是却承担着极为重要的角色和任务；他们文化水平不高，却运用着最朴实的智慧解决最难解决的家务事。上面这个故事，在看着他们谈论过程中的笑脸的时候，我的眼睛竟然有些模糊！向这些最基层的干部们致敬！我曾经听一位村干部说过这样的话：“我工作干得好，老百姓最多说我这个人不错；要是我干得不好，那他们可就会埋怨党和政府了啊!”朴实的话却彰显出高尚的责任感和使命感！这就是基层干部的境界。

第二,在发展教育阻断贫困的代际传递的时候,还有一部分角色需要我们进一步关注。在很多故事中,我们都会发现没有文化、缺乏知识的家长的身影。教育是一个系统工程,不是仅仅由学校承担就可以了,家长对孩子的成长也起着至关重要的作用。在我们大力发展学校教育的同时,应该有一部分精力关注农村家长,尤其是那些文盲、半文盲家长,要通过各种宣传教育来帮助他们:首先,要改变他们落后的生活方式;其次,要改变他们落后的教育观念;最后,如果有条件,也要教给他们一些教育孩子的基本常识。

事情结束后,干部们表示将进一步跟踪这个家庭。大家分工多陪伴一下孩子,听听孩子的心声,逐步解开孩子心里的结。几个月之后,我们得到消息,这两个孩子已经在另一个村里的一所学校开始上学了,不幸的是,他们的爸爸因为酗酒突发疾病离世了。大家又一次聚在了一起,齐心协力为这个家庭、为这两个苦命的孩子争取各种资助,确保她们能够顺利地完成学业,一直到她们能够自食其力,开始新的生活!

大核桃树村的故事

这是一个彝族村子，我更愿意直接叫它大核桃树村，真名倒是可以忽略一下了。之所以叫它大核桃树村，是因为这个村的村头，有一棵树龄三百年左右的大核桃树。林业部门认定树龄之后，在大树的旁边竖了一块石碑，上书“滇东核桃王”。

初识这个村子，就是因为这棵大核桃树。那是一次闲聊，一位扶贫干部提到，这里有一棵大核桃树，是滇东核桃王，一棵树一季最多的时候能收五吨核桃。我当时很诧异，在他们的带领下穿村过户来到了核桃树下。核桃树树干有两人环抱粗细，枝叶伸展出来半径有二十米左右，虽然有三百年树龄，仍然枝叶茂盛。林业部门为了保护这棵大树，用混凝土砌起防护栏保护水土。大树的周边，有几棵树龄在一百年左右的核桃树，应该是这棵核桃王的子孙吧，也是枝叶茂盛地生长着。我倒是真的惊诧于这棵三百年的核桃王，如果在城市近郊，这样一棵大核桃树，加之树脚下的潺潺小溪，肯定能够成为一个景点。

从那天开始，我心里一直惦记这棵大核桃树。后来又专门来到这棵大树下，和村主任聊起了这棵树和这个村。这是一个彝族汉族杂居的村子，共有七十多户人家，是一个深度贫困村。我在村主任的带领下沿着环村公路（权且这样称呼，一条窄窄的水泥小路正好环绕着村子一周，将农户圈在里面),把整个村子走了一圈,满眼看到的是陈旧的传统土坯房、路上的牛粪和围墙排污孔排出的污水……倒是沿路不少几十上百年的核桃古树增添了一些亮色。返回村口,村主任指着远方告诉我,距这里一里多的地方,是这个村和周边村灌溉用水的水库。这个水库也是全镇为数不多的大规模水库之一,但是,走到水库,要经过一片板栗林和一条崎岖的山坡路。在我的坚持下,村主任陪着我走完了这直线距离一里多的山坡路,来到了水库边。水库面积很大,水质也很清,水库周边有商人承包了土地,种植百合花。回身望去,刚刚走出的大核桃树村隐在茂密的板栗林后,隐隐约约笼罩在一层淡淡的烟雾中,倒显得有些朦胧的意境了。三百年核桃王、百亩板栗林、传统彝族村寨、穿村而过的山泉、清澈广阔的水库联系在了一起,总觉得可以做一些产业开发的事情。我开始对这个大核桃树村越来越感兴趣了,之后又来了多次,了解了更多的内容。

再次来到大核桃树村深入调研,是因为这个村成为美丽乡村建设重点改造的贫困村之一,这也是镇里和县里重点关注的工作。我来到这里,希望能够更加深入地了解这个村子,并和当地村镇干部共同商讨如何将县里划拨的贫困村改造提升资金更为有效地科学利用起来。在详细讨论改造细节的时候,一位镇领导说,水库边有一条路,可以直接通到镇子外面的公路。那是一条旅游专线,是从市里通往一个知名旅游景区的。他所说的景区我是知道的,是一个著名的旅游景点,以雄壮的雪山和万亩杜鹃林著称,每年游人如织。为了了解到底有多远,我们驱车专程走了一趟这条通往旅游专线公路的乡路,全程水泥路面,路面不宽,但路况很好,沿路有村庄、山溪、森林,单程距离四公里左右。这是一个非常大的地理优势。从村里到水库,有一里多的山坡步行小路,从水库到旅游专线公路,有四公里的山路,就这样,贫困村改造提升工程中道路改造部分的思路形成了：打通村子到水库的车行路，就相当于打通了村子和外面世界连通的“任督二脉”。镇里和村里的干部都认可了这样的设想，并且提出了实际操作的规划路线。村支书很高兴：这条路打通后，我们村子出去要比原来节省近二十分钟的车程，群众出行方便多了，大家肯定是支持的。

初步完成旧村改造工程是在两个月以后，那条通往水库的水泥路面已经修建完成。村支书告诉我们，在修建这条路的时候，要征用一些群众的土地，这些群众根本没有提到补偿的问题，说是用一点点的土地换来出行的方便，值得！大核桃树边的篮球场（村民休闲广场）和公共厕所也建设完成。再次来到大核桃树村，是因为我们已经对于这个村的建设和发展有了一些初步设想，专门陪同艺术设计的专家来到大核桃树下考察。这样一个风景秀丽、具有典型景观支撑、距离旅游专线在五公里以内的少数民族村寨，如果发展乡村休闲和旅游，是非常具有潜力的。受邀前来考察的艺术设计专家表示，这个村的优势很明显，可以将农耕文化、景观文化、休闲文化、民族文化整合起来，大力发展乡村休闲旅游。

经过多次现场考察，部分村民已经对我有些熟悉了。一位住在大核桃树下的大娘和我闲聊，我问道：“如果以后咱们这里变成一个旅游休闲的地方，城里人来你家住，一天一个人连吃带住一百块钱，你可愿意？”大娘淳朴地笑着说：“还给啥钱啊？不给钱来家里我们都欢迎呢，就怕人家嫌弃呢。”我解释说：“现在肯定是不行啊，请客人来，咱们要先把村里弄干净、把家里弄干净啊！你看，这些专家都说，咱们这个地方可以发展呢。”老人憨厚地笑笑，不住地点头。专家也很高兴，表示回去要组织人员以大核桃树为核心文化为这个村设计标志。

随着越来越深入的了解，我对大核桃树村的民风也进行了深入调查。这个村子虽然属于深度贫困村，但是民风淳朴，村民之间的关系比较融洽，没有出现过比较严重的村民纠纷。村民的经济来源主要是农作物种植（烤烟、玉米、土豆），少数年轻人外出打工，多数在乡镇内部日常打零工，收入较为有限。

我开始到处宣传大核桃树村了。我的宣传也引起了多方面的注意，一个昆明的客商对大核桃树村也产生了浓厚的兴趣，连续两次来到大核桃树村考察。他的思路是，将水库、民族村寨、板栗林、彝族文化整合在一起，构建一个乡村休闲旅游综合体。这一点我是非常赞同的。

常来大核桃树村，我和村民也逐步熟悉起来。在走访过程中，我发现了一个深度贫困的家庭，这在本书另一篇“特殊家庭”的故事中有所描述，这里不再赘述。这个家庭中最大的孩子，是一个上了高中的小女孩，我已经开始资助她了。

我一直有一个愿望，或者叫认知吧，那就是打造乡村旅游的基础是人和环境，有人带头、有人参与、环境优美，才有可能吸引游客。但是，这个传统的彝族村落，从观念到环境，从村容到村貌，和这个愿望还是有很大的差距的，这和村民的习惯有关，也和人的认知有关。

一个人的力量总归是有限的，正在焦急地等待帮助的时候，及时雨来了。民政部要求社会工作助力脱贫攻坚工作，学校的社会学院也大力参与到了定点扶贫的工作中来，在学校领导、专家、教师、学生的共同关心和努力下，一支由社会学和社会工作专业的教师、博士、硕士组成的工作队成立了。学校社会学院有着乡村社会建设的优良传统和丰富经验，在过去的一些灾后重建工作中，社会工作团队曾经帮助一个深受创伤的乡村走出困境，和村民一起把它打造成了一个自力更生、战天斗地的榜样社区。这次组建工作队来云南,先遣队的带队老师是我的同事,这样一来就更加有交流的空间了。经过几天的调研,我们认为,这个村的发展条件非常好,有群众基础,地理位置优越,环境优美,有极大的打造空间。之后,学校的很多领导、专家纷纷来到这个村子,大家一致认为,只要齐心合力,一定能将这个村子打造成为一个幸福富裕的村庄!“凝聚共识—激发动力—改变习惯—打造环境—产业发展”,按照这样一条路子,这个村子肯定能够发展起来!

就在我写下这篇文章的时候,同事带领着第一批考察团的成员们,在大核桃树下和穿着盛装的彝族同胞们,围着篝火跳起了民族舞蹈。我虽然因为工作没能到场,但我似乎已经听到了充满期望的歌声,看到了重新焕发活力的身姿和一个即将富起来的美丽乡村!

(图片拍摄:张艳春)

老党员手中的党费

今天是一个特殊的日子，是党的九十七岁生日。在这个特殊的日子里，我应邀参加了某村党支部举行的纪念建党九十七周年的党员大会。

进入会场的时候，我感到很震惊。这个震惊来源于两个方面。第一，可以容纳八十人左右的村会议室里坐了五十多人，整个会议室非常安静，满屋的党员都表情庄重，给人一种肃穆的感觉。这种肃穆让我动容，与我往常参加的村民会议场景截然不同。以往参加的村民会议，经常是要稍微等上一段时间，才能让参会者安静下来。第二，我放眼看到的党员，整体年龄偏大，有的看起来已经有七十多岁，他们正襟危坐，满脸严肃，让我肃然起敬。

会议的议程很简单，村支书介绍了村里一年来的党建工作情况，镇里的挂钩领导向大家介绍了全镇的发展情况，县里派驻村里扶贫的干部进行了党课的讲授，整个会议时长一个半小时左右。在这一个半小时内，我注意观察着老人们的表情，都是一脸的真挚和肃穆。也许很多专业的词汇对这些老人来讲有些难懂，但是，我却发现有几位老人（看起来已经六七十岁）拿着笔在本子上记录着。整个过程中，会场竟然很少出现咳嗽、交谈等杂音。我特别注意到一位坐在第一排的女性老党员，看年纪应该有七十岁了，精神还算矍铄，非常专注地聆听着党课报告。会间，我几次看到她皱着眉隐忍着，偶尔出现打嗝的声音，但也是非常克制。她旁边的一位老党员拍了拍她的背，示意带她出去，她一直摇头，最终她忍耐不住，悄悄地起身，走出会场。我看了一下表，她出去了三分钟左右，回来的时候面色稍有缓解，但还是克制不住偶尔地打嗝。

村里的工作人员很细心，不时地给所有的党员续着热茶。几位男性老党员从衣袋里拿出烟袋，但试了几次又揣回到衣袋里，村里的工作人员看到这个场景，拿出香烟分发给在座的老人们。屋里虽然环绕着烟雾，但还是寂静无声，所有党员认真地听完了讲话。

面对着这些前辈，面对着这些奋战在最基层的党员同志们，我也忍不住说了两句，我将我的感动汇聚成了几句心里话。我对老党员们说："向前辈同志们致以最真挚的问候和感谢！感谢你们多年来为乡村和家乡的建设做出的贡献！为你们坚持信仰坚持带领群众发展做出的努力致敬！向年轻的参加家乡建设的党员同志们表示支持和鼓励！"

会议结束后，我站在老人们的身后，看着他们一个个慢慢走出会场，我注意到，在参会的五十五名党员中，已经有六人在拄拐杖了。坐在倒数第二排的一位女性老党员，一直坐在位子上没有动，我来到她身边，看到她正在衣袋里摸索着，我和她说："老人家，我来扶您起来，咱们慢慢走。"没想到，老人从口袋里拿出几张一元的纸币，对我说："我想把党费交了。"我当时一下愣住了。我忽然感到眼睛有些酸涩，心中油然生出感慨和敬意。老人似乎没有明白我为什么愣住了，她有些紧张，又说了一遍："我把党费交了。"这时，村里的组织委员来到她身边，说："大娘，咱们出来到办公室，都在那里交呢，我给你们一块办！"老人笑了，颤巍巍地站起来，在组织委员的搀扶下向办公室走去。我也跟着来到办公室。在这里，我看到老人们自觉排着队，村里面的同志在细心地收着党费，看到他们手中一元一元的纸币，我又一次被感动。村里面的干部告诉我,这些老人虽然平时行动不便,但是每次交党费的时候,还是非常自觉的。我为这些老党员坚定的党性感动!我为这些老人忠诚的信仰感动!我为我们基层老党员们的精神感动!此时任何语言似乎都不能描述那种振奋和感慨!党的伟大之处在哪里?就在我们千千万万党员坚定的党性之中!我还有些自责,这种自责让我在写下这些文字的时候还是后悔不已,当时竟然只是傻傻地站着,没有想到拿出手机把这些让我们年轻的党员振奋的画面拍摄下来!现在只能用文字进行描述。

在写下这个故事的时候,我一直在思考着。

农村的基层党组织是我们落实党的农村工作的战斗堡垒。建设社会主义新农村,我们一定要加强农村基层党组织建设,充分发挥农村基层党组织作为党联系农民群众的桥梁和纽带的作用。基层党组织软弱涣散,乡村振兴将步履维艰;基层党组织坚强有力,乡村振兴会蹄疾步稳。在调研过程中我们发现,随着国家对农村基层党组织建设的不断加强,农村基层党支部发挥了重要的作用。基本上,行政村的支部力量配备还是强有力的,支部书记一般是年富力强、具有一定的发展能力、得到广大村民认可的村里"能人"。一位村支部书记说:"我们干村支书,首先要自己能拿得出手,能干出个样来,要是自己的日子都过不下去,自己家里的关系都搞不好,自己都不孝顺,你有啥资格去带领乡亲们脱贫致富奔小康?人家谁服你啊!"

但是,不可否认,在农村基层党组织中,党员的老龄化现象还是存在的。这里面也有很多方面的因素,很多年轻人都外出打工,村里面年纪稍轻的中年党员,都作为支部委员参与支部工作了,外出打工的年轻人,由于地域限制和生活压力,很难得到组织的发展,有些大学生毕业之后,虽然已经成为党员,组织关系转入村支部,但长期在外工作,也不能正常参加村支部的组织生活,因此多数时候只有这些老年党员在村支部参加组织生活。所以,在基层党支部建设的过程中,在乡村振兴的宏伟蓝图正在展开的时期,基层党支部应该更多地发展本村的积极向党组织靠拢的生力军,在本乡本土发挥党员的先锋模范作用,带领乡亲们脱贫致富奔小康。

截止到 2017 年年底,中国共产党员有 8 956.4 万人,党的基层组织有 457.2 万个。充分发挥基层党组织的战斗堡垒作用,使之成为党领导全国人民不断前进的重要堡垒。习近平总书记说,中国要谋求发展,关键在党,关键在人。我们这么多基层党员,就是我们万众一心向前进的凝聚力。加强组织建设,习近平总书记用"两个关键"来强调。一是关键在党:要坚持党的领导,全面从严治党,坚定理想信念,理论联系实际,保持党和人民群众的血肉联系。二是关键在人:对"关键少数",正人必须先正己,正己才能正人;对基层干部,为民服务无小事,发挥战斗堡垒作用;对全体党员,不忘初心,牢记使命。

本篇前面用很多语言描绘了老党员忠诚严肃的场景,我想说明一点,在农村的基层,这些老党员是我们宝贵的财富。他们经历过党的发展、社会的发展,他们对党的情感真挚而深厚。他们在村子里面德高望重,虽然已经没有精力和体能进行创新创业,但是,他们对党的忠诚就是最好的党和群众联系的桥梁和纽带!在会后和老党员们的交流中,一位老党员问,我们还能做些什么?我说,你们的信仰和你们的忠诚就是我们最好的榜样!你们可以用精神影响你们的后生晚辈,激励他们积极配合党和政府的工作,鼓励他们用自己的双手建设美丽家园!你们是最大的财富!这也是你们发挥的最大的先锋模范作用!看到老人们纷纷坚定地点头,我又一次被感动包围。

我们聊到了近日八十三岁的老艺术家牛犇入党的事情,聊到了习近平总书记给牛犇老先生的回信，聊到了用他们的忠诚和精神为乡村振兴添砖加瓦……老人们都很振奋，很感动！

因为还有其他事情要办，我没能和老党员们一块用餐。我和大家告别的时候，一位老党员说："你们辛苦了，饭都没有吃一口，对不住你们了！"这番话让我又带着感动和感慨思考了一路……

（图片拍摄：储琰）

我不愿意给他们添麻烦

在村子中一栋漂亮的三层农村别墅的旁边,有一座陈旧的土坯房,屋顶的瓦片已经破旧,屋子的支柱已经被烟熏得漆黑。在这样一座陈旧的平房里,还住着两位六十岁左右的老人。我们是在一个艳阳的正午见到这两位老人的,两人身体都很好,挑着刚打下来的猪草健步走进院子。老头显得忠厚木讷,一直在憨厚地微笑;老太看上去整洁利索,张罗着给我们端座倒茶。

“旁边的三层小楼就是他二儿子家的,我们动员他们一起搬过去住,他们就是不肯。老头还好,主要是老太,说啥也不去。”村支书小声地向我们介绍。

“老人家,身体挺好啊,刚从地里回来?吃过饭了吗?”坐下后,我们开始寒暄。

“吃过了,身体还行吧。”老太回答。

老头憨厚地笑着说:“你们吃饭了吗?在这里做点吃吧。”

“没吃呢,我们还饿着肚子呢。看着你们住着危险的房子,我们吃不下饭啊。”一位同事笑着说。

“哈哈,谢谢你们。放心,我们这么住着挺好的。”老太也笑着回答。看得出来,这是一个利落精明的妇人。

“家里几个孩子啊?”

“两个儿子，一个在外面打工，一个就在村里。”老太快言快语。

“旁边是你儿子的房子吧？咋着他们住着好房子，你们住着这么破的房子啊？为啥不和他们一起住啊？”

“唉，这么住着挺好的，挺好的！”

“是孩子不让你们住吗？”

“他家儿子媳妇孝顺着呢，他们整天在一块吃呢，”旁边村支书笑着补充，“你看，这不是儿媳妇回来了？”这时，门外一个年轻妇女骑着电瓶车进了院子，二十多岁的年纪，穿着干净利落，打扮朴素得体。

我们笑着和青年妇女打招呼，她停下电瓶车，进屋拿出了水果和瓜子，摆在我们面前。

“我们来关心你公婆的住房，你们愿不愿意让他们搬到你家住啊？”我们问道。

“愿意啊，哪能不愿意呢！”年轻妇女脸红了，“房间铺盖都给他们准备好了，他们不来啊！”

“大娘，你看看，人家都把铺盖给你们准备好了，你们咋不去呢？”

“呵呵，他们还是孝顺的，”老太笑着说，“不怕你们笑话，我们家是我和老头子分别分给两个儿子，老二养他爹，老大养我，我们现在住的老房子是分给老大的，他在外面一直打工呢，前面离过婚，自己带着两个小娃。你说这样，我们俩咋能都到老二家呢。”

“这是什么道理？不管分不分户，你们俩就是孩子的爹娘，还能因为分了户，老二就只养一个不养另一个了？”一位同事追问道，“再说，人家老二家把铺盖都给你们准备好了，也不是人家不孝顺啊。”

“话不是这么说的。你说我们俩一个老大养一个老二养，要是都过去了,给人家添麻烦不? 再说了,老大不可能总是单着吧,要是再找一个,总归会来我们家吧,我们都过去了,以后因为我们引起妯娌、婆媳的不和,那这个家不就乱了吗?”

“这是什么道理? 你们住在老二家,怎么会引起妯娌不和? 再说了,只要你们婆媳都互相谅解谦让,咋会婆媳不和呢?”

“不是那么说的,”老太继续坚持,“本来人家只养一个,我又过去了,这叫啥事? 我的想法就是一人养一个,分得清楚,说得明白。我不给人家添麻烦。”

“咋叫添麻烦呢? 你过去帮着做做饭、带带孩子,一家人其乐融融不是很好?”

“现在我们也是一块做着吃,需要我帮着带孩子的时候我也帮着带呢。”

“那不是挺好吗? 那为什么还要坚持非得住在危房里呢? 你们想过没,人家孩子邀请你去住,你不去住,孩子住在大别墅里,你们住在小破房子里,不安全不说,你不怕村里人戳你孩子脊梁骨说他们不孝顺? 他们不冤枉吗?”

“唉,就是不想去给他们添麻烦啊。”

“老人家,你总说添麻烦,可是人家没说怕麻烦啊。”

“那大儿子回来,总归要在这老地方盖房子吧,也不能让大儿子一家没地方住啊! 到时候这里没有人,可不是连补助都没有了?”

老人的这句话让所有在场的干部心中忽然敞亮了一下,大家忽然都明白问题的症结在哪里了。原来,所谓的添麻烦和婆媳妯娌矛盾都是借口和说辞。老人心中的小算盘是,我在这里住着,就能够为大儿子占着一个补助的名额,如果搬走了,大儿子回来就享受不着政府补助了。

“老人家，您多虑了，”一位同行的镇干部讲起了政策，“补助的发放和您住不住在这里没有什么关系，是按照户口和住房来进行确定的。你大儿子的户口在这里，这是他的老房子，如果符合条件，他会得到补助的。而且前面和你大儿子都已经讲清楚政策了，他表示等以后回来再盖新房，可以用自己打工挣的钱，可以不要补助，您没有必要非得住在这里帮他占着名额！再说了，国家的补助，是按照实际情况发放的，只要是符合政策的，需要国家进行补贴的，国家都会补贴；要是不符合政策，国家也不会补贴的，没有您想的那个名额的说法。”

“是吗？那我大儿子回来盖房子咋办？”老人继续追问。

“老人家，你大儿子常年在外面打工，已经有了安全的住所，什么时候回来盖他会有安排的，儿子赡养老人是天经地义的事，不能因为你们自己分户谁养谁就可以不尽赡养义务的。再说，你的儿子媳妇都这么孝顺，你应该高兴才对。不要想那么多了，先搬到二儿子家，住得安全了才是最重要的。你知道吗，你们坚持住在这里，你两个儿子晚上睡觉都不踏实呢。”

“哦……那我等二儿子回来商量一下？”老人似乎听懂了，又似乎是心中一块石头落了地，“嗯，等他回来商量一下。”

“我们已经把政策和您讲明白了，只要符合政策，国家该补会补的。最关键的是你们有条件住进安全住房，一定要住啊！你们这一家子挺和谐的，我们为你有这么好的儿子媳妇高兴呢！你们早点搬进去，我们就不用饿着肚子啦。”同事用轻松的语气结束谈话。

“谢谢你们，谢谢你们！我们商量一下。就在这儿吃吧，我们马上做。”说着老人也笑了。

听说当晚一家人达成了一致意见，两位老人搬进别墅与二儿子一家同住。

可怜天下父母心！

基层脱贫攻坚工作中，户与户之间千差万别，人与人之间千差万别！为了做好工作，需要基层干部了解老百姓的真实想法，需要我们用绣花的功夫一个一个地细心解决问题！

（图片拍摄：马卫昌）

我真想揍他一顿为民出气

“我真想揍他一顿为民出气!”说这话的是一位德高望重的老支书。事情是这样的。

我们路过一座新建的毛坯房,看到一位老妇人正在门前收拾刚刚收回来的西兰花菜,身后的房门紧锁。村支书问:“能打开门吗?”老妇人回答:“打不开。”

村支书回头向我们叹息道:“又把门锁死了。”

介绍中我们得知,这户人家有四口人,老夫妇俩、一个儿子、一个孙子,属于贫困户。在政府的帮助下,按照政策统建了这样一栋住房,但儿子把持着钥匙,就是不让父母住进去,让父母住在旁边摇摇欲坠的老房子里。

村支书是这样说的:“这个人(老妇人的儿子)经常为一点小事情就打他的父母。他原来有个老婆,生了一个男孩,现在已经上一年级了,老婆早就跑了不和他过了,现在就剩他和孩子,还有两个老人。他的老爹还是个老党员,现在已经瘫痪在床上动不得了,老娘的身体倒还硬朗,天天干着活计、接送孙子上下学,还要时不时受他打。有一次他把老娘打倒在地上,还用脚踩她的后背,他老娘好几天没爬起来。”

我问道:“他究竟为什么打父母?为什么这么不孝顺?有精神问题吗?”

村支书回答说:

“哪有什么精神问题，就是这个人非常偏激。他总是觉得他爹娘把他生在这么贫困的地方，日子过得没有别人好，是他爹娘的责任，咋看他们都不顺眼，动不动就打。对邻居也是非打即骂。前几日他们家盖房子，因为一些事闹矛盾，有个邻居是个独居老头，没有亲人的，上来劝解，也让他动手打了！

“他只要一回来，动不动就打孩子，弄得孩子怕他怕得厉害。他不在家，奶奶送孩子上学什么的，日子过得还算有序，只要他一回来，整个家就鸡犬不宁！

“有的时候他还会来到村委会，光着膀子，指着我的鼻子说，‘有能耐你叫公安把我抓走！你抓我一个试试！’我们一打电话报警，他就跑了，一跑好几天，不知道哪天又回来了。打完他爹妈也是，邻居一报警，他转身就跑了，又好多天见不到人。

“有时候我真想把他摁到地上，狠狠地揍一顿，这样的人真是太气人！我想狠狠地揍他一顿，给群众也出出气。但是转念一想，这么多年支书当着，群众都从心里信服我、支持我，我这样的举动会把多年维持的形象破坏了。唉，不瞒你说，说这些不是要诉苦，我们基层村干部真的是难啊！到处受委屈不说，各种活计一样不少，总归要为老百姓多做点啊。

“说实话，我们这个姓，在村里面算是小姓了，只有十几户。为什么我这么多年能够做支书，能够让大家都这么信服我？就是我一门心思地为老百姓拼命干啊！老百姓心里有杆秤的。

“中央说要打击村霸，真的是太英明了。现在有了国家明确的政策依据，我们就有底气了！你们放心，这个人我们已经和派出所都沟通过了，他的行为村里的人都能做证明的，我们肯定会坚决惩治，还他们家一个安宁，还村民们一个安宁。”

一个都不能落下

这是一座位于小山村深处的老旧土房。我们到达的时候，这栋土坯房已经被雨水冲刷得后墙倒塌，院子里长了荒草，旁边的柴房已经破旧，窗框也破败了。

柴房里整齐地摆放着劈好的柴草。

村主任介绍说："这家的主人是一个可怜人，六十岁左右，几年前媳妇自杀了，两年前二十岁的儿子也自尽了。现在就剩下他一个人独居。"

"他还有别的孩子吗？"

"还有一个女儿，已经嫁到别的县了。"

"女儿女婿不管他吗？"

"还真不是，女儿女婿还是挺孝顺的。是前年吧，女儿女婿搬回到老房子里来和他一起住，住了一年不到，也被他赶走了。"

"这个人脾气不好？"

"是啊，就是脾气不好啊，要是好的话，能老婆自杀儿子也自杀吗？和他脾气还是有点关系的。"

"那现在看起来他也没有住在这里啊。"

"嗯，他只是偶尔回这个老房子里住，因为他的土地在这里，种的烤烟、土豆什么的还在这个房子周围。"

“那他现在在哪里住呢？”

“是这样的，他儿子死后，两年左右吧，另外一个村子有一个妇女，也是老伴死了，后来就有人给他们撮合到一块了，相当于这个男的上门了吧。”

“那不挺好，这不也算有了个归宿？”

“哎，啥归宿不归宿的，农村人就是这么凑到一块过日子吧，没准以后还得回来。”

“这是为什么？结婚以后怎么还会回来？”

“在农村这也不叫啥结婚，就是凑到一块过日子了。”

“没有领结婚证？”

“嗯，估计没有领。再说了，人家女的估计也不会和他领，他家啥也没有，以后老了备不住还要被撵回到这个老房子的。就算老太太不撵，估计老太太的儿女也不会同意。”

“那要把结婚证领了才有保障啊。”

“农村人就是这些意识不强啊。我们是准备继续上门做工作，建议他们领结婚证，这也是对他们的保障。但是，我们估计很难做通工作，还是继续努力吧。”

“之所以关心这一户，也是我们看到了这家房子的破败，这个老头又是孤身一人，以后老了生活可咋办？现在有国家补助的政策，我们就想按照政策给他申请一下，哪怕是老房子给他修一下，也能让他以后有个归宿。真正等他老了不能动了，到时候‘五保’什么的，我们还是要关心他的。现在确实没啥问题，他毕竟上门在别人家住，等以后呢？我们想的是以后，这个人还是不能落下的。”

一个特殊的坚强家庭

这是一个特殊的家庭。

关注到这样一个家庭，是因为去年有一次到村里走访，看到村子山上角落中还有几间摇摇欲坠的房子。我们走进院子的时候，院子里有大大小小的四个孩子在玩耍，一位老年妇女坐在房前的平台上，正在看着孩子们，一位中年妇女蹲在一边，似乎眼睛已经看不见了。

村里的干部介绍，这一家的情况确实很特殊。年老的妇人是家中的第一代，中年妇女是第二代，四个孩子是第三代。老人育有三儿两女，一个女儿远嫁，其他留在本地。四个孩子中，有两个是大儿子的孩子，另外两个是大女儿的孩子。当我们问及为什么这户人家如此贫困的时候，村干部叹了口气。

四个孩子中，最大的女孩和一个八岁的男孩是大女儿家的，大女儿就是蹲在院子中的眼盲的中年妇女，丈夫已经过世；另外两个男孩一个上初中，一个上小学，是大儿子的孩子。大儿子一家因为夫妻矛盾，妻子出走，留下他一个人，从此他借酒消愁，再不问家中事，每天打点临工挣点钱，就自己喝酒。中年妇女因为眼睛已盲，不得不搬回娘家来住。

这个贫困的家庭让我们感到非常心酸。但是，在孩子们的眼中，我们看到了另外一种精神，那是一种坚强与希望。尤其是最大的女孩，收拾得干干净净，虽然衣服并不是很好。年纪第二大的上初中的弟弟，虽然话不多，但是眼睛里已经流露出小男子汉的坚毅。两个上小学的孩子，虽然还不懂得贫困究竟意味着什么，但是并没有显示出畏惧，眼里充满着阳光和希望。女孩告诉我们，只要学校一放假，她就会回来帮着外公外婆做家务，带着弟弟们做功课。她骄傲地告诉我，她什么都会做！村支书告诉我，这一大家子，主要靠着二舅支撑。老舅还小，在外面打工。二舅现在还没有成亲，在家里照顾两个老人和四个孩子。

同行的同事们感觉心里酸楚，拿出一些钱来给姐姐，希望她给自己和弟弟买点学习用品。女孩坚决不要。在我们与孩子们交流的过程中，我自始至终看着女孩的眼睛，她的眼睛里一直噙着泪水，但始终没有流下来。我知道她在强忍着，我为这个坚强的女孩子点赞。最后，同事们还是硬把钱留了下来。

我自此更加关注这一家人。不久后，我得知，姐姐已经考入了县里的高中，政府已经帮助他们盖了保障房，弟弟们的学习也在逐渐进步。

记录下这一个特殊的家庭，并不是要说明这个家庭有多么贫困，而是出于心中的感慨。在贫困地区，这家人因家中出现变故，本来已经分家单过的人又回到父辈身边，抱团取暖，互相支持。在他们的身上，我看到了穷人的孩子早当家的小姑娘，看到了承担起家族责任的男子汉，看到了一家人不被生活绑架，不被贫困压倒，顽强生活，过好日子的期望！我坚信，在政府的关心下，在自身的不断努力下，这家人的日子一定会过得越来越好！

我已经开始资助这几个顽强乐观的孩子，帮助他们完成学业，帮助他们实现梦想！

戳伤眼睛的孩子

在村里,一位老人看到我们的到来,从山坡上走下来,手里拄着一根木棍,看得出来腿脚或者腰不太好。我们攀谈起来。

老人七十多岁,家里一共六口人,除了他还有老伴、儿子、儿媳、一个孙女和一个孙子。

“家里人都干啥去了?”

“嗯,儿子赶集去了,媳妇在打工,老奶(老伴)在地里呢,孙女上学了。”

“孙子呢?”

“在屋里呢。”老人用目光示意了一下刚建好的统建房。一个男孩子怯怯地探出头来,慢慢地挪到了爷爷身边。我们看到,孩子的一只眼睛有些异常。

“小朋友多大了? 上几年级了?”孩子默默不语。

老人家叹息着说出了家里的情况。

“八岁还是十岁吧。也刚刚跟他爹妈从外面回来不久。”

“为什么不上学?”

“也不记得多大了,再说也没去上户口咋上学呢?”

“怎么会没上户口呢?”

“唉,当时是他爹妈两口子在外地打工生的,也没啥证明,回来去派出所，人家让证明是亲生的，咋个证明啊，就这么一直拖着，还说有啥 DNA 可以证明，那是个啥东西咱也不知道啊！”

“那他爹妈是咋回事啊？”

“唉！”老人一声叹息，看了一眼旁边的村干部。

“不争气啊！整天喝酒，儿子媳妇都喝，也没个正经的营生，有点钱就买酒喝了。”

“那你要管管他，实在不行揍他一顿。”旁边的村干部调节了一下气氛。

“唉，他喝了酒不打我们就不错了，我哪还敢打他啊！”

“他要是敢打你们，我们就可以把他抓起来。”村干部继续鼓励。

“唉，莫取笑了！整天闲游烂逛的，以前在外面打工，这不刚带着孩子回来了，也没挣到啥钱，就在村子周边打点零工，自己花都不够，孩子还不是我们两个要多养着点。”

“家里主要靠啥收入？”

“种点苞谷吧，我们也年纪大了，种不动了。”

“儿子媳妇不拿点钱回来？他们应该有收入啊。”

“唉！还不够自己喝酒的，倒是时不时打点零工，那点钱也不够花啊！前阵子从我这拉走几袋子苞谷卖了，钱还不是没给我？自己又花了。”

“孩子的眼睛怎么了？”

“玩的时候让木头戳了。”

“上医院看了没有？”

“县里、省城的医院都看了，医生说是看不见了。一次花了三万多块，我们这一年的钱全都填进去了！”孩子在旁边，面无表情，也许还不知道如果一只眼睛盲了对他意味着什么。

“孩子不太爱说话啊?”我们想让孩子说两句。

“还行,就是不认得字,你们是陌生人,他不敢说,和熟悉的还是能说的,有时比我还能说呢。”老人说起孙子,脸上闪过一丝欣慰。

正说着,旁边一辆电动三轮车开过来,一个中年男子从车上跳下来,油腻的长头发用绳子拢起,满脸油汗,眼神朦胧却很警觉,但还是笑呵呵地和我们打了招呼,简单客气地说了一句“进屋喝水”,就径自进屋了。我们谢过,没有多说什么。老人看了儿子一眼,摇摇头,也没有说话。

返程路上,村里和镇里的同志说,这个孩子的情况前面普查时就已经发现了,医生说孩子的眼睛是需要慢慢恢复的,已经申报了紧急救助的资金。孩子户口的问题派出所也已经在着手解决了,如果孩子适龄,可以先让孩子上了学再说。

这个事情也让我们进一步审视了农村工作的复杂性和细致性。长期在外打工的农村青年,如果游离在社会保障体系之外,有了下一代,并且没有及时纳入社会保障体系之内,就会产生一个真空地带,这样,孩子的权益保障就难以实现。我们要不断完善外出务工人员的服务和保障工作,城乡携起手来,确保外出务工人员能够在社会保障体系下正常地工作和生活。从另外一个角度说,对这样不负责任的父母,也应该进一步加强教育。

在别墅前与一对老夫妻的谈话

上午，和村干部在村里走访贫困户，很多人家是刚刚吃完早饭（本地风俗是上午十点钟左右吃早饭，然后直接下地干农活，中间饿了随便补充一点，直到下午五六点钟回到家中再吃第二顿，叫晚饭。一天两顿正餐）。准备下地的村民们见到我们都热情地打招呼，要拉我们回到家中喝水，我们礼貌地拒绝，站在路边聊了两句继续走。

一位六十岁左右的大娘看到我们站在路边，上来打招呼，坚持叫我们到她的家中坐一坐。村支书笑着说，这是他的一个远房婶婶，还是去坐一下，她是有话要说。我欣然应允，跟随大娘来到她家。

这是一栋颇具欧式风格的四层别墅，院落很大，宽敞干净。一位干净利落的六十多岁的大爷坐在台阶上，看到我们进来，笑着迎了上来。我们坐下，递给大爷一支烟，大娘张罗着倒茶水，一行人坐在院子里聊了起来。

“大娘，你们家这个房子盖得漂亮啊！住着一定舒服吧。”看得出来，老大爷是一个不善言辞的人，只是笑呵呵地抽着水烟。这位大娘倒是干净利落，快言快语，应该是家里做主的人。我们曾经在跟村干部聊天时笑谈到，一家的女主人厉害不厉害，从男主人的穿着就能看得出来，一般要是男主人穿得干净利落，那么女主人一定是个会持家的厉害主儿。所以我们就开始和这位大娘聊了起来。

“嗨，好是好，但这也不是我们家的房子啊。”

“不是您家的房子？”

“啊，这是大儿子家的房子，我们老两口自己还有老房子呢。”

“哈哈，儿子的房子和你们的还不是一样的？”

“那可不一样，儿子是儿子的，我们是我们的，”大娘纠正道，“同志啊，我请你们到我家里来看看，就是有话向你们说啊！”

“大娘您说。”我们知道，老人家是有话要说的。

“你说，我们算不算这个镇里的人？”大娘发问。

“话怎么这么说呢？”我们知道后面有话。

“那为什么镇里盖房的补贴政策我们就没享受着？”她指了指老大爷。“我们老头子当了大半辈子村里的干部，你看，老实窝囊的，到最后，啥也没捞着，现在身体又不好，整天吃着降压药。你再看看我，”说着她撩开裤腿，“你看我这腿，前几年不小心摔断了，现在还有钢钉在里面，有的时候阴天下雨也会疼，过一阵子还要上医院把钢钉拿出来，还要花一笔钱。我就和老头子说你当了这么多年的村干部，要到村里找找，咱们家盖房子的补助得要来啊！”

“大娘，你们这房子不是盖得这么大！咋还要补助啊？”我听得一头雾水。

“我不是说了嘛，这房子是大儿子的，不是我们的。”

“那你们现在住在哪里啊？”

“现在我们倒是住在这里，帮着他们看看孩子，看看家。”

“那是符合政策没有给你们吗？”我继续问道，同时看着旁边的村支书。

“大娘他们是和儿子住呢，”村支书笑道，“他们的大儿子和媳妇都是咱们镇里学校的老师，这个房子也是小两口努力盖起来的，让老人过来住。两口子对老的可孝顺呢。”

“那老头子能住大儿子这儿，我咋住呢？”大娘小声地嘟囔了一句。

“大儿子？您还有一个小儿子啊？”我转向大娘。

“是啊，”见我问她，大娘又打开话匣子，“我还有个小儿子呢，现在在外面打工。他还没盖房子呢，前两年又离了婚，常年也不回来，把个孙女给我们带着，整天我们还得管孙女吃喝上学。你说分家了，老头子跟老大，我跟老二，老二还没房子呢。老大让我们俩住这里，老二回来咋办，住哪儿？他大哥说了，老二回来肯定不让他住进来！”

我似乎听明白了，继续问道：“大娘，您可以让小儿子回来，询问一下政策，如果符合建房或者修房的政策，可以申请，咱们按照政策办就好了。”

“联系不上啊！谁知道这小子在哪里啊？也打不通他电话，好几年联系不上了。”

“他的孩子还在家啊！他也不打电话回来问问孩子情况吗？”

“隔几个月会打个电话回来，问问孩子学习啥的。再就没电话了。”

“那您就趁他打电话回来的时候告诉他，回来根据政策申请啊！”

“联系不上啊！谁知道他在哪里。”大娘又开始重复这句话。

……

谈话就这样一直循环着进行，其间，吸水烟的老大爷抬头看了看，轻叹一声，又低下头。

“大娘，小儿子在外面打工，一年能挣点钱吧，寄回来点吗？”

“挣着啥钱！我们现在还欠着信用社钱呢。当年他说出去做生意，在信用社贷的款，也不知道生意做成没有，反正就是现在信用社的钱，我们还得给还,你说我们容易吗?”

不需要再进一步地问下去,我已经基本听明白了,从村支书的表情来看,他们也是知道这些情况的。也许这一家有着其他的原因或者故事,我对大娘说:“大儿子两口子挺孝顺,你们在这大房子里安度晚年挺好。小儿子也成年了,会为自己的生活规划的。当大哥的说肯定不让弟弟住,可能是气话,哪能不管弟弟呢?如果老二真的符合政策,只要他回来,咱们肯定按照政策执行的,您说是吧?”

老人没有再说什么。

其实,在走访调查过程中,我们发现,老人被儿女“分开赡养”的例子其实还是很多的。老年夫妻被分给两个儿子养老,这是一个值得思考的现象。探究其原因,首先是农村的经济问题,导致养老要么就是老两口在儿子之间轮流赡养,要么就是由两个儿子分别赡养。在实际的生活中,虽然已经分别赡养,但老两口一般还是生活在一起的。我曾经就这个问题和村里的干部们探讨过,我假设了一个问题,如果农村家庭的经济极大丰富,不再为经济犯愁的时候,还会不会出现这种情况?村干部的回答是,不一定会避免。村干部表示,现在的生活,要赡养老人,只要下一代不是懒汉,经济上基本还是可以承受的。但这之间还有几个传统观念的问题,即便是儿女同意,老人家心中也会有一定的顾虑,认为总在一个儿子家会给孩子增加压力,如果分家了自己住在不是分到赡养自己的儿子家,心里总会有些纠结。再加上婆媳关系等问题,这些因素综合导致了这种现象的存在,而不是一个简单的经济原因。

另外,在这个调查中,我还有一个感受,即农村的传统代际情感很强。父母一代的最终极目标就是干活挣钱把孩子养大,最大的任务就是帮着儿子娶上媳妇、把闺女嫁好、帮着下一代把房子盖起来……这样自己的任务也就完成了,也就没有更多的生活需求了。下一代似乎也比较认同这样的观念。这是一种舐犊情深,也是一种最朴实的亲情的体现。

我曾经到几家相对贫困的农户家走访,这些家庭的孩子还是很争气的,都考上了大学在就读。我对一家两个孩子在读大学的男主人说:“孩子挺争气的,你们可以松口气了!”他回答说:“这时候更不能松气啊,还要多挣一些,孩子在上学需要花钱,再说了,孩子毕业了,我们还得努力把房子盖起来,要不以后孩子回来没有住的地方啊!”我说:“你怎么知道孩子大学毕业以后会回来,要是人家在外面发展得好,回来把你们接出去呢?”他说:“那敢情好,但是家里不能不为他们准备房子啊!”我又问:“那孩子上了大学,已经自己有能力了,为什么不让他们自己贷款读书,花自己未来的钱,以后工作了自己还?”他回答说:“不能给孩子那么大压力,我们还能干,多干点给孩子减少点压力!”

一方面是思想观念的发展,另一方面是最传统的舐犊情深。正好我们有一些学生正在某乡村进行乡村振兴的实践推进,我把这些情况向他们做了讲述。我们认为,乡村振兴,包括文化和文明的振兴,我们可以一方面保护这种传统的代际情感,另一方面促进一些陈旧观念的改变。

贰

文化碰撞

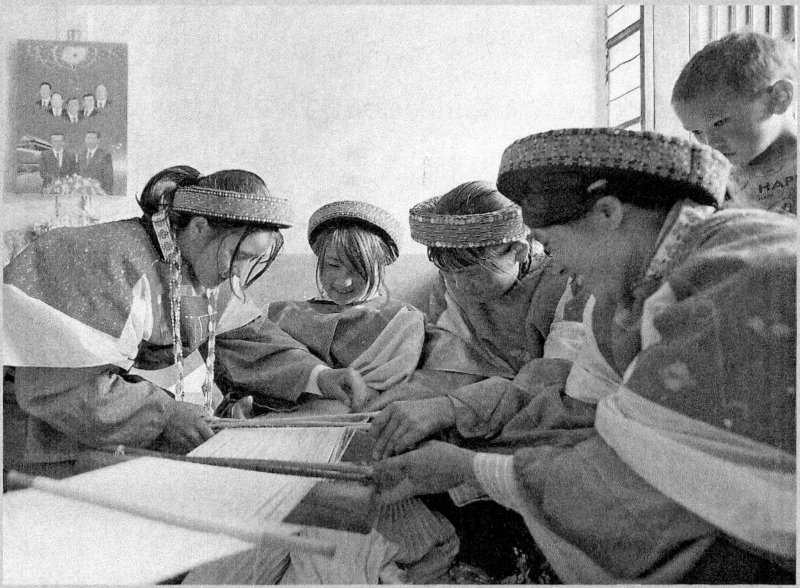

（图片拍摄：李海波）

卜算子·文化振兴

汉回彝苗情，
并肩战风雨。
中华民族大家庭，
共谱和谐曲。

决胜新征程，
幸福可期会。
敢叫腐朽化神奇，
一个不掉队。

和农户谈起红白喜事

在村里走访，正好碰到一对准备出门帮忙做喜宴的夫妇。女主人四十岁左右，热情健谈。他们没有急着出门，而是将我们引入院内，聊起家常。

男主人四十多岁，家里还有两个正在上幼儿园和小学一年级的女儿满院子跑着玩。男主人和前妻育有一儿一女，现在均已成人，女儿外嫁，儿子在外打工。

健谈的女主人和我们说起往事：夫妻两个是在广东认识的，女主人是广东人，当时男的在广东打工，女的在做服务员，两人走到了一起。

"大哥有这么大的魅力，能把你带回云南来，一晃就是十多年！"我们笑着说。

女主人回答："哈哈，当时也没想那么多，就觉得这个人好，踏实肯干，能吃苦，就跟着他来了。现在他跟前妻生的两个孩子都已经长大了，我们相处得很好。"

"孩子和她相处得就像亲妈一样。"男主人满足地插了一句。

"嗨，就是本本分分过日子，都是一家人，能有什么事情呢，好好相处就好了。"女主人的话里已经有了一些云南方言的味道。"这几年我一直和他在昆明打工，也没怎么回村里，这不是国家有政策嘛，我们拆老屋盖新房可以补贴一点，我们就回来了，正好两个小的孩子也该上学了，我就不出去了，在家带孩子,他继续出去打工。”

“是啊,”男主人说,“这一大家子,如果我不是想办法承包点小工程做,只是靠一个人死命打工,怎么能养活得起,房子也盖不起啊。前两年挣了些钱,七年挣了几十万。谁想到,后来承包了人家一个小工程,干了几年,老板跑了,我不仅没挣到,还把以前挣的基本都赔进去了。唉!继续再干吧。要不然也不会盖成这样的房子。”男主人指着后面的一幢毛坯住宅说:“我们是装修好一个屋住一个屋,再换另一个屋装修,没有别的地方住啊。还好国家能补助一点,只能先盖一层,等到后面我再多干点,宽裕了再接着盖吧。”

这个时候,周边的邻居来叫,要到办喜事的人家去帮忙了,女主人歉意地和我们打了个招呼,便带着孩子急匆匆地走了。

我们则顺着这个喜事的话题继续聊了下去。

“我从过年到现在,做客(本地将“随礼”叫“做客”)已经随进去一万多块了,”男主人说,“前两天我到另外一个县去做客,我拿出一千元,没想到还少了,唉,弄得我很没面子。”

“咱们这边随礼一般拿多少?”

“一般要看感情和交情,总在两百到六百元吧,通常只有极为亲近的能拿八百到一千元。”一旁的村干部补充道。

“那形式是什么样的?是怎样一个流程?”

以下是根据村民、村干部和邻居共同聊天整理的结果。需要做客的一般分为红事和白事。

红事主要包括乔迁新居、嫁姑娘、娶媳妇、生孩子。

以结婚为例,一般要吃四顿饭。婚姻正日子前一天晚上开始吃第一顿饭,第二天中午、晚上两顿正餐,第三天中午一顿正餐。第一顿饭叫“干生酒

（音）”，有的地方叫“花枝会（音）”，第二、第三顿叫“喜酒”，第四顿叫“散客酒”。特别要指出的是，如果是嫁姑娘，第二天的午餐是正规隆重喜宴，如果是娶媳妇，第二天的晚餐是正规隆重喜宴，相应的菜品会增加，品质也会提升一些。

近些年，村民的喜宴大部分在家中操办，包饭店的情况逐年减少，主要原因是乡村帮忙的人多、地方宽敞，大家交流比较充分，场面也热闹，而且比较经济实惠。

“有的时候包饭店，到那里就是吃一顿，连主人面都没见着，后来大家都转回村里自己办了。”男主人这样说。

来婚宴帮忙的人，主要是周边邻居和朋友，亲戚是不参与婚宴提前准备工作的，只参加婚宴并随礼表心意。邻居帮忙一般会提前两天告知，婚宴头一天一早就会来帮忙。帮忙的朋友在帮忙的同时，会收到主人家的邀请，请帮忙人一家参加宴席。一般情况下，亲戚会收到正式的婚宴请帖，周边帮忙的邻居会收到口头通知。

其他的红事，比如生孩子等，也是要四顿酒宴，只有搬迁新居只搞一天，包括两顿正餐。

一般情况下，在村里办喜宴，餐食之外的花费主要是租碗筷桌椅，一桌十五元左右，其他食材由主人家自行购买，由村里来帮厨的人进行烹饪，一般不给酬金，用酒席回馈。

白事则是另外一种情况。

比起红事有邀请参加，白事是全村（自然村）人员相互通知，是不需要主人邀请的。

一般情况下，白事的悼金是一百到三百元，而且通常情况下是单数，如果前面接受过别人家的白事悼金，在别人家有白事的时候，都会在原来悼金基础上加上三十到五十元。

通常情况下，如果一家有白事，本家直系亲属是不会出面的，一般会请村内一个信得过的人来作为总管，统一帮忙协调各种人员安排、事务处理、宴席安排等事宜。

一般白事宴席是三顿正餐，当天晚上及第二天中午和晚上。

在村子里，如果一家有白事，邻居得到通知需要过来帮忙，是不得拒绝的，即便是本人不在村里，或者是已经长期在外工作了，如果接到消息，也要想办法回来帮忙。如果实在回不来，可以请自己的兄弟姐妹代劳，或者花钱聘请人员过来帮忙。

村民无论是否在村子内，即便没有收到帮忙的通知，也要主动上门吊唁，并送上礼金。

“我家里兄弟姐妹五个，我是最小的，只有我在村里，哥哥姐姐全部在外地工作，所以一旦村里有事情，都是我作为代表去参加。”一旁的村干部笑称。

“像我们村，”旁边一位来自其他乡镇的干部插话道，“除了和他们说的一样以外，在老人出殡的时候，一般是由村子（自然村）的村主任出面组织人员，一般都是十六人抬，一共要有二十多个人，除了十六个抬棺材的，还有两三个抬扎纸的，还有一个在前面引路的，等等。这个是由村里出面组织的，不用自己出钱，每家都会轮到，要是这家的男劳力没有在家，遇到出人力的时候，那这家或者出钱请人，或者请朋友兄弟帮忙，这是不能拒绝的。”

“其实我们觉得这也挺好的，这是传统，延续了千百年了，是我们村子的风俗，也是村民们共同遵守的约定吧。”对于风俗，他们是这样看的。

话题转到主人夫妇身上。

“你们结婚这么多年，人家不远万里来到云南，你可曾上门去看看丈人、丈母娘?”我们笑着问男主人。

“还真没去过，到现在也没到她娘家去过。她娘家姐妹好几个呢，我媳妇是老大。我们过去一趟，至少要花费两万来块钱，有这个钱我把房子再加一层了。现在混得也不是特别好，等以后有机会再说吧。”男主人略带沉思地回答。

中国几千年的乡土民俗，包括婚丧嫁娶、乔迁生子等是村民社会交往和人情互动的重要方式，而当传统的民俗被“礼金”取代之后，带来的是乡情的淡化、金钱的衡量。“我们全家一年总共收入一万多块，其中最大头的就是人情往来、看病吃药和日用开销，村里谁家有事总归要给一些的。”一位村民这样归纳家庭收支。说起随礼现象，很多人表示，这是个面子和人情的问题，有时候碍不过面子，也只得遵从。

说到这里，还有一个杀“年猪”和宰牛宰羊过节的现象。随着群众生活水平的逐渐提高，“杀猪饭”“宰牛饭”和“宰羊饭”等，已经成为广大乡村比较盛行的一种亲友交往的方式。每到年底，很多人家会将自家饲养的猪、牛、羊宰掉，做成系列菜肴，邀请周边亲朋好友来家里一聚，交流一下感情，聊聊知心话。这是人民生活水平提高的一种表现，也是乡村人际交往的一种重要形式。一位乡村老人这样说:“原来家里穷，哪里有那么多肉吃，只有到了过年，攒下来的一点肉就让大家过来聚一聚。主要是亲戚朋友，那时候肉也不多，主要还是以菜为主，哪能像现在这样可以敞开了吃肉。”

另外，年底杀猪宰牛，除了能够做一顿宴席，更重要的是趁着天凉，可以将剩下的肉做成腊肉、腌肉，作为第二年肉食的主要来源，由此也就形成了一种传统美味。但是，发展到现在，杀猪宰牛已经不只是为了第二年储备肉食，更多的是为了乡村关系的交流与维系。有的家庭朋友多，亲戚多，杀一头猪往往不够宴请亲朋，反而还要多买两三头猪。有的村民说，过年吃杀猪饭，家里来多少人，那是要看你家人缘的，要是吃杀猪饭时来的人少，或者你家干脆不杀猪，是要被别人笑话的。这样，为了攀比谁家来的人多，或者是为了表达热情，来宾往往会超出亲戚、朋友的范畴，变成朋友带着朋友，亲戚带着亲戚，很多人互相并不熟悉甚至不认识。这样的演变趋势，很容易使得本来是一种传统储备肉食、亲友小聚庆祝节日的风俗，变成互相攀比的不良风气，给农户造成额外的压力。因此，我们要保护优良传统民俗的本源，恢复民俗本来的含义，而不是将民俗世俗化、将关系交流利益化，这还需要我们做进一步的引导工作。

“我怂”和“我能干”

今天走访了两个苗族自然村。经过长期脱贫攻坚的努力,苗族同胞的生活有了翻天覆地的变化,基本上告别了破败的土木老屋,很多人家的房梁上还挂着腊肉,出行电动三轮车、农用车、摩托车甚至小汽车已经不罕见。

走访路上和村支书聊天。村支书说:“现在政策好了,苗族同胞的日子真的是好过了,大部分人都靠着自己的双手,改变了自己的生活。”

“那在生活上和发展上还有什么问题吗?”我们问道。

“要说问题啊,还有个别群众有一些问题,一是生活习惯,二是一些陈旧的观念。”村支书说。

“比如,”看到我们用期待询问的目光等待,村支书笑笑继续说,“有些人的生活习惯还是比较散漫的,家里面的卫生习惯也有些不太好。”

“另外,还有一些心态上的问题。比如,咱们现在政策好了,对真正贫困需要帮扶的人和户会进行重点帮扶,对此有些人心里就不平衡了。这个村有一户人家,就是不平衡,总是想着为啥帮扶补贴不给我多一点,为啥别人有我不能有?前一阵子在帮扶过程中,有养殖企业爱心帮扶,给这个村子捐赠了三头牛,帮助农户进行养殖。村里面经过民主商议群众讨论并结合实际情况,投票表决把三头牛分给了三户最贫困的农户,让他们发展养殖。村里的那一家就不满意了,他们就认为,捐赠的扶贫物资一定要平均分配,凭什么给那三家他们家没有。我们就解释,那三家是大家经过民主协商讨论结合实际情况确定下来的。他们就不满意,说一定要平分。我们说就三头牛咋可能平分?他们竟然说实在分不了就杀了吃肉!弄得村干部和村民们哭笑不得!"

"那这一家也贫困吗?"我们追问道。

"说实话,这家人真算不上贫困,两口子带着两个孩子,大的上初中了,两口子也就四十出头,还是高中毕业生,他家的生活在村里面算得上中等了。就是心态不对了,总觉得白得的就要争,争不到就心里不平衡了。唉,要不咋说扶贫得扶志气呢!"村支书叹气道。

"那这家人是特别懒吗?整天就靠着要救济生活?"我们问道。

"说实话,这家人也不算是懒!我刚才说过,一个是心态不对了,总是想争这争那。另外一个,这家人真不算懒,平时也总是下地,但就是接受不了新的东西,地里种的就是传统的洋芋、苞谷。你让他们种点别的,或者把土地流转了,外出打点工,多挣点,他们就说啥也不去,说啥也不听,就是守着那点土地,种点传统的东西,苦巴巴地过日子。你看村里像他们这个年纪的,人家都是想办法,要不打打零工,要不种种菜、种种烤烟啥的,日子都是越来越好,可是他们家就是油盐不进!一有点啥东西就开始和村里闹,为啥我家没有!你和他讲道理,他就不和你讲了,然后做啥工作也不配合。"

"其实啊,绝大部分群众是知道要靠自己努力,知道感恩当下的生活的,"另一位扶贫队员也感慨道,"但确实有个别的人是这样的,支书说得确实有道理,一个是心态,一个是观念和见识。我也见到过这样一个人,你去和他做工作,跟他说你看看别人家房子都盖起来了,你身体也挺好,也能干,向人家学学,好好干,多打点工,像人家一样盖个新房,你看人家和你差不多,人家能干你咋就不能呢?”

“你知道人家回给我句啥?”队员苦笑道,“他说,‘我怂!行了吧?’我们真的一下子就被噎回去了。”

一路谈着,我们来到相距十公里左右的另外一个苗族自然村,村头的一栋联排农村别墅(两栋连在一起的农村三层楼)引起了我们的注意。院子里堆满了黑色的从地里收回来的塑料薄膜,看起来正在晒干(现在农村种植烤烟的黑色塑料薄膜,按照要求是农户回收之后晒干,由烟草公司按照种植亩数全部回收,既防止污染又可以再利用,并作为第二年分配种植烤烟面积的一个依据)。我们走进院子,正在忙活的男主人看到我们,热情地招呼我们进来坐。

“你们是县里的干部吧,快进来坐,辛苦啦,喝点水!”男主人热情地招呼,院子里一个八岁左右的小女孩正带着一个三岁左右的小男孩在玩。

“这两个小家伙都是你的?儿女双全啊!你这日子过得不错啊!”我们一边寒暄,一边看着身后的两栋连在一起的别墅。

“呵呵,谢谢你们啊!政策好!你们这么关心我们,这么忙还总是来看我们!小的那个是我弟弟家的,”看着我们一直望着房子,他指着其中一栋说,“他们两口子都在外面打工呢,我就帮着他们一块照看着。”

“房子啥时候盖的?”

“2013 年就盖啦!当时我们家也是贫困户,国家有政策,我们盖房子可以有些补助,我们就借着国家的补助自己再筹一点把房子盖起来了。”

“2013 年盖的,当时盖房子,人工和材料比现在还便宜得多呢。”

“可不是嘛,当时我们筹点钱,心想着后面的日子总会越来越好,就盖得大了点,总是要住的啊!国家政策越来越好,我们又都能干,苦日子总会过去的。”男主人不无自豪地说。

“你们的收入主要从哪里来？我看你这院子里这么多塑料薄膜啊！”我们问道。

“还不是主要靠着地里的活计。原来没孩子的时候我们都在外面打工的，当时也挣了点钱，后来孩子出生了，我们俩也出不去了，这不就回来干点地里的活计，种了点烤烟，不忙的时候就在周边打打零工，反正不能闲着，能干就多干点！你说这塑料膜，烟站要回收呢！他们说这是环保，说实在的这真是一件好事，你说原来那么多膜放在地里，第二年种的时候打碎了埋在土里，几年下来土地就受不了了。现在让我们收回来，晾干了，烟站出钱回收呢！”

“这辆车是你的？”我们看到了院子里停的一辆比亚迪轿车。

“呵呵，是我的，刚买两年，送送孩子、出去办办事啥的，也方便不是？”

“嗯，你这日子过得就好了！有车有房，还有地，比城里人好呢！”

“嘿嘿，这个可说不上。农村人，就是家里乱点，养点牲口家里就又脏又乱的，和城里人比不了！”男主人有点不好意思，“不过话说回来，现在政策真的好！你说你们干部们这么忙，还经常来我这儿看看，问这问那的，我们心里都记得。我们自己还能干，就好好过日子呗。”

“我们也看到，有和你差不多年纪的，家里过得和你比就差远了，要不就是犯懒等着救济，要不就是怨这怨那的，你说这是咋回事？”想起前面的经历，我故意这样半开玩笑地问男主人。

“唉，自己有手有脚的，只要下力气，有啥过不好的！国家已经政策这么好了，不惜力气，日子总能过好！自己双手挣出来的日子过得舒坦！”男主人挠挠头笑了。

一行人全都笑了！

农村婚姻(一):怎么那么多“跑”了的?

今天在村委会和村干部聊天,说起某某家,村干部感叹道:“这家也是可气,男的整天不务正业,这不老婆都跑掉了!”

我问道:“说起这个,还真的要问问你们。我经常在下村的时候会听说某某家媳妇‘跑’掉了,某某家离婚了,怎么那么多‘跑’掉的?这‘跑掉了’是啥意思?”

听到我们议论这个问题,旁边几个村干部也聚了过来,大家七嘴八舌地说了起来。

“嗨,跑了就是跑了,就是不和他一块过了呗!”

“有的是离婚了,但更多的就是一走了之,有的是回了娘家,有的是自己外出打工,几年也不回来看一眼,你说这和离婚有啥区别,还有的跑到外面打工就和别的男人凑合在一起过了。”

“你说多,我们村子倒不算多,也就十几户(村里共一百余户),有的村子能够到百分之二三十呢!”

“究竟是为什么呢?好好的为啥要跑?”我们继续问。

“唉!”一位上了年纪的村干部叹道,“我看就两个原因,一个是女的去外面打工,打着打着就和别人跑了,还有一个就是男的整天闲游烂逛,也不成器,也不往家里拿钱,过不下去了,女的就跑了。”

“离婚这么容易吗？”

“唉，啥离婚啊，离婚可难呢。好多就是直接不过了，跑了。有的可能连结婚都没结呢，过两年过不下去就散了，大不了过两年事实上不在一块了，也就算是离婚了。”

“听你们的意思，都是女的跑的比较多嘛！”我们笑道。

“这个还真是，我觉得主要还是经济原因，你说一个男的啥也不干，闲游烂逛的，女的看着过不下去了，就跑呗！”一位村干部接话。

“为什么会这样呢？”

“唉，嫁人嫁人，那到了男方家，日子过不下去了，你说咋办？关键是现在的年轻人啊，还都没有学会啥叫过日子呢，就男女过在一起了，咋会过日子嘛。”

“你说有这种情况的主要是年轻人？”

“嗯，基本上是二三十岁左右的。为啥这么说呢？你看，两个年轻人，过在一起了，认识得快，结婚也快。没有孩子的时候，两人打打工、一块玩玩，还没啥，可等孩子一出生，那就要花钱了，压力就大了，要是再有两个孩子，那压力就更大了，男人还在外面玩又不往家里拿钱，那可不就过不下去了呗。一般有了孩子，男的在外面打工，女的在家看孩子，拿不回钱来，日子就过不下去了。”

“那两个都出去打工啊！”

“也有这样的，要是家里有老人帮着带孩子，两口子就都出去打工。没准打着打着，总不见面，又没挣到钱，就可能和另外的人好上了，就是可怜了老人和孩子了。”

“是啊，孩子就成了留守儿童了。”

“可不是嘛。现在的年轻人啊，根本没有责任意识。你看看现在的年轻人，尤其是那些初中上完了不继续读的，就在外面混，地里的活一点也不会干，十个里面有九个都宁愿在外面混着，也不愿意回来安心侍弄地。要是真的回来安心种地，日子也能过得去的。你说这样，又不会种地，打工也没啥本事，搞对象完了结婚，咋能把日子过下去?”

“老话讲，穷人的孩子早当家，照理说家里困难，孩子应该都懂事才对啊。”

“唉，这话得另说着。现在农村不管家里多困难，对小孩还不是百依百顺？有啥好的都给他们，弄得现在农村的小孩，有好多根本只想着自己，有几个能想着别人的？那村里不管老人的年轻人还不有的是!”

“问题还是出在教育上啊!”

“你这话说得对。我觉得现在四十多岁的人，其实日子过得还是稳定的，哪怕家里种点地，还是能把日子过下去的。那是上一代一点点带出来的。你看现在这些初中毕业的二十岁左右的，只要不是上高中、上大学的，在外面漂的，有几个能安心过日子的？结了婚，啥也不管，有了孩子给老的带着，自己出去打工，有的时候还拿不回来钱，老的还要自己贴钱养着第三代。唉，不容易啊。”

“你在村里走走，一到周末，大部分家里都是老的带着几个小的。在外面打工没错，要是整天闲游烂逛，不务正业，你说这老的小的还能落着啥好?”

都说教育可以阻断贫困的代际传递，和这些村委干部聊完之后，我又一次陷入沉思。留守儿童的问题是一个非常现实和客观的问题，他们缺乏亲情关爱，这是一个共识，而造成这些孩子留守的，是现在成为打工族或者漂流族的新一代年轻农民，他们中的一些人对于家庭的责任感、对于下一代的责任感以及对于生活的正确认知都有一定的缺乏，因此才导致这些问题的产生。

而这次聊天给我更多的思考是，如果现在的留守儿童问题，一部分源于他们的年轻家长，那么对这一代留守儿童的教育，是不是应该有更加针对性的文化教育上的提升?！只有坚持用教育来阻断贫困的代际传递，高度重视现在这一批孩子的成长教育，将孩子送进更高的学业阶段，才能彻底避免又一批新的游戏人生的年轻父母的产生，避免又一批新的留守儿童的产生。也就是十年左右的时间，这些孩子就会长大成人，刻不容缓啊！

农村婚姻(二):婚姻关系和心态

话题是由一个争夺建档立卡户的男人引起的。

“这个男人我们去做了多次工作,他都是油盐不进,就是要求我们给他建档立卡。他又不符合政策,现在搞得见到我们像见到仇人一样。”村支书叹息道。

“他不是有老婆吗?从侧面做做他老婆的工作?”我建议道。

“唉,不说他老婆还好,说起他老婆,我们又有一肚子话说,”这位快言快语的女村支书有些义愤填膺,“你说我们都是女人,我咋就搞不懂他们家这样的女人呢?说起他这个老婆,还是个有知识的人呢。那是前些年刚流行上网,这个男的不知道用啥办法,让临市还在上学的这个女孩子连学都不上了,义无反顾地来到这里嫁给他了。可能当时上的不知道是中专还是大专吧,反正不上了,就是一门心思到这里和他过日子,女方父母咋个反对都不行!你说说,这就是这些年轻人的所谓爱情?咋就一点责任感都没有呢?我咋就不明白呢?要是真的过来享福,一块好好奋斗过日子也就算了,可气的是,这个男的挣点钱就去赌,赌输了有时候回来还打老婆。你说他这个老婆咋就能受得了,要是我,早就不和他过了。”女支书越说越气愤。

“那人家可能就是有人家过日子的方式吧,没准你看到的和人家的实际情况不一样呢,没准人家女的在家里还说了算呢。”我笑道。

“啥方式啊！啥说了算啊！你都不知道，我们去他家，要是男的不在家，女的在家，我们和女的聊聊，女的态度那叫一个温柔，说啥都是等男人回来问他。然后等男人回来了，我们还问女的，女的一句话都不敢说，就是说一句，还马上看看男的眼色。你说这像是当家做主的人吗？”女支书继续气愤地说道。

“网上说有一种效应，叫斯德哥尔摩效应，也叫人质情结，就是被害人对加害人产生情感，顺从甚至帮助加害人的一种心理和行为。”我们引了一个网上的词汇来缓解气氛。

“你说的这个效应我是不懂，但是你说的这个意思我明白了，就是既然不敢反抗，就顺从着过呗。”村支书笑着说，“这倒是有可能，但是我还是不能理解，大不了就不过了呗，干啥非要受罪呢？我们村里有好多，男的不争气，又是喝酒又是打老婆的，后来老婆还不是跑了。我们村就有一个，女的特别好，男的整天闲游烂逛，喝醉了就打老婆，有一次把眼眶都打裂了，我就和女的说，不能过就不过，离了也是解脱。后来就真离了，现在女的过得挺好，男的基本上就是废了。唉，罪过，有的时候都说宁拆十座庙，不毁一门亲，可是那样的人家，你不劝离，日子真的过不下去。”

“你们村这样跑掉的多吗？”

“要说多也不算多，但是掰着手指头算算，十来户肯定是有的。”

“为啥都要跑呢？你说是经济原因、教育原因还是风俗的原因？”

“唉，这个原因说起来就复杂了，要我说都有。你要说是经济原因，我们最远的那个村小组，家里基本都穷，但是跑的人很少，两口子一块种地看家过得还有滋有味的；你要说是教育原因，那人家过得好好的没上过学的也多得很呢。要我说啊，第一个就是日子实在过不下去了，男的不争气，不干活还打老婆，那不跑咋办。还有，就是本来就没有领过结婚证，看着顺眼就凑到一起过了，过着不舒心，打着铺盖就走了，到另外一个地方再嫁一个，再过日子。你说这是教育原因不？男的反正基本上都跑不了，那家产土地都在这里，女的就跑呗。”

“要我说啊，还有价值观的原因，”男村主任走南闯北，有知识有见识，凑过来补充道，“有些事情也不能都怪男的。有的女的也是好吃懒做，就是咱们说的那种‘心比天高，命比纸薄’，总想着能够不劳而获，能够靠男人养着，不想干活，到时候过不下去了，就一走了之。当然，男的肯定有问题。其实在农村，这种价值观的问题还是挺普遍的。说实在的，现在这个社会，只要你勤快点，不偷懒，哪有养不起家的？就是总想着天上掉馅饼，总想着不劳而获，那日子咋能过得下去？”

“村里有一家，”村主任继续说，“两口子整天就知道喝酒，那酒喝得是醉了就睡醒了接着喝。女的比男的喝得还厉害。打点零工挣点钱全买酒喝了。那女的好多次喝醉了睡在外面，还是村干部想办法弄到车上给送回去的。只是苦了孩子，到了上学的年龄，还是村里帮着送到学校，平时就是爷爷奶奶照顾。”

俗话说，贫贱夫妻百事哀。对于农村的婚姻，很多人认为是由于经济匮乏导致婚姻基础不牢。实际上，几次涉及婚姻的话题，让我们感受很深，农村的婚姻关系是否稳定，不仅仅取决于经济因素，还有很多更深层次的因素。

面子问题

在下村工作的路上，和几位扶贫工作队员谈起了农村的一些现象，触发了我对“面子”问题的思考。

一位扶贫队员说道：“这个村子的村民确实有点懒。记得几年前，我还是开大车的，有一次按照县里的要求，我运送一大车的化肥到这个村。夏天太阳晒得厉害，我们急着卸车，但是就我和农机站的站长两个人，我们来不及啊！旁边有好几个村民在抄着手看着，我们就跟他们商量，说你们帮我们卸一下车，我们会付钱给你们，结果都摇头。我们以为是嫌钱给少了，又加了点，但这些人还是摇头。我们俩没办法，只能自己卸，一边卸一边想，唉，怪不得穷呢，到手的钱都不要，真是没办法。”

“我碰到的还不是一样？上次我也是运送一车货过来，卸车的时候跟旁边的人说，你们来帮着卸车，我们给钱，结果是没人干！”另一位队员接上话头。

“我碰到的是另外一种情况。有一次我们来帮着村子垫路，运了一车砂石过来。来的时候正好赶上中午，就在村委会吃饭了，支书叫了几个在家的村民，中午我们买了不少菜，请他们一块吃饭喝酒。喝得挺高兴，说起下午卸车的事情，这些人二话没说，撸起袖子就开始干了，我们说给钱，他们说啥也不要。”旁边一位队员说了一个不一样的情况。

“我觉得还是害羞，”一位镇里的干部沉思地说了一句，“比如，我们现在要村民整理自己村子和家里的环境卫生，我们就和他们说，自己的村子、自己的家里，收拾干净了别人看着舒服，自己住着也舒服不是。在和他们做工作安排的时候，所有人都说好，然后第二天、第三天你再去看，还是老样子，根本没动。后来我们就改变了策略，等他们在家的时候，到他们家去，啥话也不说，拿起扫把铁锹就给他们干起来，他们看着看着，也就不好意思了，也拿着工具和我们一起干了。是啊，你说自己家的事，外人都来帮忙干了，自己再不干多害羞啊！就这么着就都行动起来了。”

这位镇干部的经历倒是也激起了我的回忆，穿插记录一下：记得有一次在一个村子，一户农民在新盖的房子里日积月累地堆满了柴火木料和饲料草，自己就窝在一个小房间生活。我们正好一群人调研走到他家，问他为啥不收拾一下。他说就自己一个人，弄不动，又说自己这么住着挺好。当时我们所有人一商量，就动手在他的院子角落收拾出一片空地，大家一起开始往外搬杂物。这个农民的表情从无所谓到惊讶再到感动的转变被我全部捕捉下来。结果是，半程中这个农民积极地参与进来，忙活着给大家烧水递烟，和大家一块摆放柴火。

镇干部的话引起了大家的共鸣，大家纷纷表示同意。总结出来，确实，这就是面子的问题。

“你说得对，”上述扶贫干部赞同道，“你看看咱们公路旁边那个村，那条公路是主干道，在别的县境内，总会有群众把自己采的菌子、松子、核桃、栗子等山货拿到路边卖。你看咱们那个村，山上也有很多这样的山货，但是没有几个人弄到路边来卖。看来还是不好意思出来挣钱，涉及面子问题啊。”

“是啊，不过这几年好多了，你看有一个路口不是一直有几个村民在卖洋芋嘛。这几年,村民也开始知道想办法挣钱了。”另一位队员补充道。

这次路上不经意的对话闲聊,倒是真的引发了我的思考。中国人的“关系观”延伸出很多概念,首要的当然要数“面子”。“面子”这个中国特有的词汇可以说包含了中国微观权力表达的精髓。请人帮忙是求面子,给人帮忙是给面子,热情好客是好面子,小气吝啬是没面子。这碗“面”中国人吃了几千年,还是没有吃够。

在上述对话中谈到的这个事实,我觉得单用面子问题似乎还不能够完全解释这些现象发生的原因,我觉得其间还伴随着生活方式和思维方式的转变过程。

第一,传统思维方式的平均、从众和羞于谈钱的惯性。上述现象的发生,确实是前几年的事情。我们试着分析一下抄着手在旁边观望的农民的心理,三十到五十元的现金让他们耗点力气帮忙卸一下车应该是绝对有诱惑力的,但为什么没有人动呢?“别人都不去,就我去,我为了那几十块钱,在别人看来我多没面子!”其实,要是真有一个人领头,估计大家都会上来帮忙的。为什么另一位同志讲的,请大家喝了一顿酒就都不要报酬乐意帮忙了呢?这正是中国农民淳朴的守望相助的传统,我们可以互相帮忙,因为你信任我,如果谈钱就显得俗气了。一直以来,淳朴的农民虽然经济生活拮据,但是,他们普遍认为办点事谈钱有点磨不开面子,虽然这些费用还是有诱惑力的。

写到这里,笔者又想起一件往事。记得有一次到一个风景秀丽、交通便捷的贫困彝族村调研。这个村子具备了乡村旅游的一切优势条件,有山有水,有民族文化,有便利的交通。但是,当地村民还是过着传统的农耕生活。笔者问一位村口的农民,要是有人到你们这里来旅游,在你家吃住,但是会给你钱,你愿意吗?村民的回答是,嗨,别说给钱了,就是不给钱,人家来到咱们这里吃顿饭、住一宿,咱们也愿意呢。这就是淳朴的农民,他们的思维还没有将经济与生活紧密地联系在一起。

第二,社会发展带来的经济生活方式的转变。前面说过,这些事情是发生在前几年,最近几年,越来越多的农民开始在经济生活的认知上有了转变,觉得靠着自己的辛勤劳动挣钱没有什么不好意思的。越来越多的外出打工开了眼界的人,将新的经济生活理念带回村子,很多村民已经开始用身边的资源来换取收入。一位干部告诉我,现在很多人在菌子上市的季节里到山上采野生菌卖,可以挣到数万元。这就是经济生活思路的转变。

诚然,面子问题依然是客观存在的,这需要一个慢慢改变的过程。

凭什么不给我建档立卡

今天，到某村继续调研贫困户危房改造工作。村支书告诉我们，有一户人家的房子很破旧，但是户主说啥也不愿意修缮，更不愿意改建。我们一块来到了这户人家。

路上，村支书介绍了一下情况。

这是一户五口人的家庭，户主三十多岁，有妻子和两个孩子，还有一个老母亲。家里的收入主要靠的是二十亩左右的承包地。但是，户主爱赌博，只要手里有点钱，就赌光了。

来到这家的院子，正好赶上户主一家和户主妹妹一家在一起吃午饭，见到我们进来，他们一块走了出来。户主见到我们的第一句话就是："都来了多少次了！不要和我说了，我就是不修也不盖，就愿意这样住着，以后有钱我再盖。"

"那你就把你的想法和我们说说吧，既然你知道有政策，村干部也来了很多次，那你就说说是有意见还是有其他打算。"见到他这样，县里的干部也就开门见山。

"意见？我就问你们，我家的补助为啥比别人家的少？为啥我就不是建档立卡户？为啥别人能评建档立卡？"

"建档立卡是严格按照国家政策要求，通过评议、公示等一系列的环节才确定的，你如果不符合建档立卡政策，怎么能评建档立卡？”

“那我去年开车还出了事呢，为什么不给我补助？凭什么去年村里人家有得病的你们就给他们建档立卡？”

村支书小声告诉我们，他确实出过车祸，那是因为赌博逃跑慌乱中开车出的事，受的伤也没有危及生命。村里动态调整新识别的建档立卡户，是因为得了癌症并且过世的两户。

这时，旁边他的妹夫上前说话。我们明显听得出，这问话中充满着质疑和火药味，原话是这样的：“我问你们，你们是不是有个精准扶贫？”

“精准扶贫就是国家扶贫的关键工作，你有什么问题？”

“你们不用管我是谁，我就问问你们，是不是有精准扶贫？为什么不给他们建档立卡？为什么不能给他们多一点钱？我们家也享受过政策了，为什么不让他们享受政策？”

“我们这次来就是在宣传政策啊！”

“不行，给得太少，他们家应该给建档立卡。他还有个老妈呢，为啥就不能给？他老妈还没有房子住呢。”户主的妹妹、朋友都在旁边不停地帮腔。

整个谈话过程充满着火药味，我在其中看到了一种不应该出现的眼神，怎么形容这种眼神呢？说是贪婪，似乎还不能准确地表达出其中的含义；说是不满，又夹杂着一些愤恨，似乎整个世界都对不起他们，所有人都欠着他们，不论是享受到政策的还是没有享受到政策的。

“小伙子，”同行的一位德高望重的干部实在忍不住了，“我不知道你是什么心理，我也不问你是谁！我只想问你一句，国家帮助你们，用政策支持你们脱贫，你享受到了，就一点不感激、一点谢意都没有吗？国家欠你的吗？”这话是对户主的妹夫说的，那小伙子听后低下头不再说话。

这位干部又转向户主:“你这个小伙子,你说你年纪轻轻,身强力壮的,为啥总要争建档立卡户呢?靠自己的双手撑起的日子难道不光荣吗?不好吗?你和我们说这些话的时候,你一点都没有想过要用自己的双手来改善自己的生活吗?”

“反正我就是不服气,凭什么我就拿不到建档立卡?现在这点钱不够用,我就是不修房子。你们再怎么说我也不修。”户主仍然气势汹汹。

“对,咱们就不修,大不了到时候我不要这些政策,我们自己弄。”旁边的朋友帮腔道。

谈话陷入僵局,这种气氛下,这次工作很难再继续下去,我们一行没有再多言,转身离开。

路上,同行的干部感慨:“这样的人,其实他并不是没有生活能力,也不是没有收入来源。一是懒惰,二是好赌,另外就是永远觉得别人欠他的。”

另外一位干部感慨道:“是啊,还是那句话,我在他们的眼睛里看到了贪婪,看到了无知,看到了无知带来的无畏。我就想啊,这都是三十来岁的年轻人啊,他们五十多岁的妈妈还在外面打工呢。这些人要是能够接受一些更深层次的教育,是不是就不会这样了?他们这样的表现,和很多原来我们工作中遇到的那些四五十岁的人是不一样的,那些人虽然也想要多争取一些政策,但还是能够心平气和地和我们商量,也还知道想改变现状是要靠自己努力的,可这些人怎么会这样呢?”

我深感这位干部说到了点子上,又转回到对教育的思考。“治贫先治愚”,如果没有有效的教育,这些人的思想还是改变不了的。我还有一个思考,这个观点在另外一个故事中也提到过。这些人接受过一点教育,不能说他们是文盲或者说没有知识,只能说这有限的教育,给他们带来的可能是知识的另外一种影响，片面的知识、片面的世界观，导致他们的心态更加不平衡，思想更加偏激。因此我想，只有靠教育，并且是深入、全面的有效教育，才能将这种偏激和愚昧改变。这只是我的一点感想。

（图片拍摄：储琰）

半爿房子的工作

今天,是我们第二次,也是村支书和村委干部第十数次来到这一户农户家做工作。这回阵容真的是十分强大,县乡村组的每一级干部都没缺,全部到齐。因为今天,家中的男主人回到了村里(这家的人口结构是:奶奶、爸爸和两个女儿。半爿房子的故事在本书《村支书的烦恼》中也有描述)。

我们一行人来到该农户家。一个瘦高个子的中年男人站在院子里,局促地等待着,看到我们来了就把我们让进黑乎乎的屋内。一行人全部坐在小板凳上,男主人也坐下,手不停地相互搓着,显示出他的紧张。

县里干部开宗明义:"我们这次来,就是想听听你的意见,前面已经沟通很多次了,想当面和你聊聊,你不要紧张,到底对于房子是怎么想的?房子已经是危房了,你现在也符合国家的补助政策,我们确实想帮助你,把党和政府的关心送给你,你到底是如何想的?"

男主人回答:"唉,这个房子,肯定是不修了,修起来没有什么价值。要是盖的话,我们也没有那么多钱。"

干部:"你现在可以享受这个政策,如果坚持不要,那么过了这个时间,就不会再有这样的补助政策,到那时你用自己的钱盖?我们是想,你既然能够享受政策,如果这次放弃了是有点可惜的。"

男主人:"那你们能先把钱全部给我吗?"

干部:“钱是用来修缮改建房屋的,给你钱的前提是你要用来盖房子,不能用来干别的。”

男主人:“我肯定是用来盖房子啊!那你们确定我肯定能拿到补助吗?你们说话算数吗?”

干部:“你看看,你现在还在怀疑这个。你看今天,县、乡、村、组的干部都来到了你家,还不是为了让你们能住进安全稳固的住房?我们都来了就是一种承诺!”

另一位干部打起了亲情牌:“你看看,你家里两个小姑娘又聪明又漂亮(周末,孩子正好回家),你再看看周围的房子,都比你家的干净结实。你想,要是两个小姑娘能住进新房,干干净净的,把自己的小房间布置得漂漂亮亮的,她们该有多高兴。你再看看现在,这个不安全的房子,又破又脏,你在外面打工不常回来,你老母亲和女儿住在这里,你能放心?”

男主人(有些心动):“那我能盖多大面积呢?”

干部:“国家的补助是解决你基本保障的,不是要给你盖别墅的。你看看,要是盖个两三百平方米,你自己想想,你兜里有多少钱?总不能为了盖个大房子,把积蓄全花光,再欠一屁股外债吧?”

男主人:“那倒是,肯定不能那样。”

干部:“对了嘛,日子总是越来越好的。你现在困难,国家关心你、帮助你,等以后你干得好,挣了钱,再扩建啊!”

男主人(思索着):“嗯,那好吧。我找施工队来看看。”

干部:“这就对了。那就抓紧时间,我们帮你办理相关手续,你叫施工队来,好好计算一下,有什么困难就给我们打电话。”

男主人:“好吧。”

临走之前，干部们和男主人紧紧地握手：“这是承诺，是政府关心你们的承诺，我们一定会办到，盖房子也是你的承诺，可不能再改主意了，争取尽快搬离这个危险的住处。”男主人说：“我记得，你们放心。”

走出来的路上，村支书感慨道：“今天没有想到，他真的能同意接受我们的关心。唉，其实他心里想的我们能理解，他一直是谨小慎微的人，加上前些年的时候，村里面有的人说话不算话，也让他更加谨慎。现在能够同意，也和我们这些人严格按照政策办事、平时多关心他们有着直接的关系啊。”

接下来的另一户就没这么简单了。这一户也是有条件享受政策，但就是觉得政策给得不够多，宁愿不要，也要等着以后挣了大钱盖起大房子。工作组来到他家的时候，正赶上男主人外出办事，问孩子，孩子说已经出去很久了，该回来了。工作组打电话，不接。于是，整个工作组的人耐心地坐在院子里，等了整整四十五分钟，男主人才慢慢走进院子。

看到我们，仍然是热情地招呼，又是发烟又是张罗泡茶。我们谢绝，请他一起坐下。

工作组：“我们已经来了很多次了，还是那个意思，你家里的情况符合国家的补助政策，住房已经不太安全了，希望你们能够修一修或者是重新盖一下。”

男主人：“谢谢你们，我家的这个房子我知道，再住个十年肯定没有问题，你们放心。今年是我本命年，不能动土，我说啥也不会弄房子的。国家的补助要是真没了，我也就不要了，等以后自己挣着钱再说吧。”

工作组：“我们主要是看你这个房子不太适合居住，而且国家关心你，你应该享受的政策还是要享受的。”

男主人：“算了，谢谢你们。我真的就是不动房子，国家补助宁愿不要了。没准以后还有更好的政策呢，就算没有，我也认了。”

工作组：……

回来的路上，一位镇上的干部感慨道：“有的时候，心里真的急啊！一方面，我们是真心实意地想把他们能享受的政策为他们争取过来，把政府的关心真的送到他们手上；另一方面，我们又气又伤心，送到嘴边，人家不要！”沉默良久，他猛地抬起头：“不说了，该做的还是要做，能帮他的还是要帮，一定要把他的房子弄得稳固了。”

补：三天后，镇里干部告诉我，这个农户同意进行危房修缮了。和我说起的时候，他的语气里充满了欣慰和成就感。我能想象到他们经历了多么艰难的劝说工作，忽然心里很感动：这就是我们基层可爱的干部。

（图片拍摄：储琰）

还是直接把钱给我吧

这是一排位于路边的简易平房,户主是一位五十岁左右的妇女。在脱贫攻坚过程中,这一户作为有资格享受国家危房改造政策的农户,却不愿修盖房屋的典型,村支书和村干部多次上门宣传动员,还是不愿意动工,于是带领我们来到她的家中,进一步宣传政策,送去关心。

看到我们到来,女主人喝住冲上来狂吠的狗,把我们带到了家门口。这家没有院子,一排简易的平房沿着公路展开。平房是连在一起的,一共隔了五个房间,每个房间都是简易的木质房门,房顶是用石棉瓦搭盖的。我们仔细观察了房屋的四壁,虽然是砖结构,但是屋后的背墙和整体结构已经出现脱离性的裂缝,显然房屋是不稳固的。虽然没有院子,但是房子离公路还有五米左右的距离,在房檐底下,种了一些花草,还摆放着一些石雕。

了解到我们的来意,女主人先和我们诉说起家中的苦(见到政府的人来访,诉苦几乎已经成为雷打不动的第一件事情)。她说,她的家是一个组合家庭,她原来的老公几年前过世了,公婆也在前两年相继离世。因为前面的几个人过世,家里欠下了好几万块钱外债,现在还是还不起!她有两个儿子,老大去年因为喝酒和人家打架,已经被公安机关关进去将近一年了,老二现在和她住在一起。我们看了一下二儿子的房间,被子、衣服凌乱地丢着,屋内杂乱无章。

说起家庭的组合，她说："自从前夫走了以后，又送走了公婆两个。现在找了一个人一块过日子，也没有领证。他是山上面村子的人，他有个女儿，女儿一直在外省打工，已经好几年没有回来了。"

"你这个房子已经不稳固了，很不安全，你的后老伴有房子吗？为什么不正儿八经地领个证，上去和他一起住？"

"他是有房子的，那还不是要留一间给他的女儿，哪有我们住的地方？我这还有个儿子呢。唉，就这么凑合着过吧。"

"但你这个房子真的不安全了，村里面来宣传政策，你为什么不盖呢？"

"支书倒是关心我们的，"她看了一眼支书，我们看得出来，她还是流露出感激之情的，继续说，"国家政策我们也听懂了，去年支书他们就来过很多次动员我们了，党的政策还是好的呢。可是，补助就这么多，盖起来的房子肯定不够我和两个儿子住的，我们自己哪有钱贴补啊？两个儿子还没有结婚，我盖了那么小的房子，到时候还是住不下啊！再说，现在这个破房子，我就是修了，过两年还不是又破又旧，没啥必要再修了，等以后再盖吧。"

"国家的补助，是要解决你们安全住房的问题，是保障性的，救急的，不是要给你盖豪华大房子。要是盖大房子，你们还是要靠自己的努力啊！现在是要解决你住在危房里的问题，这里住得不安全啊！"

"我知道不安全，可哪里就那么容易倒掉的？现在就这么住着吧，等以后再说。"

"两个儿子干什么呢？"

"大儿子关起来了，你们知道的，老二整天就是打打零工，也拿不回来多少钱，我们又欠着这么多的债，你说我们咋办啊？"

"为啥不让两个儿子到外面打打工，县里推荐很多打工机会，有个长期的稳定工作，挣钱也多些啊！”

“唉，我说了有啥用，他们也不听啊，就是那么每天混着。”

“那这样你们啥时候能把大房子盖起来？还是要鼓励两个儿子勤奋些，才能把你这个房子盖得大啊！现在，你还是首先要解决这个危房的问题啊！”

“唉，不修了，不值得修了！”

“大嫂，你要知道，国家的政策是有时限的，现在有针对贫困群众的补助政策，你又符合政策，如果你现在坚持不修不建，那国家就要把这些钱用在更需要的贫困地区去了，到时候你再申请就没有机会了，你明白吗？”

“那国家的这些补助，能把我这些房子都修了吗？”可能害怕真的拿不到补助，她有些受触动。

“国家的补助是用于保障你们有一个安全的住房的，你这么一大排房子，又不是都用来居住的，国家哪能都帮你修？”

“那就是不能帮我都修了，那我宁愿不修了。”

“能修多少，要请技术人员来进行测量，设计方案，核价之后才能确定，再说，你要是想全部都修了，你自己也可以筹集点资金，汇在一起多修一些。”

“还要我自己出钱？我们家哪里有钱？那我不修了。”

“我们大老远地来看你，我们图啥呢？这个房子我们又不住，还不是为了能让你们住得安全些？还不是为了让你们能够有一个保障？这也是国家的愿望，你怎么这么固执？国家政策是有时限的，你要把握住啊！”同行的一名干部有些恼火了。

“唉，我知道你们是为我好，我们家就是这样，没得钱，要修就给我全修，要么就不修了。”看到干部恼火，妇女喃喃地说道，“国家的钱也是钱，大不了我们不要了，以后再说。”

“能够享受的政策你们为什么不享受呢？给你修一些，住得安全，也不会影响你什么，只有好处啊！能享受的不享受，多可惜啊！”同行的干部进一步劝解。

妇女沉默了许久，像是鼓起勇气似的抬起头来，问我们：“等以后我们再盖的时候还能有政策吗？”

“我们只能说现在的政策是保障你们有一个安全的住房。你们家里这么多劳力，以后可以靠自己的双手把日子越过越好。至于后面还有没有这样的政策，我们可不能预计，反正现在这个政策快要到截止的时间了，你还是仔细想想。”

“那……能不能把钱给我，我以后再盖？”妇女终于下定了决心，说出了这样的话。

“国家的钱就是用来帮助你们解决危房，保障你们最基本的安全的，是用来建设的，不是给你们发钱的。”同行的干部们终于知道了她的真实想法，斩钉截铁地回复。

妇女陷入了沉默，良久，抬起头来说：“那你们就让人来量一量吧。”

返程的路上，同行的村干部感慨道：“国家政策是好的，帮助最有需要、最困难的群众解决危房问题。但是，有的老百姓就觉得，国家政策好，咋不多给我一点？把现金给我，我自己支配多好！像这家这样的，其实就是想着把现金拿到手，没准拿到了转身就花在别处了。有的群众还会想，我就是不盖，我也不修，就住在危房里，你政府总不会看着我这样吧，我坚持住，没准过两年政府一下子补给我十万二十万也说不定。这种思想还是‘等、靠、要’

的思想，我们最需要做的事情，是想办法让群众能够自立、自强起来！你说这家，想得挺好，以后要盖大房子，但这两个儿子整天地闲游烂逛，不想点挣钱的法子，不下力气，哪年他们家能盖得起大房子？扶贫真的是要先扶志啊！”

“是啊，”另外一位干部也在感慨，“群众的传统观念也要改一改，国家的补助政策，本来是要解决群众的基本住房保障。可是有些群众，符合国家政策之后，拿到了补助指标，本应该按照面积标准盖房，可是，有的是为了面子，有的是说一辈子就盖这么一回房，盖就盖大的，一下子就盖了两三层！钱都花在盖二三楼的墙上了，最后盖了一个大毛坯房，手里没有钱进一步装修了，只能住在毛坯的一楼里。你说这多尴尬、多难受！传统观念真的是要改一改！也是你刚才说的要先扶志啊！”

“就像这户人家，”另一位干部补充道，“对于自己的生活规划根本没有。现在住在危房里，总想着将来一步到位，盖个大房子，可他也不想一想，现在的危房一是住得危险，二是有政策不享受，以后都要自己筹资。现在抓紧时间修一修，或者先盖一个小房子，住上新房，没准儿子就把媳妇领回来了，然后一家人一块奋斗，挣了钱再盖大房子，这个小房子就可以作为厨房、柴房都行啊！可她不这么想啊！”这位干部一边说着，一边摇头叹息。

农村的问题，不是简单的经济问题，更有思想观念、思维习惯等多方面的综合影响因素。

就让我自己在这里过吧

“我住在这里就行了，现在国家政策好，你们看，那么多建档立卡户，家家都有砖房住了，我们老人就住在这里就好了，你们是关心我们，我们知道，我就住这里就好了。”

这是一位六十多岁的老人在她的老房子前面和我们说的话。之所以有这样的谈话，是因为老人有四个儿子，都在老房子周围盖起了砖房，但老人坚持住在老房子里，虽然老房子还是比较稳固的，但毕竟老人守寡多年，年纪大了，我们希望她能和儿子同住在新房子里，于是我们和村干部一起来到她的家里进行劝说。

“孩子们不是不孝顺，都说让我过去住。我就不去了，他们都盖了砖房了，都住上了，我就在这里住就好了。”老人反复强调着这句话。

“我四十二岁老伴就没啦，是我一个人把这些孩子都拉扯大了，现在他们都成家了，我就自己在这里住吧。现在国家政策好了，我也领着低保呢，我有糖尿病，看病该报销的也报销了。这个侄儿子（指着旁边的村主任）也很好呢，经常帮着我把药给送来，真是好呢！”

“我这辈子苦啊！大半辈子就是一个人把孩子们带大了。我老啦，和他们一起住，吃饭也吃不到一块，农村的事情很复杂的，我们都懂的，我就在这里自己住吧，就在这里自己住吧。孩子们不是不让我去，是我自己不想去，就在这个老房子里,啥时候住倒了,或者我不在了,就看着把这个房子和地处理了就行了。”

“孩子们都在外面打工呢,我六七十岁了,还不是有这张嘴,要吃饭啊,吃饭就得干活啊,我就上村里他们搞蔬菜的地方给他们摘菜,给我个十块八块的,我也能挣点钱不是。”

“老人家,您每月有低保,儿子们也给您钱,您平时也在我的地里(自己流转的土地搞种植)打点工还能挣点呢,您的钱够花啊!”旁边的村干部跟着说。

“是呢,是呢。你是好呢,还让我打工。那要吃饭总还是要干活的嘛。你是好的,你是好的,让我干点,”老人抬头看了一眼,继续说,“我去那些老板(指外来流转土地种蔬菜的商人)那里,要给他们干点活,他们说,唉,大娘,我们不敢用您,您这么大年纪了,要出点啥事我们可负不了责任。我说我就是死在你的地里和你有啥关系呢,又不是你们弄的。他们说,唉,没法和您说,您还是不懂法呢。”

“其实我都懂的,我有高血压,还有糖尿病,在人家那里出点什么事,人家肯定是要受影响的。那要吃饭,还是要干一点的啊。唉,我就在这里住了,就在这里住了。”

“老人家,我刚才听了,您确实是过过苦日子的,确实不容易啊,可是现在生活好了,您也要过过好日子啊。”我们劝道。

“唉,农村人还不就是这样,不干哪里来的钱?孩子们挣的钱还不是辛苦钱?我要是能干还是要干的。”老人答道。

“老人家,我能理解您的心情,孩子们是孝顺的,您也是勤劳的。我们希望您和孩子们一块生活,也是希望您能在这个时候多和孩子们交流交流,现在您能干活,帮着他们做做家务、带带孩子,多多交流,等您年纪大了,需要他们帮忙的时候,也熟悉了不是!”我们继续劝导。

“你说得对呢,你说得对呢,我就在这里住吧,就在这里住吧。”老人若有所思,却又不愿意再往下说了。

这个时候,外面急匆匆地走进来一名中年妇女,看样子精干憨厚。她搓搓手,上来和我们搭话:“我是她大儿媳妇,听说你们来了,过来看看。”

“哦,我们是来劝劝老人,和你们一块生活,也有个照应。”

“是啊,我就是为这事来和你们说的,怕你们误会我们都不管老人,没良心。我们还真的没有,也劝过她好多次了,她真的不愿意来啊。”中年妇女一脸委屈。

“我们知道你们几家还是孝顺的,老人啊,苦了一辈子,还是多和老人说说话,关心关心吧。”我们说。

“唉,孝顺也谈不上,农村嘛,就这样,”中年妇女有些不好意思,“你说得对呢,我们平时也确实忙不过来。”

“是啊,你们的孩子多大了?这不是放暑假了,让孩子多来看看奶奶,陪她说说话。”我们继续建议。

“是呢,孩子也会经常来呢。我们会的,你们放心。”中年妇女答应道。

我们握手告辞,走的时候,回头看见老人还站在门前自言自语着。

返程的路上,同行的同志一直在就这个事情发表着自己的见解。

“唉,老人家受了很多的苦,辛劳了一辈子,这个时候也确实是闲不下来。住在老房子里,可能心里也踏实。我们都说,该享福的时候可以享福了,可是,客观地讲,几十年养成的习惯,哪是一时就能改变过来的啊!”一位干部感慨道。

“是的。其实我觉得这位老人还是心里面出了问题,”一位年纪略长的镇干部接上话,“第一呢,确实是,这一辈子不容易,老了还是需要有说话的对象的，孤苦伶仃一辈子，到老了，还是没有人陪着她，也没人听她说话，这种孤独真的是难以承受啊，所以，她一直说就自己住吧，就自己住吧，既是无奈，也是赌气。其实，这种情况咱们农村还是不少的，辛苦了一辈子，到老了，尤其是老伴没了，儿女又不在身边，那种孤独和寂寞是难以承受的。

“第二呢，不知道你们听出来没有，老人家从做母亲的角度来看，觉得虽然四个儿子都已经盖起了新砖房，但是都没有享受到贫困的补助，都是靠自己打工赚出来的，老人觉得儿子们亏得慌，她有点不平衡。”

大家都表示赞同。

“其实，我觉得，这个老人实际上是不缺钱的，”一位村干部说，“她有低保，孩子们都在打工，也都还算孝顺，她自己还在村子里打点零工，也能挣一些钱，生活是没问题的。”

一位村干部接着说：“其实啊，老人还真的不是说只要给钱就行了，还是得多陪陪，多关心关心。”

“对，”年龄略长的镇干部接上了，“我同意，对老人，除了经济支持，还要有情感支持。我们扶贫也是一样，我觉得要像对待这些老人一样，除了经济扶贫，还要有情感扶贫。”

对于上述的对话和态度，我深表认同。中央的扶贫政策已经说得非常明确，扶贫，不仅仅是在经济上给予支持，扶贫不是养懒人，而是要扶贫和扶志相结合，通过经济扶贫解决生活保障的问题，并进一步激发群众摆脱贫困奔向小康的内生动力。同时，还要通过扶智帮助他们掌握脱离贫困的本领，用教育阻断贫困的代际传递。借用那位镇干部的话，我们扶贫，要经济与情感并用，用经济解决他们紧迫的生活保障问题，用情感振奋他们脱贫的动力与决心。

脱贫攻坚，任重道远；干群齐心，一往无前！

四桶酒的故事

这是一栋两层砖结构毛坯房，已经盖好两年左右，还没有安装门窗，也没有做外墙和内部装修。一层已经被烟火熏黑。院子里堆着很久没有用过的砂石料。院子的一侧，有政府按照国家扶贫标准补贴建盖的一间保障房。这个院子里最大的特征是到处摆放着空酒瓶，甚至有用空酒瓶装饰的一个小花坛，虽然已经看不出花坛的样子。

这个院子里有着一段四桶酒的故事。

这是一个大家庭。祖代，祖父早逝，有一位八十多岁的老祖母；祖辈之下，有哥两个，大哥结婚生子，二弟一生未娶，最大的爱好就是喝酒，现在和老母亲一起生活；孙辈，大哥的女儿已经结婚，一家人在外地打工。

没有盖好的毛坯房位于第二代兄弟俩共同从父母手中继承的宅基地上，老房已经成为危房。

因为二弟一直单身和母亲同住，符合政府救济标准，政府为其母子修建了保障住宅。

由于大哥女儿的住房属于危房改造，没有宅基地，于是她和二叔商量，把二叔和父亲的宅基地一起借过来，作为其建房的宅基地。

两年前，在双方亲友的见证下，侄女和叔叔达成了基本协议，即，叔叔将属于自己的宅基地部分转赠给侄女一家，作为回报，侄女一共付给叔叔二万元的补偿金，同时每年赠送叔叔四桶散装白酒；在新房建成后，一楼作为叔叔和奶奶的住处，一直供养到逝世。双方签字画押，就此决定，房屋开建。

随即，侄女一家外出打工，叔叔和奶奶住在政府保障房里。

“我们外出打工，确实很忙。没打工之前，在村里，每个月给叔叔二百到三百元，同时也会时不时地打酒给他喝，那时候盖房子还是很顺利的。后来，我们外出打工，给他打钱也不方便了，所以就是每次回来会给他一些钱，同时也会给他买一些酒，但是给得不是很规律了。”侄女这样说道。

“他们不给钱了，给我买的酒我也不认识，就是想早点让我喝死，他们就可以独占这个房子了。”旁边蹲着的叔叔直指未完工的房子反驳道。

“其实我们给他买的酒就是换成了瓶装的，不是原来那种散装酒了，我们想给他喝点好的，但他不知道听谁说的，就说我们想要让他喝死。后来我们也不敢给酒了，就给他买些烟。”侄女有些委屈。

故事就是这样来的。叔叔在经历了没有规律的给钱和酒换成烟之后，开始不满意，随即将老母亲和自己的生活用品搬入了刚刚盖好的毛坯砖房内。侄女只要装修，他就搬个板凳挡在进场的道路上，不让装修；即便是砂石运进来了，自己和老母亲住在毛坯房内，也不允许装修。侄女一直在外打工，这种状况断断续续持续了两年之久。

村干部上门做了几回工作，都没有进展。

脱贫攻坚战役中，农户住进安全稳固的住房是基本标准，乡镇村组加大了做工作的力度。

“你们原来的协议呢？”

“我的丢了。”叔叔说。

“我们的在。”侄女说。

“我不相信，那是假的。”叔叔辩解。

协调陷入僵局。

“不管怎么样，原来既然有过协议，那么就要按照协议做。”干部协调。

“那就要把原来答应给我的钱给我，还有酒，该给的还是要给。我们后面也要有地方住。”叔叔坚持。

“我们已经给过很多了，现在说这个，就是要加条件，我们不服气。”侄女觉得不公平。

“那我不管，反正要是没有补齐，我就不能退让。”叔叔坚持。

……

经过各级干部反复做工作，最终达成了协议，并且协议一式三份，双方及村委会各执一份。

协议内容大致如下：

侄女方补足原来两万元的未付部分，并且作为安慰或者叫违约，再加六千元，并承诺供应叔叔爱喝的散装白酒每年二十公斤，一直供应。

叔叔方马上带着老母亲搬出毛坯房，让出道路开始装修。待房屋建成之后，叔叔可以带着老母亲住进新房一楼，接受赡养。

双方签字画押。

第二天再去看，叔叔和老母亲已经搬出，施工人员已经开始搅拌泥浆。

一场四桶酒的闹剧终结。

我就是咽不下这口气

在村委会里，村支书和支部干部正在商量关于村内扶贫工作的细节内容。

门外闯进一大家子。说是一大家子，我是后来才听明白的，这是父母、女儿、女婿和不满三岁的小外孙。看得出来，这一家子穿着很整洁，父母有四十多岁，年轻的夫妇有二十岁出头。为了说得明白，我后面用孩子的称谓来标明这一大家子的身份。

外婆进来就是气势汹汹的，大声嚷道："老表，我是来讨个说法的！"外婆的情绪十分激动："我就是要来讨个说法。你给我说说，为什么把我家的建档立卡户拿掉了，为什么别人家盖房子有补助，我们家盖房子就没有补助？你必须给我个说法！"说罢气呼呼地坐在旁边。

二十多岁的年轻妈妈也是气愤异常："你们说哪一年盖的有补助哪一年没有就算数？哪一条规定的？自打扶贫这个事情开始，都好几年了，我们就一点补助没享受着！我就想不明白了，这么多的扶贫项目，我们家咋就一条都没占着呢？你得给我们解释清楚。"

外公站起身来，对着支书说："老表，我告诉你，我们这么多年不是多事找麻烦的人家，我们这么多年一直在外面打工，说实在的，虽然不认识字，但也还是明事理的。你们说哪样条件不符合政策领不了补助？我就问问，你看看，我家没有在公家上班的，没有汽车，咋就不能享受？你再看看，难道我家过的日子比所有人都好？为啥我们就不能领补助？是不是要给你们村干部一点好处，你们才能给发？是不是我们在外面打工你们就不管我们了？"

村支书被这突如其来的一连串质问弄得有点应接不暇，待明白过来之后，村支书说："你们来反映问题，我们就共同地商量问题，你们不要指着我说我咋样咋样。我可以告诉你们，我们村支部在扶贫过程中，都是按照政策办的。我可以负责任地说，我没有在里面捞一点好处。我也是农村人，我也要养家糊口，你看我现在在村里天天忙得不着家，我家媳妇还不是照顾老的小的，侍弄土地，我拿到什么补助了？你们不要气势汹汹，有事说事，你要没凭没据说我咋样咋样的，那咱们就没法子说下去了。我已经通知你们村的村组长到村委会来了，他是第一道申报的把关人，咱们当面把这个事情说清楚。"

在等候一家人所在自然村村组长的过程中，我一直一言未发，观察并仔细听着这一家人的诉说。在这期间，我注意到两个细节：两个女人在照顾小男孩的时候，男孩子把一个吃剩下的枣核随手扔在了茶几上，外婆马上把枣核拾起来扔进烟灰缸，并且撕了一截卫生纸将茶几擦干净；孩子不耐烦了开始哭泣，外婆和妈妈在转向孩子的时候，脸上马上转成了自然的微笑，而不是刚才的满脸戾气。我在心里默默地点赞。

一家人还在你一言我一语地追问、责怪。

"从 2012 年开始，我们家就没有享受过一分钱的补助，后来还把我们的建档立卡户给拿掉了。只是通知我们一声，你们家的建档立卡户拿掉了，也没说原因。我们就想不明白了，为啥?！问了政策，组长说这两天就来说明，等了好多天也没有动静，我们还要打工呢，也不能天天等着啊！"

“我们家的房子盖得是早，那盖得早也是我们自己苦钱（赚钱）苦来的，凭啥就不能给我们补助，我就是咽不下这口气！别人都有，大多数都有，为啥我们就没有？是不是还要给你们送礼才能给我们？”

……

村组长急匆匆地赶到了。这样一来，对于这件事情的处理，就具备了村支部书记、村组长、村民三级完整的链条。这些人坐在会议室里，开始了进一步的协调，我还是在一边静静地看着。

“既然村组长来了，我们都是按照政策要求办的，现在就让村组长把他在收集上报时候的政策告诉你们。”村支书说。

“那我就一条一条念给你们听。”村组长说，一家人都平静下来，静静地听着。

……

“我都念完了，你们听明白了吗？你们自己觉得你们符合政策吗？”

“政策我们听明白了，如果按照政策办我们这次确实不符合，”沉默了一会儿之后，外公说了话，“那为什么村里有的人有？”

“好，那我就把村里享受政策的家庭告诉你们，你们看看是不是有问题。”村组长继续说，并把名字念给他们听。

“嗯，这些人家的情况倒也是真的，”外公确实是很明事理的，“但我还是想不明白，为啥这么多年我们家一分钱都没有拿到？”

“是啊，你们说的我们村的情况我们听明白了，那别的村为啥有？”外婆还有些不甘心。

“如果你们说咱们村委会的其他组有你们怀疑的不公平的情况，你们可以告诉我们，我们肯定调查，但是你要说出来我们才好查啊！”村支书说。

“我们是普通老百姓，我们哪能去查？我们哪有这个本事！”外婆辩解道。

“不是让你们查，是让你们告诉我们，有了线索后我们去查，要是咱们村的，真的有问题，我们肯定不隐瞒、不包庇，该咋样就咋样。建档立卡都是按照程序评议公示出来的。你们要是有疑问，提出来，我们村里弄不了，就报镇里，镇里弄不了，还能报县里，真有这样的问题，我们肯定不会不管。党纪国法这么严，谁会为这点事招个牢狱之灾，把自己后半辈子搭进去？”支书解释道。

“我和你们说句心里话，”组长在旁边感慨，“你们总说我不管，我不用心，我不给你们报上去。你们觉得我真的会这样吗？都是本乡本土的乡亲，国家扶贫政策这么好，要是你们符合政策，我能不帮你们争取吗？你看看我家，我家过得比你们好吗？我天天为村民们到处跑，我自己拿到一分钱吗？我能吗？我敢吗？再有一点，每一份材料报上去，我都要签字的，要是我这个名字签上就有钱，那我就都签，签上就给你们发钱！这不就乱了吗？我早就去蹲监狱了！”

“那真的我们从 2012 年开始就一点都享受不着吗？”外婆还是有点不甘心，但实际上，一家人已经基本上明白和理解了。

其实这一大家子，从他们行为的细节就能看得出来，这是一个勤劳且比较精致的家庭，也是见过世面的家庭。五年前就已经把新房子盖起来了，说明他们还是勤劳肯干的，相信解开心结的这一家人的日子会过得越来越好。

整个过程持续了两个多小时，其间有争吵，有平静解释，有疑问，也有委屈。已经到中午了，解开了心结的一大家子接受了邀请，和村委会的同志们一块在食堂吃了顿饭，吃饭期间大家有说有笑，气氛融洽。

我在想，群众的怨气到底从哪里来？以这一大家子为例，我觉得有两点。

第一，是因比较而来的不平衡感。在基层工作中，如果真的存在不公，那无论在什么样的情况下，都会引起群众的反感甚至反抗，但是，“不患寡而患不均”，这里的“不均”在农村就会有更深刻的内涵了。首先，在另外一个故事里也提到过，长期以来的惯性思维会让群众觉得要是有大家都有，要是没有大家都没有，因为我们过得都差不多，为什么要分出来彼此呢？其实这也是基层工作的难点所在。要做到公平，还要在普遍差不多的群众中精准甄别出真的需要帮扶的对象，需要基层干部准确地掌握和理解政策，充分按照严格的甄别流程进行工作，按照公正公开的原则，充分调动群众共同参与的积极性，共同甄别出需要帮助的对象。其次，这个“患不均”，还有一个面子问题。很多人会觉得，都是差不多的，为什么别人有而我们没有？是不是因为我们和村干部不够交情？是不是我们在村里做人不行才没有得到？觉得这是很没面子的事情。“我们从来没有到村委会闹过，是不是不闹你们就不考虑我们？”外婆的这句话多少能够证明一下这样的心态。“会哭的孩子有奶吃”，如果大家都有而我们没有，就说明我们日子过得窝囊，过得没有水平，在乡亲们面前没有面子。

第二，怨气来源于信息掌握的不完整和不全面。中国社会的人际信息传递有一个特点，即“嘴比腿快”，任何一种信息，都会在最短的时间内传遍左邻右舍，而且，在传递的过程中还会被加入很多的个人情感因素，这就导致了在乡村中会出现很多与原本政策相背离的说法。比如，在另外一个故事中，在某个区域内就流传着一种说法，“坚持不要现在的政策，坚持住，还会有更好的政策给我们呢”，这就是夹杂了个人情感判断的信息传递的结果。信息的传递是有其规律的,不完整的信息经过传递就会成为假信息,就会引起不必要的麻烦。“为什么我家从来没有收到村委会的通知？是不是我们不来村委会找,就没人想到我们,所以我们这些年就一点政策都没有享受到?”从这家人的这种描述中我们可以看到这种误解的存在。在村支书和村组长的解释过程中,从这一家人的态度来看,并不是完全没有信息传递给他们,而是由于各种因素,导致了信息理解的错误,进而引发了群众的怨气。

从这件事来看,基层工作确实是“上面千条线,下面一根针”,但是,这根“针”一定要扎到位。这件事情给我们的基层干部提了个醒,在群众工作中,一定要耐心、细致地将政策向群众宣讲清楚,事不说不明、理不辩不清,不能光说清“是什么”,还要说清“为什么”。只有将完整、全面的信息传递给群众,他们才会真正地理解和支持。在基层调研的过程中,我们不止一次地听到群众说,现在党的扶贫政策是真的好啊！但是为什么我们没有享受到?是不是你们干部自己违背了上面的政策？这就是群众的疑问。这个疑问的根源,还是群众对政策了解得不全面,尤其是和自己相关的政策,没有得到让自己全面了解的结果。

对于基层干部的工作来说,一定不能想当然地认为,这件事情群众已经了解了,我告诉你你就应该知道了。这是工作的大忌。在和基层干部的聊天中,我曾经笑谈道:“你咋就觉得人家应该明白呢？这个“应该”是哪里来的？你都没和人家说明白,人家凭什么就明白了呢?”所以,在工作中,要变“我告诉你这件事”为“我来和你解释一下这是怎么回事”。

当然,还是那句话,“上面千条线,底下一根针”。基层干部的工作烦琐而复杂,我们的基层干部在用对群众的真心在工作,简单传递、简单通知的现象有的时候也许并不是有意为之,而是一种工作的方法和工作的惯性使然。因此,在工作中,需要干部们进一步改进工作方法,进一步强化深入群众的作风,克服工作的惯性,用耐心、细致的工作赢得群众的理解和支持。

(图片拍摄:供销社供稿)

小时候是儿子，长大不是了

这是一座低矮的土坯房，院落很大，院子打扫得很干净，虽然柴草杂乱地堆在一旁。这座矮小的土坯房和旁边三层新盖的漂亮楼房形成了强烈的对比。土坯房正屋的门框两边贴着白色的悼念对联，看上去是这家男性老者去世时的悼念对联。对联已经破旧，但是并没有完全撕下。

房门紧闭，用力推开后，里面传来脚步声，一位年老的妇女迎出门外。我注意到，她有七十岁左右，穿着破旧但很干净，腿上有残疾，双腿不一样长。看到我们进来，她忙张罗着搬凳子倒茶水。

我们示意她不要忙，并和她聊了起来。

“大娘，您家里有几口人啊？”

“嗯，两口。你们是村上来的还是镇上来的？”

“我们是县上来的，来看看您，关心一下情况。”

“谢谢你们啊，共产党的政策好呢！谢谢你们。”

“老人家，家里除了您，还有谁啊？”

“还有一个小儿子，在外面打工呢，许久不回来，三五个月回来一趟吧，就我自己在家了。唉，小儿子还没结婚呢！”

“老人家有几个儿子？”

“有三个儿子呢。你看，左边这半边房子是大儿子的，也很久没修了，大儿子到另外一个村去上门了(入赘的意思)。”

“还有一个儿子呢?”看到老人没有说下去的意思,我们追问道。

“唉,就是这家,是二儿子。”老人指了一下右手侧的三层楼房。

楼房的楼梯侧窗正好对着这个院子,我们看到一个人影从楼梯上闪过,上楼去了。

“老人家,二儿子家盖了这么好的房子啊!”

“是呢,是呢!”

“那您家这个土坯房,有好多年了吧。政府有政策,这样的危房,如果符合条件,国家有维修或者重建的补助呢,你为什么不修也不建啊?”

“唉,说不清楚,村上倒是过来做过几次工作宣传政策,儿子(小儿子)说不修也不盖,我也没办法。”

“你们家谁做主啊?”同行的同事笑着问。

“唉,老了,还不是得听儿子的。”

“这房子是你们分给儿子的,你们也可以做主啊!”

“老了,不中用了,还是得听他们的,我也不懂。”

“家里户口都有谁啊?”

“本来有我们老两口和小儿子,老头子去年走掉了,就剩我们娘俩了。”

“那您小儿子常年在外打工,您腿脚不方便,为啥不和二儿子一块过啊?”

“唉,去不得,去不得!老头在的时候我们还在那里住过几天,后来就剩我一个了,在那里住着。有一天他们跟我说,你滚上面去(上面指老房子)!我一听,就抱着我的铺盖回来这里住了。”

“那怎么行,老人家,儿子都应该有赡养老人的义务呢。”

“唉,不说了,不说了。让我滚回上边,我就卷着铺盖回来了。”老人似乎不愿意说了,一直摇着头。

“老人家,”我们一位同事说道,“小的时候你们一把屎一把尿地把孩子养大,那是您的儿子,您现在老了,他们有赡养的义务呢。他们要是不养您,就是犯法的,我们要把他们叫到派出所呢。”

“唉!”老人一声长叹,“小的时候是儿子,长大了就不是了。”再不说话。

出来的路上,村干部告诉我们,老人的大儿子还是很孝顺的,但是毕竟是入赘到外乡的,也顾不了许多。二儿子家里的媳妇很是厉害。我们决定向镇里的司法所提出要求,把老人的三个儿子叫齐了,一块约谈,彻底解决老人的养老问题。

我回头再看了一眼,门框上白色的对联在风中无奈地飘摇着。

农村养老问题,和村民经济、社会认知、风俗传统有着极为密切的关系。老人户籍随哪个孩子,就主要由哪个孩子供养。还有老两口由两个孩子分别供养的例子。

农村养老问题,任重道远!

即将出嫁的苗族女孩

这个村处于大山环抱的山顶，是一个苗族群众聚居的村子。

很多农户门前的院里堆放着杂乱的柴草和农具。路过一家农户时，一位穿着整洁，正在用双缸洗衣机（一缸洗衣服，一缸甩干衣服）的农家妇女引起了我的注意。

先说一下双缸洗衣机。在走访村子的过程中，传统的双缸洗衣机很多农户都在使用。这种洗衣机价格便宜，操作简单，容量大，洗衣劲道足，是农户普遍喜欢的电器之一。

向她身后望去，一个小院收拾得干净利落，全不像其他农户的院子那般脏乱。

一个眉目清秀的苗族小姑娘羞赧地坐在院子里看着我们一行人。

我们走进院子，苗族大嫂热情地招呼我们坐下，张罗着让孩子倒茶水，并大方地坐在我对面，和我聊起来。

“大嫂家里有几口人？”

“三口，我和闺女，还有一个小儿子。男人前年走了，就剩我们娘仨过了。”没有等我多加询问，大嫂就用生涩的普通话把家里的情况介绍清楚了。

旁边的村干部小声告诉我，他家男人是得病走的。

“姑娘多大了？上着学吗？”

“十六，刚刚初中毕业了。”小姑娘羞涩地回答。

“哦，挺好啊。上没上高中，还是上了中专？”

“不上了。”孩子略显羞愧却坚定地回答。

我有些诧异，慢慢和孩子聊起来。

“为什么不继续上学了？”

“没考上，也就不再上了。”女孩子还是话不多。

“唉，这孩子其实原来成绩挺好的，”旁边的苗族大嫂插话道，“就是前年他爸走了以后，这孩子成绩就一直不太好了，高中也没有考上，就这样了。”孩子听到这话低下了头，眼睛里面噙着泪水，但没有掉下来。

我不敢沿着这个话题再说下去，赶忙转换了话题。

“那以后你准备干点啥？是找个职业技术学校读一读，还是准备外出打工啊？你已经有挣钱的能力了。”

“现在都不准备去了。”小姑娘忽然羞涩了一下，低下头。我不解，转向大嫂。

“嗨，准备嫁人啦。”大嫂笑道。

“啊？准备嫁人啦？”我知道少数民族年轻人早婚的情况比较普遍，但是听到这话还是有些吃惊。

“那要恭喜你啊！男孩子是哪里的？准备什么时候办喜事啊？”

“旁边县的，比我大一岁。”小姑娘羞涩地回答。

“什么时候办事啊？”

“后天就来迎亲了。”

“是吗？那真的要好好祝贺一下了。”

“小伙子是干啥的？”

“现在也没啥事情做，就是在家里和爹娘一块过呢。”

“那结婚以后准备出去打工吗？两个人一块出去还有个伴呢。”

“想出去，又有点担心。”

“担心什么？”

“我们没上过多少学，又没有出去过，要是让人骗了咋办？要是人家嫌弃我们，我们干不了咋办？反正就是有点害怕。”

“嗯，确实，没有出去过，现在害怕也是正常的，”我只能鼓励她，“不过总归要走出去。走出去了，开开眼界，学点本领，小两口在一块，互相有个照应。打上几年工，攒点钱，也长了见识，再回村子里面干点啥，肯定会好的。”

“我们也是这么想的，就是有点不敢，不过还是要出去打工的，要不在家里种地也真挣不了啥钱。”

“嗯，只要有这个勇气就好。”我赞同道，转向大嫂：“大嫂，娃们慢慢大了，你也马上享福了。”

“唉，一个人真的忙不过来啊，还有个小的，才上小学，还得拼几年呢。”大嫂面露忧色，摇头叹息。

“日子总会好起来的，闺女大了能帮着你了，儿子再大点也能帮着你了！一定要让孩子读书，只要能考得上，一定供他读下去。”

“是呢，我也是这么想的，让他读吧，就怕他读不好。”

“要有信心！”我们起身告辞，娘俩一块起身相送。

“一定要相信，日子总会好起来的。”

走了很远，回头看见女孩子的身影还在门口张望……

结婚年龄偏小是少数民族地区比较典型的特点，没领结婚证但已经存在事实婚姻的情况也是不鲜见的。很多孩子完成义务教育阶段之后，如果没有继续读高中或者职业技术学校,就很有可能在一两年之内结婚了。如果结婚之后马上怀孕,那从全身心地照顾孩子到孩子大一些能脱开身,至少也要五六年的时间。这么长的时间对于一个青年人来说,已经错过了最好的学习成长阶段和职业发展的最佳时机了。这样一来,就很容易形成流传很广的一个故事中说的“放羊—挣钱—结婚—生娃—放羊”的恶性循环,很难突破摆脱贫困向前发展的瓶颈。因此,移风易俗在民族地区的脱贫攻坚过程中是一项非常重要的内容。另外,对于这个孩子来说,她父亲的逝世对她的情感伤害应该是非常大的,以至于影响了学习成绩,如果当时有学校的老师或家中的亲人从心理上对她进行一些疏导,也许这个孩子现在正坐在高中课堂上读书。据我了解,县级以下的教师队伍中,或者说在现实的教育管理过程中,运用心理健康教育知识对学生进行教育服务的程度还是比较有限的,这也是我们要重点推进的工作。

发展教育以阻断贫困的代际传递,在民族贫困地区还有很多工作要做。

天地国亲师

在很多农户家，无论房子大小、新旧，走进房门第一眼看到的是一个“中堂”。我不知道用“中堂”来形容这个区域是否合适，但“中堂”往往是一户家中最干净、最整洁的地方。

一般的“中堂”的结构是这样的：在正对进户的大门的墙上，挂着一系列用镜框裱好的文字，或者叫“牌位”。正中间较宽，竖着书写“天地国亲师”五个字，正上方的横批，一般是“祖德流芳”或者“神光普照”之类的话；一般左边是写着家族姓氏的祖先或者祖辈的牌位，右边是写着灶神厨神保佑之类的牌位。在排位中间会有一些祈福和吉祥的对联。正常情况下，牌匾墙的正前方会摆放一张长条桌，上面有一些摆设（比如花瓶之类的），并有香炉。

徐梓曾经对“天地君亲师”的说法进行过考证（“天地君亲师源流考”，《北京师范大学学报》，2006 年 2 月）。他指出，“天地君亲师”是中国社会传统和祭祀的对象，反映了中国人敬天法地、忠君爱国、孝亲顺长、尊师重教的情感，表现了中国传统文化对苍穹大地的感恩，对国家社稷的热爱，对师长父母的尊重。辛亥革命以后，由于帝制被推翻，“天地君亲师”逐渐演变成“天地国亲师”。

应该说来，这样的供奉是一种心灵和精神的寄托，很多学者对其进行过研究和分析。在现在我到过的农村，还有很多家供奉着这样的牌位。我曾经问过主人家，供奉这一系列牌位到底有什么意义。回答一般都是“祖辈传下来的风俗，就这样接着弄了”，“这是家里的正中，要庄重一些”。实际上，在现在的农村，这样的布置和摆设，更像是一种习惯和象征，象征着家里能够兴旺富足。

我曾经和一家有中堂的户主进行过交流。这是一位五十多岁的户主，正在盖着新房，虽然老房子已经在收拾和部分拆除，但是中堂前面还是相对干净的。这位户主很健谈，说起中堂，他说，这些是一个家的标志，是家里兴旺的象征。他说他家里有两个孩子，老大在外面工作，老二刚刚毕业，现在家里盖新房了，社会好了，国家强大了，这个中堂也是老百姓表达心意的一

（图片拍摄：储琰）

种方式。他希望家里的两个孩子能有一个考上公务员，成为国家的人，那样就更加骄傲了。

该户主的说法能够代表一些设有中堂的人家的心理。在他们看来，有这样一个中堂在家，标志着一个家的完整，祈愿着一个家的兴旺。我想，这是传统朴素的道德的现代演绎，其实，这个中堂更多的是寄托了群众对幸福生活的向往！

山顶上的龙王庙

这是一座在周边村民心目中有灵性的山。村民都说，这座山是很灵验的，能够保佑周边风调雨顺。山顶上有一座龙王庙，虽然简陋，但是供奉的龙王爷和龙母娘娘栩栩如生；在龙王庙的前面，有一汪清水，四季不干。在龙王庙的旁边盖起一座大殿，同样简陋，大殿中供奉着如来佛祖和十八罗汉像，虽然简单也还是显得庄严肃穆；在佛殿的对面，还有一个小小的神龛，供奉着土地公公、山神。在这一片小小的山顶上，佛教、道教的各路神仙“和睦相处”，也是充分显示了村民淳朴的向往。在村民心中，无所谓什么神，只要对着这些觉得能够保佑自己的神像许下愿望，就会得到心理上的安慰。

在一个偶然的机会下，我登上了这座村民心中灵验的山。在山顶上，我遇到了一对七十多岁的老夫妻，他们是受村民委托在山顶上看守的。据老人家说，他们已经在这里十多年了。十多年的经营，山顶上的果树、庄稼已经非常茂盛，两位老人身体也非常好，据老人家讲，他们每天都爬山上下，锻炼身体。

“我今年七十多了，每次下山，都会背个十多公斤的东西上来，你说我这身体还不是好好的?”

“当年盖这些庙的时候，都是村里的人们每次背点材料上来，慢慢的，就把这些庙给盖起来了。你别看现在人少，逢年过节的，山上的香火可旺了。”

“我们老两口是后来走到一起的。现在我们年纪都大了，互相扶持着，在这山上看看庙，这不也是修行嘛！还能每天锻炼身体，这多好！”

“儿女们都大了，各有各的日子了。我这边的孩子和她那边的孩子，加起来好多个了，”老大爷笑道，“每年回来看我们几次，过生日、逢年过节，还有就是村子里面有什么大事他们就会回来。”

“我们在这里，村里面还会每个月给我们发点补助，也是大家的心意。你们上山这条路，你看现在都有水泥台阶了，这都是乡亲们你一点我一点捐的钱凑起来的。现在上山就方便了。”

“我刚上来的时候，这山上还没有小庙呢，”老大娘说，“那时候我们年轻，来回上下也不费力，后来慢慢地来的人多了，就把小庙盖起来了。”

聊天过程中，老人家一直张罗着烧水，拿山果，淳朴的热情让人感动。说起为什么上山，老人家说：“年纪大了，在村子里也是住着，在山上，来回跑跑山路，咱山里人也不怕，就当锻炼身体呢，少打针少吃药。我们在这里，还能够修行，初一、十五上上香，拜拜佛。其实原来也总往山上跑，后来，庙也盖起来了，村里面也重视了，还给我们一些辛苦费，这不是挺好的。”

“其实，后面有了一些补助啊，有很多人也想上来。但是，咱们做这个事情要心中有善念，原来没钱我们也这么守着啊！所以大家都认可我们。你看，我们就是要维护好这里，让大家上来拜佛时能开开心心的。你看，我们这里摆了这么多桌子、板凳，都是我们自己弄上来的，就是想让上山拜佛的人能够坐下来，他们要是渴了，我们就给烧点水，要是说在这里吃饭，我们就给做。大家都高兴！”

“一到年节什么的，来的人可多了，有刚结婚的小两口，有准备怀孩子的，有上来求身体好的、求家里安康的，都有。都说求了灵验，这不就好了！”

记下这个山上的龙王庙，除了向这两位善良的老人致敬以外，其实和前面写的信教的村子想说明的是一个问题。在乡村，朴实的村民并不会真正了解或者熟知宗教教义，在他们的心目中，无所谓什么样的神。高高在上的塑像所代表的，只是村民心中对美好生活的向往而已。

由此推而广之，十多年前我第一次来到云南，就被这里鲜艳的民族服饰震撼到了。那是典型的民族服饰和颜色，是他们自己把自己的希冀和梦想一下一下织入那近乎夸张的大红大绿之中，也许只有这样，才能表达他们在长久的孤寂和与世隔绝中对生活的热爱。当年我看到那种艳丽的色彩和贫瘠的土地结合起来的时候，感叹那是怎样一种雄壮的美！也许只有这样的形容词才能表达出大山里的人们不屈不挠向往美的精神。现在想来，那也是处在大山深处的乡民们用一种特别的方式在表达着心中对美好生活的向往吧！

叁

发展博弈

（图片拍摄：马庄）

定风波·发展

莫道前路难重重，
更显赤子为民情。
走村串寨慰寒暖，
不累！
百姓心中有天平。

脱贫攻坚敢决胜，
莫停，
人民幸福盼振兴。
撸起袖子继续干，
前行，
万水千山总是情。

作践自己的女孩(一)

正准备到一个村子里与村支书碰头，得到消息，支书、主任、驻村工作队长和队员正在一个农户家劝说一个辍学的孩子返校读书，遇到了很大的困难，于是我们直接来到这户农家。

这是一个距离县城很近的自然村，就在通往县城的大路边上。我们走进院子的时候，院子里堆满了建筑砂石，房主正在拆除旧的柴房，准备新建厢房。家里的住房也是新建的，装修还没有全部完善，但是主人已经入住了。家中摆设比较简单，一套转角的布艺沙发(略显陈旧)，一个玻璃茶几，对面电视柜上的电视似乎已经很久没开，堆满了杂物。地板是水泥地面，没有铺地板砖。看得出来，家里的经济状况一般。

男女主人四十岁出头，都是典型的淳朴农民。从我们走进屋子，他们就一直蹲坐在墙边，一边搓着手，一边局促不安地看着满屋子的人。女主人不时起身，找点活计做做，不是端着锅进厨房，就是端着茶壶不断地给我们续水，似乎只有这样才能缓解紧张的心情。

沙发和板凳上坐着村里的支书、主任、驻村队员，他们围在茶几的周边，自然村的村组长站在一边。茶几的对面坐着一个低头玩弄手机的小女孩，虽然坐着，也看得出来个子比较高。女孩子两边的耳朵上分别钉着两个耳钉，指甲涂成了黑色，穿着比较时髦，但是看得出来品质不高，并且已经有段时间没有洗了。从手机画面能看得出来是在看年轻人中比较流行的“段子”APP。

进屋之前，驻村队员和村支书向我介绍，这是一个十四岁的小女孩，初二开始就辍学了，在外面游荡了很久，打过工，也在娱乐场所里做过服务员，不愿意读书。父母还是希望她能够继续读书的，但想尽了一切办法，就是不能说服她。孩子有一个姐姐，已经出嫁。

谈话是从手机里的“段子”开始的。

“你在玩‘段子’吗？这是一个很受欢迎的娱乐APP，很多人都喜欢，我有时候也会看看的。”

“嗯。”女孩轻蔑地、不屑地看了我一眼，继续玩手机。

“是不愿意上学吗？”

“我已经跟你们说过很多次了，我不上不上就是不上！我说过的话，是算数的！”还没有等我们多说，孩子就像暴雷一样突然发泄似的抬起头来（这时我才正面看到孩子，这是一个很清秀的小女孩，但画着烟熏妆的脸庞不像是十四岁，少了一些稚嫩，多了一份成熟），向我们声嘶力竭地喊了这样一句话。

这个场景让在场的人一惊，她的父母更加局促，小声责备了几句，旁边的村干部也极力劝说“不要激动”“冷静下来”“再怎么说都是你的长辈，礼貌还是要注意的”……

这时候孩子不再说话，继续愤愤地、无意识地划着手机屏幕。

我示意大家安静下来，稍微缓和一下气氛。

“能和我们说说为什么不愿意上学吗？”

“我和你们说不着！我自己的事情我自己说了算，就算我死在外面，也和别人没关系！我就是这样，你们别和我啰嗦了，我就是不上，说死我也不上！”继续一脸的冷酷和不屑。

谈话到这里已经陷入了僵局，可能大家都在思考，是什么让一个十四岁的孩子如此暴戾和冷酷？

墙角蹲坐的父亲突然发话了，用急促责备的方言训斥道：“让你上学还不是为你好！我们每天累死累活地挣钱，不就是为了你！你还不知足，还要这么闹！你对得起我们?!”

父亲的话似乎刺激到了孩子，孩子突然抬起头，声嘶力竭地带着哭腔反驳：“整天就会说是为了我，你们哪里为了我了？我在学校，人家孩子都有父母过来看看，你们啥时候来看过我？我想见你们都见不到！哪里是为了我了?”

“那你周末不是还回来吗？回来不就见到了？你回来不要吃、不要穿啊?！我们不干活哪里来的钱?!”父亲辩解道。

“哼！周末回来！周末回来你们还不是忙你们的！陪着我的只有手机，只有手机！你说我除了玩手机还有谁理我?”孩子继续声嘶力竭。

“那我们还不是要挣钱养你!”父亲继续辩解(这时候孩子的母亲欲言又止，只能又忙活着端锅、倒茶)。

“又是挣钱，又是挣钱！我上学的时候就是想见你们，有时候我和你们说没钱了，告诉你，那是我撒谎呢。我就是想让你们给我送钱时来看看我！你们呢？每次都是让别人带给我!”

“我们有活计，又在打工，哪有时间啊！挣钱还不是为了你以后。”父亲继续辩解。“是啊，确实在打工，忙乎活计，家里的猪牛都得喂。”母亲在一旁补充。

孩子不再说话，脸上的泪痕还未干，突然又转变成了讥讽的冷笑。

我示意父母不要再说话，给孩子一点时间，让孩子平静一下。

“刚才你说的话我听懂了，我现在明白你的感受了，我能理解你的心情，你心里有恨、有委屈，是吧？”

孩子抬头看了我一眼，眼中闪过一丝亮光，瞬间脸上又恢复了倔强的冷笑。

“你懂啥！你知道啥！我告诉你，我自己的事我自己做主！谁也不能管着我！我就是不上，你们再怎么说我也不上！我还告诉你，谁也不许欺负我，也不许欺负我的家人！决不行！我爸我妈老实窝囊，我决不许别人欺负他们！上回××（邻居）和我爸说话还‘老子老子’的，和谁‘老子’呢！我上去就骂他！谁也不准欺负我们家人！”

“你啥都管！我们这么苦还不是为了你！”父亲又插嘴说话，我急忙制止，但为时已晚，孩子的嘴角又浮现出轻蔑的冷笑，谈话再一次陷入僵局。

一段很长时间的尴尬沉寂。母亲还在来回走动，急着“忙这忙那”。

“请爸爸妈妈都来坐下吧，坐在一起。”一起来的同事是教育专家，连忙打破这个僵局。我们示意村干部把孩子父母都拉过来坐在凳子上，和孩子坐在一起。孩子却站起身，不愿和父母坐在一起，在一旁站着。

我们共同将话题转向父母。

“你们听了刚才孩子的话有什么感受？孩子的心情你们懂了吗？她这个年纪需要你们的关心和陪伴，需要你们的鼓励！可是从刚才的情形来看，你们除了强调自己多辛苦，就是在指责孩子。你们觉得是不是有些问题呢？”父母抬头想要辩解，我们用眼神制止了他们。

孩子听到这些话，虽然头还是扭在一旁，但是身子已经慢慢地向我们靠近。

“你们只知道挣钱是为了孩子以后能过得好，可是现在孩子需要的亲情你们给她了吗？我们觉得你们作为父母也应该反思一下。”我们继续说道。

“我告诉你们，”孩子这时候过来插话，“你们天天说为我以后为我以后，那我现在想要的你们给我了吗？我每天除了手机就是手机！我现在是废了！我会抽烟，我会喝酒，你们知道吗？我现在是废了！”她说得声泪俱下，转身走到院子里。父母满脸愕然！

我和同事对视了一眼，他留在屋内继续和父母聊。我走出院子，其他干部要跟着，我示意大家不要跟着，我想一个人跟孩子聊聊。

孩子靠在墙上，不断地抽泣。

“我知道你现在很委屈，对父母很失望，是吗？”

“都是我的错，到啥时候都是我的错，除了会骂我啥也不会。”孩子开始痛哭，“前两天，我爸和邻居吵架，那个家伙‘老子老子’地骂，我实在气不过，上去帮我爸骂了他两句。可是回来，我爸又把我狠狠地骂了一顿。

“我现在是废了，抽烟、喝酒啥都学会了。可就是这样，也没看到他们心疼我，还是除了打就是骂！我回家就只能躲在自己房间里！

“我有时候也想和他们坐下来好好说说心里话，可每次都是没说两句他们就起来忙别的，要么就是一顿臭骂！我真的没办法。我现在真的是废了！”

正说着，一位邻居扛着柴火路过，对女孩说：“别哭啦！哭有啥用啊！好好和人家说话！”女孩突然止住了哭声，脸上又浮现出冷酷和轻蔑的神情，转身回到家中，进入房间。我在后面叫她，她头也不回！

我回到屋内，同事正在和女孩的父母聊着。看得出来，夫妻俩的脸上少了一些愤恨，多了一些歉意。

“其实孩子也明白你们挣钱是为她以后着想，但是这个年纪的孩子更多的是需要关心和鼓励，你们的活计晚一两天没什么大关系，但孩子成长中需要你们的时候，你们却不在她身边，这是很难弥补的。孩子才十四岁，现在咱们共同努力，还是来得及的。”孩子的父母点点头，对我们的话表示认同。

孩子又默默地走出来，坐在父母对面的茶几角上。

“我现在是废了！”她又说道，“你们不知道我为什么抽烟喝酒吗？我算是废了！就是因为你们总是要挣钱挣钱！”孩子似乎已经平静，但还有些抽泣。

“孩子，你才十四岁，还来得及！”我们鼓励道。

时间关系，这次谈话不得不暂告一段落，我们起身要告辞。

孩子的母亲说：“中午就在这里吃饭吧，我们都做得差不多了。”

“不了，今天不能在这里吃，但我们下次来一定吃饭，前提是要孩子亲手来做。”

“你们别羞我了，我做出来怕你们吃不下。”孩子的脸上终于露出了这个年纪应有的一抹天真笑容。这是我们第一次看到她真正地笑！

“哈哈，你放心，只要你做得出来，我们就吃得下去。”大家鼓励道。

“看得出来，你是一个懂事、负责任的孩子，”同事鼓励道，“你帮助家人，你还说你自己能负责，这都是负责任的表现。我还看得出来你很聪明，才十四岁，就懂得这么多。你听说过贵州老干妈吗？那可是平民创业的典型啊！只要你愿意努力，我们还期待着在咱们这个地方也出个品牌老干妈呢！”

“哈哈，真的有那一天啊！”听到这话，孩子发出了畅快的笑声！

我们觉得，这笑声应该是发自内心的，一方面是她得到了赞扬和肯定，另一方面是她对未来的人生有了些许美好的期望。

农村的教育传统化、简单化、暴力化现象普遍存在，我们要做的事情还很多。作践自己的女孩只是一个体现。农村心理健康教育知识的普及任重道远！

（图片拍摄：马克芬）

作践自己的女孩(二)

一个多星期以后,这个女孩的故事又有了新的进展。这个女孩的教育工作一直由她所在村的另外一位驻村干部,也是我学校挂职的同事,继续跟进。

同事告诉我,女孩在我们走的当天下午就收拾行李,离开了家,并且关了手机。我请他一定要想办法联系上女孩,告诉她我们曾经约定过要一块做一顿饭吃。

同事一直试图和她联系,在孩子出走一周后,终于打通了她的电话。在电话里,女孩明确地告诉他:你们不要再找我了,我肯定不会回来的!当大家都以为无可挽回的时候,女孩在晚上却主动加了同事的微信。

在微信的交流中,这位同事显示出了作为教师的优秀品质和良好沟通技能,他帮助女孩分析目前的处境,倾听女孩的心理诉求,最终,女孩决定第二天回到县里,并请这位同事到车站接她。

因为我远在另外的乡镇赶不回现场,所以同事和我电话沟通,我们商定,由同事出面,晚上在她的家里一块吃饭,缓和她和父母的关系,并倾听孩子的情感诉说。我们认为,孩子这次回来是要与过去告别,应该会有一个仪式,所以我们商定一定要给孩子带一份小礼物。

果然,当同事带着小礼物来到她家的时候,桌子上已经摆了一个蛋糕,上面插了几根蜡烛：她说要和过去告别！

同事后来向我反馈了见面的细节。

女孩表示，非常感谢这样一个耐心和蔼的老师，能够倾听她的心声，能够耐心地劝解她。她还是希望能够变好的，她心里有这个家，有她的爸爸妈妈，只不过爸爸妈妈对她的态度让她觉得心寒，让她觉得没有奔头。她说自己真的希望以后能够和爸爸妈妈一起快乐地生活，不再有无休无止的责骂。

同事和孩子的父母也进行了交流，希望他们能够考虑到孩子的感受，多加鼓励和认可，多做情感的沟通，少一些责骂和训斥。父母也表示认同。

我能够想象这顿晚饭温馨的场面。

对于复学，孩子的要求是这样的：

第一，希望能够走读；第二，能够穿自己漂亮的衣服；第三，老师不能责骂她，否则她还会一走了之。

我和同事分析了孩子需求的潜台词：她希望能够经常见到父母，得到关爱；希望能够在同学中受到瞩目；希望能够得到老师的鼓励。我们在电话中商定，对于孩子的要求，要在遵守学校规定的基础上，变换方式予以满足。

希望走读，是希望能够时常得到父母的关心和家庭的温暖，可以请父母每隔两天到学校探望，同时要告诉孩子，不能天天去看她，因为要让她慢慢习惯独立。

关于穿上漂亮衣服，是希望得到同学的瞩目。要和孩子分析美是什么，不同阶段有不同阶段的美。同时告诉孩子，希望得到瞩目，并不是要将自己与其他人区别开来，那样带来的更多的是孤独，只有融入才能得到更多的安慰。

不希望老师责骂，是这个孩子逆反和爱面子的需求，要教育孩子学会尊重规则、学会正视自己,如果违背学校规则,老师的批评是必须接受的。

当我和同事在电话中讨论对这个孩子如何进一步提供帮助和支持的时候,忽然油然而生一种感慨。我笑着问同事:是不是有一种使命感和成就感啊?同事笑道,我也正想和你说这种感受呢!能够通过我们的努力,挽救一个孩子,真的是比什么都高兴!

是啊,用教育阻断贫困的代际传递,真的还有很长的路要走,这里面,不仅包括了学校的知识教育,还有家长的教育方法、教师的教育理念、社会的支持系统……

看着同事发给我的照片,一个成熟美丽又略显稚嫩的长发少女,双手搂着朴实的父母,面对蛋糕的烛光,全家露出幸福的笑容,我的心里也顿觉欣慰和安宁!

祝愿这个聪明又叛逆的小姑娘走好以后的人生路!

加上这个故事,本书中对于义务教育阶段孩子上学问题的故事已经有过好几个记录。住笔沉思,对于贫困地区的义务教育阶段"控辍保学"的工作,我想进行一个简单的思考小结。

在党的十九大第五场记者招待会上,教育部长陈宝生将义务教育阶段"控辍保学"列为教育领域三个最难啃的"硬骨头"之一。所谓控辍保学,就是要控制学生辍学、流失,保证义务教育阶段学生入学就读,接受义务教育。这在贫困地区还是任重而道远的。很多人认为,只要保证孩子不因为经济困难上不起学,就能够完成控辍的目标。而实际上,现实情况要复杂得多。随着国家对义务教育的大力投入,各级政府对义务教育工作高度重视,免学费、营养餐等系列政策执行到位,纯粹因为经济困难想上学而上不起的情况已不多见,但是,贫困地区孩子因为其他各种复杂原因造成的辍学现象还是有很多的。结合贫困地区实际情况，在调研的基础上，我想有三个方面比较典型的情况需要引起各方面的重视：

第一，要调动一切资源确保处于义务教育阶段的孩子都纳入义务教育的视野。乍听起来，这似乎是一条不用特别强调的道理。但实际情况是，很多时候，在边远地区，有一些孩子还确实没有纳入视野。举个例子说明，如果一对边远地区的年轻夫妻外出打工，若干年后，带着一个孩子回到村里，这个孩子没有在城市落户，家长也没有意识给孩子在村里申办户口，那么，形象地说，这个孩子就不存在于我们的各种表册中。如果不通过各级干部的深入走访和细致工作，也许等到发现这个孩子的时候，他已经超过了义务教育的适龄。因此，对于这种情况，需要我们各级政府和社会组织，深入调研，动态掌握真实情况，将该上学的孩子纳入到义务教育的视野中。

第二，要重视不断加强和改进孩子世界观教育的方法，激发孩子的学习原动力。在很多的情况里，我们看到的是孩子主动辍学，原因无非是，不想读了，读不进去，读书不如早点挣钱之类的想法。在和乡村教师的交流中，很多教师表示："我们在学校里苦口婆心地教育孩子好好读书，一到过年，家里在外面打工的人回来，和孩子说'我现在打工一年能挣十多万，你辛辛苦苦读书能挣我们这么多么？'你想想，十万块钱对于一个乡村孩子会有多大的诱惑力。结果就是我们一年的教育不如人家几句话的撺掇，寒假结束，就会有些孩子不来读书，直接去打工了。"世界观是观世界得来的，处于青春期的孩子，对外面的世界很向往，单纯的思想教育需要和观世界教育、眼界教育结合起来，让孩子能够懂得读书不只是为了以后挣钱，通过不断加强和改进对孩子世界观的教育，才能激发孩子的学习原动力，避免主动辍学现象的发生。

第三,要重视孩子良好成长环境的营造。我们在这个县里大力地推进青少年心理健康教育服务的工作,以心理健康教育服务中心为辐射点,向学生、家长、教师不断普及心理健康教育知识,就是为了能够营造孩子良好的成长环境。在本书中很多故事里都能看到,很多家长、老师的教育方法,对孩子求学的动力是一种负面的影响。“你咋这么笨,笨死你算了!”“你就这样的成绩,还是别学了,回家打工种地算了!”……类似这样的话语,在家长、教师与孩子的交流过程中还是不鲜见的。可想而知,这样的话语对正在成长期的孩子会产生什么样的影响!我曾在另一篇文章中写过,贫困地区孩子的心理具有相对独特的特点,心理健康问题现状并不乐观(可见后文)。因此,通过心理健康知识的普及,大力营造孩子良好的成长环境,也是控辍保学过程中刻不容缓的一项重要工作。

处于城乡边缘的青年农民

这里要明确，所说的“边缘”，并没有褒贬的感情色彩，只是用来形容一种生活的状态。本文是说青年农民处在农村和城市的夹层中，他们想融入城市，但由于知识技能和生活习惯等问题难以融入；他们想回归乡村，但是肩不能挑手不能提，已经无法适应农村日出而作日落而息的传统农业生活。这个话题，是与一些在村头晒太阳做活计的老人谈起的。

时值周末正午，我们吃过午饭在村内走访，看到几位老人正在院子里用竹篾编制一种农村常用的背篓，旁边的小木凳上摆着茶水，身侧竖着烟筒。我们坐在老人身边，一块抽烟聊天。

“中午村里面挺安静啊，都下地了吗？”（我们知道，本地一天只吃两顿饭，早上十点左右吃一顿，叫早饭，然后出门劳作，到晚上五六点钟再回来吃第二顿，叫晚饭。一般没有早餐和午饭的概念。）

“是哩，儿子、媳妇下地了，我在家编点背篓，等着街天（赶集）去卖呢，”正在编背篓的老人没有停下手中的活，“你们是哪里的？”

“嗯，我们是县上的，过来看看大家脱贫的工作。”

“你们也辛苦哩，每天都要走乡串户的，不容易呢，今天我都看到好几拨了。”这我倒是知道，县里脱贫攻坚工作，万名干部下乡，每个村子都有县里的干部入户做工作。“现在党的政策好呢，有吃有穿有房子住，你们当干部的又这么关心我们，你看看，现在总是有肉吃呢。”老人回头指了一下，我看到阁楼的房梁上挂着好几条腊肉。

“嗯，是啊。现在国家强大了，老百姓的日子也好过呢，”我们应和道，“猪是过年时候宰的？”

“是呢，够吃很久呢。”

“家里的孙辈呢？也都长大了吧，上学了没有？”

“嗨，上啥学啊，初中毕业就不上了，在外面打工两年多了，也没看他打出啥名堂。”老人说。

说起孙辈，旁边几个老人都来了兴趣，七嘴八舌地聊起来。

“现在的这些孩子呀，也不知道咋想的，都要到外面挣钱，也没看他们挣着啥钱，就是回来穿的衣服不一样了。”

“咋个不一样法？”

“嗯，穿得光鲜了呗。”

“那说明打工还是挣到钱了。”我们笑道。

“啥挣到钱了，没看他们拿回来一点，有的时候还和他爹妈要。我们那个，时不时地就回来住上个把月。你问他为啥不出去了，他也不说，要么就待在屋子里玩手机，要么就出去和啥子朋友闲游烂逛。说让他下地帮着干点啥，要么不去，去了也不会干。”

正说着，一群村里的中学生嬉笑着走过来，周末学校放假，孩子们难得有时间聚在一起出去逛逛街。

“你看看这群孩子，”一个老人指着他们说，“要是能好好读书就好了，要不然回来真的农活都不会干了。”

接下来就是对现在年轻人的一些看法，滔滔不绝。

和老人们坐了一会儿，我们转到村委会，正好村里的几个干部在，于是就着这个话题，我们又聊了起来。

“你说现在的年轻人啊，还真是这么个情况，”一位村干部说道，“你让他们干农活，真的是难为他们了。说实话，现在能在地里干活的，要么就是四五十岁的人，要么就是老年人了。其他的基本上都出去打工了。其实也挺好，要是安心打打工，挣点钱回来盖房子娶媳妇，也是不错的。”

另一位干部接上话：“外面打工也不容易呢，咱们这边有个说法，叫作‘家乡宝’，啥意思呢？就是不愿意离开家乡，宁愿在家乡周边打打工，也不愿意到更远的地方去多挣一点。其实，话说回来，这也能理解，你说到千里之外，挣得是多个千把块钱，可是离家太远啊，在周边，虽然少挣一些，但啥时候想回家就回来了。”

“其实还有一个原因，”另一位村干部说，“在外面也确实不方便，从吃饭的口味到生活习惯，再加上气候的问题，很多人都不适应。咱们村里有到北京、上海、广州这些大地方去的，待了没几个月都跑回来了，说是不适应。”

“其实话也得分两头，那很多考上大学的在外面就适应得很好，如果在外面打工，挣点钱也不够花，那在大城市肯定还是不如自己的乡村好。”

“确实是这样的，”我说，“这些青年，尤其是初中毕业的青年，知识技能储备比较低，到了大城市，打工也比较难，回来的话，又不能从事传统农业劳动，就造成了这一批青年人被边缘化了。”

“就是就是，你说这意思我们听懂了，就是这个意思，两边不待见嘛，城里待不下去，村里也待不下去。”大家都笑了。“你说这些青年人咋办呢？我们村里就有，整天要么就是打打零工混日子，要么就在家玩手机，闲游烂逛。”

这个问题我也思考了很久，把我的想法也和村里的干部进行了分享，并得到了他们的认同。

我觉得，这样的一批人，尤其是读过初中、有一定的知识技能储备，但知识技能又不够丰富的青年一代，确实处于一个比较尴尬的边缘境地，这也是我向村干部们抛出来的问题。但从另一个角度来看，并不是这些处于边缘状态的青年人就没有用，或者叫“两边都不讨好”。

其实，我认为，在农村，他们是一支非常重要的力量。首先，他们年轻，有希望、有活力；其次，他们有一定的知识水平，对于新事物、新信息接受比较快；再次，他们对乡土充满感情，爱自己的家园；最后，他们的乡村关系网络都在本乡本土，具有一定的人际关系力量。

在脱贫攻坚的战役中，鼓励青年农民外出务工，真的是脱贫的重要途径。更重要的是，外出务工在挣钱脱贫的同时，也使这些农民开阔了眼界，解放了思想，让他们成为“观过世界”的一代。我们都知道，世界观是从“观世界”的过程中得来的，通过外出务工，农民工可以学习到很多实际操作经验和信息经验。

诚然，从一直读书到初中毕业再到外出打工，这一批青年农民虽然没有接受更高的教育，但他们接受了社会的洗礼。叶落总要归根，虽然让他们回到家乡再从事传统农业劳作，无论从心理上还是从技能上，他们都已经无法承担和接受。但是，这样一批人，却有着更为重要的社会价值。

我们都知道，脱贫攻坚是一场阶段性的战役，当这场战役取得阶段性胜利之后，我们马上会转入经济社会的全面发展阶段。要达到农村地区的长久富裕，要实现农村的振兴，更重要的是实现农村的产业发展，而产业发展需要的是信息、技术和活力，这部分所谓的“边缘化”的年轻人，正是承担这项工作的最好角色。

农村的产业发展,最重要的是激发农民群众自身发展的动力。现在,在县里发展产业的模式是“党支部+合作社+龙头企业+贫困农户”,这一套模式在很多乡村运行后已经取得实效。在其中,党支部扮演着领导和统筹的角色,龙头企业扮演着投资和建设的角色,而合作社这个角色,就是非常重要的激发农民群众自身动力的单位,这个单位的工作,必定由这些青年人来承担起来。原因是:

第一,这些青年人可以接受新鲜事物,敢于尝试。

第二,乡土社会的关系网络,使得这些青年人有着外人无法比拟的动员和协调能力。这个现象,也是我经过长期在农村观察得到的结果。有的青年农民回乡搞新品种的种植和养殖,有的回乡干起电子物流行业。

在《尝到甜头不如看到甜头:种玉米记》中,新品种的玉米,就是一位回乡青年主动请缨开始试种的。这些青年人可以通过自己的努力,让周边的群众看到他们的成果,从而敢于尝试,最后带领大家共同发展。

再次回到边缘化的两边不讨好问题。为什么两边不讨好?是因为既融入不了高度现代化的城市文化,也无法适应传统的农耕文化,但这并不代表这些人没有用武之地,等待他们的是另一片更广阔的空间,乡村的振兴要依靠这一批新生代的农民,他们的“希望的田野”无比广阔!

失去两个儿子的老人

“我们有三个儿子,死了两个了,为什么我们没有拿到补助? 别人家都是建档立卡户了,为什么我们不是?”

这场谈话是在两位六十多岁的老人不断重复上面的话的背景下展开的。

老人家的房子是经过了修缮和加固的老房子,我们到达他们家的时候,老两口正在吃午饭。

“老人现在和三儿子住在一起,他们家已经享受了低保,按时享受补贴,而且我们也会不定时地进行救助。老大爷是老党员,我们也会定期慰问的。建档立卡是严格按照政策落实的,符合条件会动态调整的,我们已经向他们说明白了,而且平时关心也很频繁。”旁边的村干部解释道。

“现在小儿子患上了精神病,两个孙女在上初中呢。就靠儿媳妇一个人打工种地的,家里困难啊!”老人又在诉苦,“我两个儿子都死了,你说我家有多苦。”

“他家原来确实有三个儿子,两个儿子已经过世了。两位老人的户口是和三儿子一家在一起的。”村干部将实际情况讲给我们。“他家是彝族,大儿子曾经是国家公职人员,二儿子自己开了个店,两个人过世的一个重要原因就是贪酒啊,喝酒把身子喝坏了,就这么没了!”村干部叹息道。“他家的情况确实是有些苦，我们按照政策已经帮他们争取了最大的照顾，而且，每年的慰问，他们家也是重点，你看看老爷子，”他偷偷指了指正在诉苦的老人，“中午还不是也喝了酒了！”

“我们也在争取爱心人士的关心，总要让两个孩子能够把书读完，现在初中以前倒是不需要什么费用，国家义务教育均衡发展，落实得很好。两个孩子读书还是用心的，读得也不错，我们争取在孩子身上也多提供一些帮助。”村干部最后说。

写下这则故事，是想说明两个问题。第一是关于建档立卡，所谓建档立卡，是指经过了一套完整的申请、评议、公示、审核等程序之后，将群众的贫困情况记录在案，进行贫困户的精准识别和精准施策，为动态的识别和帮扶工作打下基础。建档立卡并不是终身的，而是一个动态的过程，是根据群众的实际情况，进行动态审核确立的。而很多群众认为，只有建档立卡，才能得到各种补助，没有建档立卡就没有补助。因此就导致了动态调整过程中，没有建档立卡心理不平衡，已经脱贫但不愿放弃建档立卡的情况。其实，这样的想法是不全面的。脱贫攻坚过程中，按照“两不愁三保障”的原则，需要帮扶的贫困群众，是都会得到各种方式的帮扶的。比如这一户，确实家庭存在一定的困难，已经从低保保障、日常救助、爱心慰问等多各方面进行了帮扶，并且会动态调整。

第二个问题是农村饮食习惯尤其是饮酒问题，需要得到进一步关注。在农村地区和民族地区，很多时候会将酒作为最好的招待品迎接来宾、庆祝节日，这本来无可厚非，但个别群众将饮酒作为日常甚至必须每日酗酒，这样的生活方式就会对生活产生不利影响，本书中几个故事都谈到了酗酒的后果。比如这家人家，酗酒带来的后果是严重的。我们在乡村走访过程中也会经常发现，有个别群众醉了睡、醒了喝，基本无法从事生产，改善生活。因此，移风易俗，刹住农村酗酒的不良风气，也是需要加大工作力度的。

（图片拍摄：周明清）

一个老人和他的四个儿子

距县城不太远的一个村子，是一个苗族自然村。

据村主任（自然村的村主任，相当于村民组长）介绍，这个村子主要以苗族为主，也是深度贫困的村子。近年来国家政策好，原来村民住的都是土房，人居、畜居混杂在一起，整个村子破烂不堪，环境恶劣，村民的生存环境和经济条件极差。在脱贫攻坚政策下，政府争取国家支持对这个村子进行了整体建设，为每户村民修建了一套新的保障住宅，拆旧房盖新房，并于2017年初完成了整体入住。

现在的村子，每家一栋独立住宅，墙面上画着传统的苗族彩绘。村子整体环境尚可，但是对于新房住户来说，各家的秩序和整洁度还是有一定差距。客厅里基本上有沙发、茶几和电视，但是物品摆放不够整齐；窗子关闭，通风不佳；劳动工具摆放也比较杂乱，洗衣污水排放比较随意。

两位八十多岁的苗族老人正坐在一座平房前面晒太阳，平房外修了一个简陋的灶台，平房对面是村里统建的住宅。村主任介绍，这家的情况是，老人的儿子、儿媳妇和孙子、孙媳妇住在统建房里面，两位老人因为住不下，村主任想办法筹措了一些资金为他们建了一座简易的安全稳固的平房，就在儿子新房的旁边，全村只有这一座平房。经过询问得知，老人的户口和儿子在一起，儿子和孙子全家都在外面打工，儿子就在附近，经常回来住，孙子一家基本上只有过年才回来住几天，其余时间房间是闲置的。

继续往上走，在村子的尽头，山顶上是村民圈养牲畜的棚圈区，在棚圈区尽头，我们发现一个简陋的在猪圈牛圈旁边随意搭建起来的棚屋，一位七十多岁的老年男性独自住在这里，棚屋的前面停着一辆破旧的电瓶车，旁边堆着杂乱的物品。

这位老人的故事很耐人寻味。老人现在独居，平时以捡废品为生。据村干部介绍，老人土地流转的费用已经直接交给了他。老人有四个儿子，都住在新建的房子中，为什么他独自居住在这里？村干部介绍说：老人的老伴十余年前过世，在她过世之前，他们家已经进行了分家，三儿子、四儿子自谋生计，老人没有为他们盖房讨媳妇；二儿子颇有孝心，分家之后兄弟协议老人与二儿子一家生活，分家之时老人有些积蓄。不久，大儿子觉得二老有些积蓄，便与二弟商量将二老接到了自家赡养，并签订了分家协议（现存于村委会）。后来，老人的妻子去世，老人的积蓄基本耗尽，大儿子便逐渐嫌弃，并最终不遵守协议，不愿继续赡养老人。这时，二儿子也因为前面的变故感到伤心，也不愿继续赡养，老人随即搬到山顶的棚屋中独自居住。村里已经在前期走访过程中发现些情况，并开始介入调解工作。

老人用不太流利的普通话说，现在是感谢政府感谢党养着他。

村里表示，能够为老人争取的政策补助均已到位。

随行的镇里领导现场办公，由镇司法所和村委会共同出面，约谈老人的四个儿子，将情况调查清楚，要求儿子必须承担赡养义务，方式可以讨论，赡养义务不可讨论。

为镇里领导的果断和负责点赞！

写下这则故事，主要想表达一下农村养老问题的现实情况，这些情况在本书其他故事中也有涉及。长久以来，中国农村养老还是主要以土地养老和家庭养老为主，而这两种养老方式，很大程度上取决于下一代赡养义务的履行程度，一旦在经济上产生两代人的误解或者矛盾，养老问题很容易陷入僵局。农村工作千头万绪，细微到针头线脑、家长里短，需要基层干部深入走访，及时了解，细致化解。

（图片拍摄：章明）

四个光棍

一位村支书对我们说，有一个老光棍总是到村委会闹，说是要请政府帮他盖一套保障房，他家里已经没有米没有油了。我们当即驱车前往。

路上，村支书向我们介绍，这一家的情况太特殊了。

“这一大家子有四个光棍，也算是奇特了。”村支书开始介绍，“他们家的情况是这样的，上一辈老人早已经过世了，四个儿子全是光棍，最大的儿子有六十多岁了，老四也有四十多岁了。他们分了户口，都是自己单过，一共三个户口。”

“你是不是想问另外一个户口哪去了？”村支书继续说，“是这样的，老大原来一直手脚不干净，从小就长年在外乱逛，因为偷窃被公安机关羁押过，一直就没有回来。今年过完年，村委会忽然来了一个人，后来就三天两头地过来，今天来要米，明天来要油，后天又来要户口。我们也很纳闷，这个人从来没见过啊！他说他是哪个组的人，后来我们就把那个村组的老人叫过来，认了一下，才发现这个人多少年都没回来了，确实是这个村的人，就是这家的老大。那没办法啊，只能协调派出所给他办户口。”

“那房子又是怎么回事？”我们很感兴趣，继续追问。

“房子是这么回事。现在正处在脱贫攻坚阶段，他的三个光棍弟弟户口一直在本地，又属于贫困人口，符合国家的补助政策，我们就帮他们申请了政府统建的住房，也就是用国家的补助按照国家标准面积给他们各建了一套住房。这个时候这老兄回来了，"村支书说着笑起来，"我们帮他补办完户口，他的三个兄弟的统建房也已经基本完工了，我们就协调他们哥四个，老四一直在外打工，也不常住这套统建房，而且统建房有两个卧室，就让他和老四一块住。本来说好了的，但过了几天，这位老兄又来到村委会，说老四不让他住了，他要和老三住，老三早年间在外面闯荡，可能也结过婚，领回来一个小男孩，现在六岁，马上就要上学了。我们一想也行，反正都是亲兄弟，自己协调呗。哪想过了不到半个月，他又来了，说老三也不让他住了，他也不凑合了，非得要政府也帮他盖一套。"

正说着，我们来到了这光棍四兄弟的家中。眼前的景象有些奇特，三套刚刚盖好的统建房呈斜品字形，其中有一座老土坯房，后墙已经倒塌一半，破烂不堪。

院子里有一个人正蹲在地上摆弄着一条麻绳，我们走近了，他也没有回头，村支书说，这是老二，是哑巴。

一个五十岁左右的男人领着一个小男孩迎了出来，小男孩怯生生地望着我们，这是老三。

看到来了这么多人，兄弟几个围了上来。老大说，我们没有米了。你看看我们这里，太穷了。政府啥也没给我们，我已经没有米没有油了。老三手里拿着一张纸，上面写着要和政府索要的东西，递给了村支书，意思是你帮我们想想办法吧。

这时，聋哑的老二看到了我们，也凑上来，用手势和我们比画，这个我看明白了，拇指和食指捻在一起，是钱的意思。

同行的一位同事忍不住说："你们没有养几头猪养点鸡吗？会养吗？"

“会呢，”老大回答，“可是我们拿什么养啊？”

“那你们可以种点苞谷。”同事建议。

“唉，种不动啊！”老大拍了拍自己的大腿，“这里疼，有伤。”可是我们一直没有看出来他走路有任何异样。

“你领个孩子，咋不想办法打打零工，种点地？”一位同事问老三。

“我哪里出得去啊，有个孩子在身边，要照顾他，啥也干不了。”老三回答，同时在喂孩子吃饭。我看到，碗中只有白色的米饭，应该是白水泡饭。

“你们得动起来啊，自己动手才能过上好日子啊，不能懒啊！”一位同行的老年村干部有些愤怒地对他们说，哥三个都不吱声了。

正说着，我看到不远处的一套统建房边闪过一个人影，村干部悄声告诉我，这也是一个光棍，是他们本家，要是按年纪，这个应该是大哥了。

回来的路上，我问：“这些人是身体有什么毛病吗？因病致贫？”

“有什么病啊！懒病！”那位德高望重的老年村干部还没有消气，“年轻的时候就游手好闲，品质不好，经常小偷小摸，老了还是不想着自己努力，天天到村委会要这要那。政府关心他们，给米给油的，你看今天咱们来，他们有一点感恩的意识吗？还不是怨政府不管他们这个，不管他们那个。啥病最难治？要我说就是懒病！”

一时间，大家陷入了沉默，所有人都没有说话。

一直以来，我们都在强调，扶贫不扶懒汉，要充分调动群众自发的动力，要变“要我脱贫”为“我要脱贫”，要将扶贫扶志放在首位。如果扶贫成为“懒汉”不劳而获的生活来源，就可能会引发一系列的社会问题，比如：公平问题，有群众会问，“我们靠自己辛辛苦苦地赚钱养家，某个人天天拿着补助，啥也不干，有吃有喝，这不公平”；心态问题，一直拿着补助却不劳而获的人，长久下去会产生依赖思想，甚至会不知感恩，觉得一切都理所应当，更不要提自力更生了，而没有拿到补助的会产生不平衡心态，进而会对政策产生不理解甚至抵触；社会稳定问题，不劳而获、不思进取依靠补助生活，闲逛之余难免会滋生一些不稳定行为，对社会和谐稳定大局不利……总而言之，扶贫不扶懒，社会保障是为了保护那些毫无生存和生活能力的群体，使他们能够维持最起码的生活，而不是为了滋生懒汉。对于那些依靠补助不劳而获的群体，一是要精准识别，二是要加强教育，提供机会促使他们参加生产。

（图片拍摄：储琰）

“养牛不算养殖”

在调研的路上，一位扶贫干部给我讲了这样一个故事。

一些大学生来到村里进行脱贫攻坚的暑期社会实践，按照“两不愁三保障”的指标随机访谈农户，这位干部作为引导员和陪同人员一同进入他本人挂钩的村进行抽查。

一个农户院中坐着一位六十岁左右的老年妇女，大学生们与妇女攀谈起来。

一切进行得很顺利。这家的房子盖得很稳固，儿子媳妇在外地打工，老人在家中务农。谈起现在的党的政策，老人也是频频表示感谢。

话题转到收入上，调研人员问：“老人家一年收入有多少啊？”

“唉，哪里能挣到啥钱啊。这一大家子都要花钱，挣不着啥钱啊！”

看到老人不愿意回答，调研人员又问：“那您儿子在外打工，一个月能挣多少啊？”

“这个我们可不知道，反正拿不回多少钱。”

调查人员不再追问，换了一个话题：“那您除了种地，家里还有其他产业没有？比如搞没搞养殖什么的？”

“没有，一点都没有。”

这位扶贫干部站在旁边，一直忍着没有说话，他说他想听听实际情况，但是后来实在忍不住了，便上前对妇女说：“你咋说你没有养殖呢？那个牛圈里的七头牛不是你养的吗？里面有六头是母牛，可以下崽的！”调查人员的目光也随着他手指的方向看向了不远处的牛圈。

据这位干部回忆，当时那位老年妇女憋红了脸，最后喃喃地说：“我以为是说养猪、养鸡呢，你们也没说是养牛啊！”

他回忆道，当时调查人员也很气愤，对老人家说：“你怎么能骗人呢？有就是有，没有就是没有，养这么多牛，怎么说没有养殖呢？”

后面的访谈就顺利了，这位妇女如实地回答了问题。

在给我讲这个故事的时候，我看到这位干部在笑，笑声中有些许无奈和苦涩。

其实，很多农村群众在遇到政府工作人员或者是外来人员的时候，一方面，由于传统的不露富心理或者是谦虚、谨小慎微等原因，往往不愿意和别人说起自己生活得如何如何好，这也是一种实际情况。很多农民在被称赞家里日子过得好、能挣钱的时候，他们往往会谦虚地否认，或者用看似平淡的言语带过，这也是一种谨慎的生活习惯所致，并不能上升到品德或者道德层面。另一方面，很多农民群众心中还是有一丝侥幸或者幻想，以为现在国家政策对农民好，如果我说我家困难一点，可能会得到更多的补助，这也是一种“会哭的孩子有奶吃”的想法。在这些想法的驱使下，即便知道争取补助是要按照政策实施的，但这种惯性思维会通过言语和行为不自觉地表现出来。

这可能也是上面那位老人内心深处的真实想法吧。

在农村做工作，我们会经常发现，群众绝大多数是淳朴的、厚道的，有些时候发生的一些现象，也许并不是他们故意隐瞒或者欺骗，更多的可能是风俗习惯的惯性使然。这就需要我们在进行基层调研的时候，充分了解乡村民俗，多多考量群众心理，再耐心一些、细致一些、深入一些，才能真正了解实际情况，进而有的放矢地开展工作。

与一位扶贫干部的谈话

谈话是从走访一个农户开始的。

我和一位扶贫干部共同进村入户走访开展工作，正赶上这个村子某家正在摆乔迁新居的宴席。全村大部分人都去做客了（乡村宴席风俗在本书《和农户谈起红白喜事》一文中已经叙述过），整个村子在正午的艳阳下显得宁静寂寥。正走着，感觉身后远远跟着一个人，回头一看，是一个五旬左右的农妇。我们回身稍等，农妇走上前来。

“你们是要找谁吗？”很明显，她看出了我们的身份（因为我们身上都佩戴党徽，这是县里统一要求的，所有干部进村入户必须明确身份）。

“我们不找谁，只是走走看看，主要看看农村安全稳定住房的建设情况。”

“哦，那你们到我家看看吧，就在前面。”她指着不远处一栋土木结构的农房。

这是一户典型的西南民居，院子宽阔，是那种传统的土木建筑阁楼式农房，有一个前厅及两个偏房。前厅处有明显的现代装修痕迹，白底花纹吊顶，房前门面进行了粉刷。

女主人开始详细介绍家中情况：

“我们家一共六口人，两个女儿，一个外孙女，大女婿户口和我们在一起，小女儿还没结婚。家里这个房子已经有二十多年了，前些年孩子上学，那个时候孩子上学要交学费，我们两个省吃俭用，供孩子上学，也没有钱盖新房子，就在这个老房子一直住着。去年大女儿结婚，总要把房子修一修，要不然男方家和亲戚朋友们来看着太丑了，我们就把前面简单地吊了个顶，粉刷了一下。你看看我们现在都住在一起，条件还是艰苦啊！"

"现在我们老两口在家带着外孙女，孩子们都在外面打工呢，家里条件也不好啊。你看看我的手臂（边说边挽起袖子），你看看这个疤，这是前两年得病做手术了，就治这个胳膊，花了家里好几万呢，所以家里经济就更加紧张了。"

"你们跟我到门口来，来看看我家的这个院子，外面就是村里的排雨沟，下小雨还好，一下大雨，有一点东西就会堵住，所有的水全部倒灌进院子里，满院子有半尺深的水啊。"这户人家的院子确实比外面路面低出一米多，做的斜坡进入院子。

"你家的房子是有点老，但是有梁有柱还是安全稳固的。"扶贫干部说道。

"是啊，就是太老了，你不知道，一下雨阁楼上也漏雨啊，很多地方都已经破了。"

"那你们可以修缮修缮。"

"不修了，这个老房子也没什么修的价值了，要是国家能给我们三五万块钱，我们自己再筹一点，就能重新盖一栋。"

"嗯，日子会越来越好的，孩子们也大了，成家立业了，全家人共同努力，以后肯定能把新房子盖起来。"

"能不能申请一下，给我们补贴一点，让我们也盖一栋啊？"

“国家的扶贫政策是保障贫困群众能有一套安全稳固的住房，是救急房，不是要让你盖大房子。如果你符合条件，我们肯定会帮你申请。按照你现在的情况，就算你符合条件，一家六口人，按照标准也就只能盖几十平方米，解决住房的基本需求。这样你还要吗？”

“那也要啊，多上这几十平方米，我们住得宽敞点，关键是等以后拆了老房盖新房的时候，我们正好有个地方暂住啊。”

“你现在家里有收入来源，儿女都有工作，你老公还能打打零工，日子会越来越好啊！”

“现在国家政策好了，能不能帮我们申请一下，如果能够有一些补助，那就更好了！”

“更好的生活还是要靠自己努力啊，国家的政策是帮助贫困群众脱贫，解决基本生活保障的，你们还是要全家共同努力啊！”

“唉，那谢谢你们了！”妇女并没有纠缠，看来她是了解政策的，或者是跟村干部已经提过很多次这个事情了。

谈话到此基本结束。

我和扶贫干部离开这个农户家，在寂静的乡村中边走边聊。

“你怎么看刚才的谈话？”我问道。

“这是一种普遍心态，换句话说，也是一种人性的体现。当别人家得到国家补贴盖起新房子之后，很多人会不平衡，会认为自己家的条件也没差多少啊，凭什么他们有，我没有？”

“可是得到补贴的人要么是建档立卡的贫困户，或者危房户，要么是地质条件危险需要搬迁的人家，他们都不属于这种情况啊！”

“事实的确如此，但是，有的时候群众不会这么想。国家说‘扶贫不养懒汉’，这是完全正确的。有的时候，有些贫困户真的是没技术、没能力，家里确实贫困，所以，在解决他们贫困问题的时候，的确是帮他们减少了很多压力。这样有些人心里就不平衡了，甚至有人会质疑，他们家为什么会是建档立卡户？”

“国家对于建档立卡是有明确规定的，按照流程，村民也是都同意的啊。”

“没错，尤其是近两年，提倡精准扶贫，建档立卡更加准确，流程更加科学。但是，在评定建档立卡户的时候，很多人没有想到后面会对建档立卡户有这么多的补助政策。很多村民在评定的时候只是随大流表示同意，没有仔细地考量，甚至当时在筛选建档立卡户的时候，还有很多人为了面子不愿意把自家的困难说出来，于是就没有评上。现在一看到这么多好的政策，很多人心里就不平衡了。”

“国家的建档立卡是动态的啊？”

“是的，精准扶贫建档立卡是动态管理并识别的，该纳入建档立卡的，肯定会纳入，但是很多人确实不符合建档立卡的条件，所以就会出现有个别人为了能够得到贫困补助，进行分户啊、分家啊，等等，想方设法得到建档立卡的资格，这也为我们的工作增加了难度。有的人只要见到政府的工作人员，就会滔滔不绝地说自己有多困难、有多贫苦，就是‘哭穷啊’！”

“你怎么看这种‘哭穷’的现象？”

“我觉得这种‘哭穷’也是一种现实的心态，有句老话叫‘会哭的孩子有奶吃’嘛！他们总觉得和政府干部多说说难处，政府肯定会出手，这也说明我们的政府为老百姓做的事情多嘛（笑）。其实，说实话，这种心态的根源有几个方面。第一，是咱们说的不露富的心态。有时候你问群众干了一年，挣了多少钱啊？他本能的反应是，挣啥钱啊，辛辛苦苦干了一年，土里刨食还能挣到啥？其实呢，种地、土地流转、打打零工，一个劳动力一年还是可以挣到足够的生活费的，但是，一种本能的内敛就会驱使他们下意识地这样说。

“第二，最关键的，就是希望能够得到更多的支持。这是一种心态上的表现。比如上次我遇到一户，老两口，家里的房子是政府帮忙建的（指对无劳动能力、无收入、居住危房等贫困人群进行基本住宿保障的建房），我们问他的时候，他竟然说没有拿到什么补助。我们当然知道实际情况，和他们如实对账，后来他们才承认，拿到了拿到了。这样的例子还是很多的，就是想通过诉苦得到重视，多争取一些资源。

“当然，还有一些人家，生活确实比较贫苦，这也是一种宣泄的途径，和政府的干部说说自己生活的不易，想得到一些同情吧。”这位干部最后补充。

这位干部在基层工作了几十年，很多岗位他都经历过，所以他的描述很生动，思考也很深入。

村支书的苦恼

经常和不同村的村支书们一同调研，村支书们也会向我们诉说他们的一些苦恼。

我们来到一户农家，这个家庭有娘三个，奶奶、父亲和儿子，父亲和儿子都在外面打工，老人独自在家中生活。房子确实已经很老旧了。村里的意思是，这家符合危房改造的政策，根据政策可以为这家争取一些帮助。村支书说："这一家我们已经上门做工作不下二十次了，向他们说明政策，关心他们。可是人家给我们回复的就是：我们不修，也不盖！为什么呢？说这个老房子不值得修了，以后我们有钱自己盖大房子；你们给我们建的统建房，面积太小，还是住不下的，儿子马上要结婚了，盖个小房子还是住不下。他们的意思就是，国家的关心我们宁愿不要了，政策也不享受了，不用你们给我们修、给我们建。"

"其实，他们心里无非是两种想法，"该村村支书补充道，"第一，是想着自己以后挣了钱盖大房子，第二，主要是怕现在享受了国家补助政策，如果后面再有什么更好的政策，他们就享受不到了。""唉，"村支书感叹道，"我们其实也是有苦恼啊，国家政策真的是为群众着想的，我们也是实实在在地把政策宣传到位了。可是，一家有一家的情况，你看这家，说啥都不要，要是真的上面来检查，到他们家一看，要是说房子住得不安全，说我们工作没有做到位，责任还不都是我们的？前两天这家好不容易做通了工作，他们同意把老房子修缮加固一下，我们可高兴了，当天就请施工方把砂石料运到他们家院子里了，没想到，第二天全家人都反悔了，说啥也不让修，咋做工作都不行。最后我们说，那人家把料都运来了，你们不修了，那你们咋也得出点钱让人家运走啊。本来是想吓一下，没准就同意修了。没想到他们说，你们运来的，我们不管，反正你们要把这些东西运走。僵持了几天，最后还是施工方自己运走了。”

说着说着我们走到另一家。这家原来是一排老房子，属于哥两个，大哥要新建住房，就把属于自己的一半老房子拆掉了，在不远的地方盖了新房子。家里一位老人和老二一块住，只留下半爿房子，结果这半爿房子在原来的连接处就漏了一个墙的窟窿，虽然不影响老人和二儿子一家居住，但是，一个大窟窿总归会影响房子的整体稳固度，村里面就想着帮这家人把缺的这面墙补上。村支书说：“咋做工作，人家就是不让。后来，我们想了一个办法，请施工的老总上他家，故意说是路过，看到他家房子比较破，愿意奉献爱心，免费帮他们补起来，结果人家还是两个字：不用！”村支书叹息道：“唉，我们也不能让群众就住着这样的房子啊。后来村里的干部们商量，趁孩子上学、老人出去放羊的空当，组织人先用简单的板材把窟窿给堵上了。结果这下可惹祸了，老人家回来一看，直接来到村委会，指着村干部埋怨了半天。当时所有人心里那个委屈啊！”

“他们为什么不修不盖呢？应该是符合政策的啊！”我们问道。

村支书回答说：“唉，这个说起来话长。第一个原因是，前面几届的村委会确实工作没有做细做实，有些政策没有帮助这家争取，或者没有兑现承诺。现在，咱们的政策越来越细致，越来越严格，不会出现前面那些情况了，但是,对于老人来讲,她心里的不信任还是有的,这也是我们这届村委会正在努力改变的。第二个原因是,他们表示盖统建房还是不能够满足他们的生活需求,面积太小,想等以后挣了钱自己盖更大的。第三个原因是,他们还是有一种想法,就是怕这次享受了政策,以后再有更好的政策,他们就享受不着了。其实,对于这些疑问,我们都详细地解释过了,可是,他们宁愿相信自己的推测或者传言,也不愿意面对现状。

“唉,党的政策是好,可是我们做工作也真的是有苦恼啊。打个比方说,有些人是这样的,我把饭做好了给他吃,他也得吃啊！有的时候碰到一些人,我做好饭端给他,他不吃,我用勺子喂他,他还不吃,我总不能按着头强迫他吃吧！如果万一有一天,上面来检查看到他们家的墙露个大窟窿,会不会说我们没有关心到位？唉,不管多难,我们也还是要努力地工作,不让一个群众掉队。这个我们都懂,只有慢慢地、耐心地努力吧。”

用绣花的功夫干扶贫,基层的干部确实是在用心、用脑、用情、用智慧在干工作。这位村支书说出这些话的时候,我能感受到,虽然他有很多苦恼,但并没有埋怨。这也是基层干部的真实心声吧。

到了另一个自然村,那里的村支书给我们讲了这样的苦恼。

他们的一个村组,“平均主义”是一种普遍的现象,这位支书对此很苦恼。

“这个村子的陋习真的很不好,不管是什么,只要是外面给的,必须平均主义,我才不管你给的是不是贫困户,只要给了,就必须全村都有,否则谁也别落好。有一位爱心人士来到这个村,到一个特别贫困的老人家里慰问。这位老人孤身一人,家徒四壁,房子破旧,吃了上顿没下顿,身体也不好,没有劳动能力,靠低保生活。这位爱心人士拿出一些钱,又买了一些米和油,想送给这位老人。老人问:‘村里其他家有吗?’爱心人士说:‘没有,这是我帮助您的。’老人说:‘谢谢你,那你还是拿回去吧,我不敢要。’”

村支书继续说:“前一阵子,有爱心企业看到有些农户很贫困,床是木板随便搭起来的,就想捐赠一些铁架床,请村里统计一下到底有多少真正需要的。村里的答复是,一户不能少,否则,这个床就发不出去了。如果真的把床发给了有需要的人,那么结果是,没有拿到床的人会天天上村委会闹,拿到床的人也会被村里其他人家指责,所以,有的农户干脆就不敢要了。”

“这种情况,我们虽然苦恼,但也一直在尽力改变。说实在的,这是一种陋习。我们也发现,受过一定教育的或者在外面打过工的年轻一代,身上这样的陋习已经很少了,但是这一代人还年轻,基本不能当家做主。所以,我们也是想尽办法,充分发挥这些年轻人的作用,让他们能够帮助改变一些陋习;另外,前一阵子村里来了很多大学生,说是搞社会工作的,我们也交流了很多,以后我们还要依托这些外来的力量,在村子里搞一些活动,给我们村子注入一些新鲜东西,兴许会有些作用。”村支书说着,眼中闪过一丝自信的光芒。

还有一位村支书讲了他挨批评的经历:

“我也不是诉苦,但基层的压力确实大。上面的所有政策我们都要想办法贯彻到老百姓身上,还要小心不能说错了、办错了。有一回我们一个村子出现了一个紧急的事情,我就上门临时处理,当时村主任在医院里打吊针呢,我也是病了三天没好好吃饭了。正好那天镇里有个挺重要的会让我们去参加,我当时急着处理事情,就让别人帮忙请了个假。那天事情处理完了都深夜了。第二天,也不知道是请假没带到还是什么原因,反正我是被领导说了一顿,弄得我心里是又委屈又气愤。

“说心里话，我当时真的有点想不通！我又不是故意不去，确实是因为忙不过来啊！那个村子是一个少数民族聚集村，村内情况十分复杂。村内少数民族有很多的风俗习惯，对于现在顺利开展工作都有一系列的影响。但是，我是一名老支书了，我还在村里做过老师，带领全村干部一户一户地做工作，已经尽了全力了。而且，村里绝大部分村民都认可我、支持我，县里和镇里的领导对我的工作也是高度肯定的。就是这回，我真的是忙不过来，因为这个事挨顿批评，真的有点想不开。我甚至想过不干了，太累，太委屈！

“后来，很多领导和同事都劝我，安慰我，我也就平静下来了。现在脱贫攻坚，每个人压力都大，每天都跟打仗一样，谁不急啊！你说前面咱都付出那么多了，这时候攻坚了，撂耙子不好。我想也是的，委屈归委屈，批评完了之后还不是各级领导给我的鼓励更多！”

这位村支书后面做得确实很好，带着村干部和乡亲们，一步一步稳扎稳打，取得了非常好的效果。

上面千条线，底下一根针，村支书说大不大，说小不小，他们管理着几个或十几个自然村组，有的地方大一些的，跑遍一个村都要一天，他们往往都是村里的能人、贤人。他们有精力、有能力、有经验，应多支持、多鼓励、多引导。

和一位乡镇老干部的讨论

在某村考察工作，正好赶上镇里的一位干部在这个村进行工作推进，工作之余我们坐在院子里喝茶聊天，话题转到了现代农村的发展上来。

这位镇里的干部是一名具有三十年经验的基层老党员，对工作认真负责，兢兢业业，对于农村的工作充满着深厚的情感。话题是从新生代青年农民的生存状态开始的。

“这一代人，真的很少能够安心在农村种地了，肩不能扛手不能提的，和上一代人不一样了。到了城市，城市人不能容纳他们，回到村里，村里人也看不上他们，整天闲游烂逛的，不能安心做事。你看，咱们拿女性来说，70 年代的，就想着嫁给军人，嫁给戴五角星的；80 年代呢，愿意嫁给别钢笔的，就是有知识的；90 年代，愿意嫁给有钱的；到了 2000 年代，要嫁给长得帅的！”

“那现在的呢？”我觉得他总结得还是挺有道理的。

“现在啊，就想着一夜暴富，天上掉馅饼！这咋能行呢？我说啊，咱们中国传统文化几千年，敬老孝亲、勤劳忍耐、兢兢业业，这些东西在他们身上真的是体现得不明显啊！你说这一代人，天天抱着个手机，天天想着天上掉馅饼，不下力气找个安定的、踏踏实实努力过日子的营生！这个家风啊，还是很重要的，”他有些感慨，“你说这些娃娃，说他们没知识吧，还知道点东西；说他们有知识吧，又懂得不多！话说回来，要真是全没知识，就靠着一辈一辈的传承，那也好，最起码能够安心种地；要是真能好好读书，读到大学毕业，那就是靠着知识安身立命，也挺好。但现在很多年轻人就是这个样子，半吊子，整天胡想不干实事，这哪行?!”我开始佩服这位80年代本科生的基层“哲学”了。

“那你说，现在农村发展的关键因素在哪里?”

“其实，中国的传统文化在农村一定要传承，要广泛地发扬！敬老孝亲、宽厚谦和、相互礼让，这些是多好的传统啊！原来的时候，上几代人，都是要通过辛勤努力居家过日子的。现在社会发展了，钱多了，有时候反而人心不容易满足了。你看看，现在农村里，有多少人都是为了一个‘钱’字在闹腾啊！说心里话，十八大以后，咱们国家的文化宣传啊，意识形态啊，还真是很有效果，这一点从上级文件和我们的工作中就能感受到，但还是有很多人就是把钱作为唯一标准啊！有为了能多拿点补助分户的，有为了多领点钱离婚甚至不养老人的，这些我们查出来，肯定是不符合条件啊。如果按照政策严格办理，他们就骂骂咧咧，牢骚满腹。”他说着，有些义愤填膺。

“我可不是抱怨基层工作难做，说我自己辛苦。我是说现在的人啊，咋总想着钱呢。你说贫困户，你家里贫困的时候，政府帮着你，把苦日子挺过去了，现在过好了，要让他退出贫困户，他就是不乐意；国家给的危房改造的补贴，是让你改造危房的，是保障你生活根本需求的，你就先按照国家的标准，修缮或者是盖一个稳固的房子先住着，等以后日子好了再翻新、加层、装修好一点不就行了吗？不行，非得要盖大房子，一下子盖个两三层，到处借钱，总是说一辈子就盖一回房，要盖就要盖大的，盖好的，这是面子问题！结果，盖了好几层，没钱装修了，也没钱买家具了，只能先住进毛坯的一楼，你说这是何苦？做他们工作吧，就和你说一大堆自己的理由，唉！

“还有那些个别的懒汉、醉汉，虽说是个别的，但还是有啊！说起来真是让人心寒！咋样也不能让他动起来！每天睁开眼睛就是想着喝酒，要不就是到处闲游烂逛。弄一点烤洋芋就能喝一瓶子酒，喝完了就睡，睡醒了再喝。你救济他点钱，转眼他就买酒喝了！家里实在没钱没吃的，亲戚朋友也不管了，他就在民政部门的门口一坐，要点米，要点油，接着又是那么过。”

“你觉得这种情况怎么能解决？”

“要我说啊，就是要把政策执行得严严的，还有那些无理取闹的、胡搅蛮缠的，就是要严肃地依法依规从重处理！让群众都认识到，只有靠自己才能把日子过好！我跟你说，中央强调依法治国，真的是太重要也太必要了，在村里，一定要严格执法、严格依法治村，这样才能让那些有乱七八糟想法的人放弃不良的念头，自己干起来！

“我真的觉得，农村还是我们的基础，是我们的根，乡村必须要振兴啊！广阔的田野，有很多可以做的事情！只要都干起来，你看外面的地，你看咱们这里的风景，那发展经济作物、发展乡村旅游，多好的条件啊！我相信能干得出来！我们这些乡村干部啊，真的应该把精力多往这方面放一放！”

这位老同志眼睛望着窗外的田野，似乎在感慨，似乎在对我说，又似乎在喃喃自语。

“怕鬼”的老人家

一位村里的同志给我们讲了这样一个让人啼笑皆非的故事。

村子里有一位八十多岁的老人家，身体还很硬朗，儿女也很孝顺，虽然家境一般，但是一家人的关系还是比较融洽的。在国家扶贫政策的帮助下，儿子一家盖起了新房，就在老人家老房子的旁边。儿子一家高兴地入住了，老人家却一直住在老房子里。老房子是几十年前建的传统土坯房，虽然已经有些破旧，但还算稳固。

村干部动员老人家搬到新房子里和儿子一家一块住，可老人家说什么也不肯。开始说是不愿意给儿子添麻烦，可是儿子和媳妇都很孝顺，已经在一楼为老人家留好了房间，铺好了被褥；后来又说住在那里怕生活习惯和年轻人对不上，吃饭时间和睡觉时间都不一样……总之找了一大堆的理由，就是不愿意搬到新房子里住。小组长做工作不行，村支书做工作不行，儿子做工作也不行。最后，大家请她在外地工作的孙子给老人家做工作，终于老人家同意搬到新房去住了，而且去的时候还是挺高兴的。

第二天一早，老人家红着眼睛苦着脸对村干部和晚辈们说：“可真的住不了了，昨天晚上一夜都没睡！就在床上坐了一夜！”问她为啥，老人家说：“点着灯睡太亮了，睡不着；灭了灯，周围的墙太白了，实在是心里慌得很，根本睡不着！我怕鬼！”老人家最后一句让所有人都忍俊不禁！其实，后来我们了解到，老人家多年的生活习惯是黑了天，待在土坯房子里面昏暗的火塘边，守着这一堆火塘，又暖和，又舒服，就是我们所说的“安全感”，到了新房子她实在是不适应。

写下这样一则故事，并不是要引发一笑而已，它带给我们的是更深层次的对于乡村生活习惯改变的思考。在脱贫攻坚过程中，我们经常会遇到这样的情况，已经盖起了新的稳固砖房，住进了新的搬迁新村，虽然心中高兴，但很多群众，尤其是上了年纪的群众总会有一丝顾虑，这些顾虑来自多年的生活习惯。有人说，新房子好是好，可是我们在火塘边烤火烤惯了，到了冬天就是想围着个火堆，可是新房子里面没办法点火塘啊！有人说，住进新房子，厨房旁边就是厕所，方便是方便，但总是觉得有点不习惯；有人说，厨房是新的，我们习惯用大锅，还可以煮煮猪食什么的，在这样的新厨房里煮猪食，还是有点不方便……

诸如此类的想法，并不是群众不满意新房子，也不是对政策的抵触，当他们怀着感恩之心入住新房的时候，他们面对的是传统习惯的改变，这还是要有一个适应过程的。在该县的某镇，镇里面在进行搬迁或者新房改造的时候，就考虑到村民的这方面需求。一方面，鼓励大家养成健康卫生的生活习惯，并传授一些方法。另一方面，在农户牲口喂养等方面进行适应性的调整，比如，在畜圈旁边开辟一个区域作为大家煮饲料的场地，并整体规划一些公共区域供群众堆放农具和柴草等，这样既保证了村貌的整洁有序，又为村民的生产生活提供了便利。

正如一位干部所说，作为农民，养牲畜种地是他们的命脉，我们不光要让老百姓住上新房子，还要给他们提供养殖种植的便利，这样才是最直接的帮助老百姓的做法。比如像这位“怕鬼”的大娘这样的村民，他们已经按照传统的习惯生活了一辈子,要改变他们的生活习惯,就要基层干部将工作做得细致再细致。

综上所述,习惯的改变是一个过程,生活的需求是客观的现实。在农村,进行新村改造和搬迁新居过程中,既要帮助群众养成良好的健康卫生习惯,又要满足群众实际的生产生活需求。

(图片拍摄:储琰)

肆

振兴之路

（图片拍摄：李东冬）

满江红·脱贫攻坚

世纪神州，
风雷动，
民族复兴。
赤子愿，
春沐华夏，
小康梦圆！
豪情攻坚脱贫战，
敢叫山河妆新颜。
凭谁论，
百姓富裕路，
驻心间。

彩云南，
美家园。
战贫困，
齐揽腕。
放眼望，
阡陌旌旗无限。
新村幼树萌初芽，
垂髫黄发欣然现。
再前行，
古城赴振兴，
志愈坚！

奔波在扶贫一线的扶贫干部们

习近平总书记指出，全面建成小康社会，是我们对全国人民的庄严承诺。脱贫攻坚战的冲锋号已经吹响，我们要立下愚公移山志，咬定目标、苦干实干，坚决打赢脱贫攻坚战，确保到2020年所有贫困地区和贫困人口一道迈入小康社会。

摆脱贫困是中华儿女共同的期望，更是共产党人责无旁贷的历史责任！在脱贫攻坚的号角鼓舞下，在广阔的脱贫攻坚的战场上，当代的共产党人用他们的热情热血和责任使命，谱写了一曲曲感人的脱贫攻坚之歌！我是何其有幸，亲身经历了这样一场历史的攻坚战，每天每时，在我的身边，都发生着感人至深的脱贫故事。在脱贫攻坚的道路上，当我们听到有战友倒下了，我们含着热泪在他们的精神鼓励下继续前行；多少个日日夜夜，在疲倦至极之时，还在想着哪一户群众仍有工作要做。扶贫路上，有即将退休却坚持要到一线扶贫的老驻村队员，也有刚刚参加工作八个月带着乳儿上前线的年轻扶贫队员；扶贫路上，有刚刚在民政局领完结婚证就分头奔赴不同攻坚战场的小夫妻，也有进村扶贫路上偶尔碰到几个月未见的同是扶贫队员的亲兄妹在土路口合影留念的身影……太多太多的感动，我想一一记录下来，然而笔触有限，但每次看到这些身影，我最想说的是，作为新时代的共产党人，能够参与这样一场世纪决战，我们终生无悔！

在扶贫过程中，县里相关部门举办了扶贫之路的故事讲述会，我聆听了来自一线的扶贫队员的深情讲述。在他们讲述的过程中，我的脑海中就像过电影一样，一幕一幕地闪现出当时在田野中、在乡村路上看到的画面。不揣谫陋，我想用以下篇幅，来如实记录下他们讲述的故事，将一线的扶贫身影展示一斑。特别注明，以下记录的内容来自这些扶贫干部的亲身讲述。

我是一名教师，曾经我想，我们教好书就行。直到那一天我作为扶贫干部下乡进行辍学学生的普查工作，我才更加了解我身上的责任和使命。一天，我们来到一位老大爷的家中。虽然政府已帮助老大爷建造了兜底房，但房内没有一件像样的家具，真的可以用空空如也来形容。聊天时我们知道，大爷与他的孙女相依为命，孙女没爸没妈，大爷身体也不好，家里土地又少，最大的经济来源就是几亩贫瘠的土地上的微薄收成和翻山越岭去街上捡废品换来的几块钱。虽说孙女上学有补助，花不了几个钱，但家中实在是缺乏劳动力，只能让孙女回家帮忙。我们见到小女孩的时候，她正在山坡上放牛，她一刀一刀地将她认为最肥美的草割给牛吃，因为爷爷告诉她，等牛长肥了，卖了以后，就让她去上学。我们看到那双纯净的眼眸里装满了希冀。那一刻我知道，再苦再累，为了这些孩子，我们也要承担责任！

我也曾问过一位长期驻村的朋友："为了执行上级政策，到大山里驻村，你甘心吗？"他笑着告诉我："不仅仅是为了执行政策，更多的是为了那份良知和责任。"是啊，有些事，总要有人去做，而且要坚持去做，不为高官厚禄，不为扬名立万，为的是那七旬老人用粗糙颤抖的双手握住我们手时满眼含泪的那一句"同志，谢谢您！"为的是孩子用那双稚嫩却已经长满茧子的小手送到你手中的那碗粗茶，还为的是听到老大娘说的那句“姑娘、小伙，累了，就到树荫下歇歇，大娘的活，大娘自己能干完”那一刻的感动与心疼。

——一位D姓教师讲述的扶贫故事

扶贫工作是苦中带甜，虽然我们很辛苦，每天没日没夜地干，但当我们看到一栋栋旧房变成新房、一条条土路变成水泥路，看到群众满意的笑脸，我们觉得一切都值得了！我记得，那是一个特困村组搬迁新居时，村民都搬进了厨卫一体的新房子，政府筹资为他们置办了生活装备，几乎是让他们“拎包入住”。那天，村子里的一位老大爷老泪纵横，那充满感激的眼神，蕴含着难言的感动，嘴里直说“感谢共产党，感谢共产党”……那一刻，我真正感受到了我们工作的神圣，我们身上沉甸甸的责任。那一刻，多少苦累都变成了甜。

——一位H姓扶贫队员的演讲

我们在村委会同吃同住，挑灯夜战研究问题对策，苦口婆心地一次次做群众思想工作，沉下身子走进村子与农户一同打扫卫生，脏兮兮的笑脸背后掩盖了无尽的辛酸，大家用自己的辛勤付出，换来了贫困农村的新面貌，真正改变了农户住不安心、吃不踏实、病不能医、老不能养的困难局面，实现户户有房住、家家有产业、人人争脱贫的良好氛围。

——一位W姓扶贫队员的感言

六月的一个清晨，我们辖区突发大水，我带队开展救援。固定好牵引绳，大家用脚试探着没在水里的田埂依次往大河边走去，很快到达第一个被困群众身旁，可她过于惊慌，一直把救生圈往下按，我离岸边最近，果断脱掉身上的救生衣朝里递给她穿上，大家像接力赛一样，轮流把她往岸上背。洪水涨得飞快，站在田埂上都已经没过了腰。

我是最后一棒，可因为不清楚田里的情况，一脚踩空失去了重心，被救群众紧紧勒住我的脖子开始在我背上挣扎，呛了几口水，我也开始懵了，洪水拍打雨衣的啪啪声、同事似远似近的呼喊声、虫鸣声、鸟叫声，世界突然变得十分安静却又十分嘈杂……脚探到了田地，我猛地定住了神，露出头来，这短短的10多秒感觉比5分钟还要漫长……我一手抓着绳子，一手扶着背上的群众并安抚着她，总算安全回到岸上。所幸，此时消防队已携冲锋舟赶到，其余被困群众也最终安全获救。

你问我怕不怕？我是个普通姑娘，也是血肉之躯，当然会有常人的害怕；可我也是个警察，也正因为我是个警察，所以，我不怕！

记得有一次我查处一起无证驾驶送孩子上学案件，我依法处理，并用私车将孩子安全送到学校，并给违法驾驶员倒上热水。后来，那名男子专门来到警局，从身后拿出一袋零食说："谢谢那天的女警官了，帮我送小孩上学，接水给我喝，路上还跟我普及法律知识，我就是想来亲自感谢一下她。"

每年、每天、每时、每刻，每一位公安民警，在每一次危难关头，都会本能地选择迎难而上；每当群众置身危险中，我们就无法置之度外，总是身体先于理智地往前冲；我们从未刻意想成为英雄，但我们一直默默无闻地走在成为英雄的路上，只要人民群众需要我们，无论一路有多少凶险，哪怕面对着尖刀子弹，我们都会义无反顾，勇往直前，不惜代价，不顾生死。这，就是人民警察代代传承的责任与担当！

——一位基层Z姓女警官的讲述和感言

这位女警察的经历让我感慨、佩服。她是勇敢的，她的勇敢来源于对职责和使命的义无反顾！我非常能理解当时情景之惊险，因为，这个地区的山

上多是红土，一旦遇上大暴雨，很容易形成泥石流和涝灾。我也曾经亲身经历过在大雨中的盘山路上遇到泥石流奔涌而下的场景，当时前后无村，旁边是悬崖，只有冲过去一个选择。幸运的是，我们当时冲过去了！回头看路已淹没。所以，那种惊险场面只有亲身经历过，才能感受到这位女警在关键时刻挺身而出的责任与担当的勇气！

扶贫工作是平凡而艰辛的。记得某村有一个建档立卡户，家里的小儿子今年十二岁，是一名重度残疾儿童。他四肢不能动，也不能开口说话，更谈不上像正常孩子一样上学了。为了解决他的就学问题，当地小学的老师们直接送教上门，让他在家也能进行学习。

——Z 老师和 H 老师的讲述

我院扶贫队员来到一个贫困户的家里。一进门，一股特殊的味道扑鼻而来，也许是职业的习惯，他们就问："王大爹，家里有生病的人吗？"老人家一听，愣了一下，立马老泪纵横地说："老伴儿一个月前就下不了床了。"只见昏暗的卧室里，一位老大娘躺在床上，面色蜡黄，言语困难，右侧肢体活动不利。同事拉开被子，一股臭味袭来，大家看到的是：大娘的褥疮已经到了三期末，腐肉色黑，隐隐可见白色的骨头。同事忍住眼泪问："大爹，怎么不去医院呢？"老人家满脸愁苦地说："儿子出车祸还在医院里，老伴儿急了摔跤摔成这样，家里实在没钱了。"听完之后几个同事商量了一下告诉他："大爹，大娘这个病要住院。你放心，我们送她到我们医院住院，钱的事你不用着急。"接着他们就联系救护车把老人送到我们科。正好我主管，全科医护人员高度重视，制订治疗方案，进行外科换药，派专职护士护理、针灸、康复锻炼等。二十天后大娘的褥疮逐步收口，肢体活动能力明显改善，可以下床并扶墙走路……我们真的太高兴了。出院那天，我正准备去结账，护士长走过来拿给我一叠钱说："还有我们大家的一份，多少是个心意，国家政策好，住院费交不了多少，剩下的给他们当生活费吧……"一股暖流涌上心头，我眼泪差点掉下来。当我把剩下的钱拿给王大爹的时候，他手足无措地说："这不行，这可不行，你们已经帮我很多了，我拿什么感谢你们啊……"我跟他说："大爹，谁都会遇上困难，把钱收下好好照顾大娘，要定期来复查，要谢就感谢党的政策好。"

——N 医生讲述的扶贫故事

为了加快我们新农村建设的步伐，他们舍小家顾大家，放弃在城市的舒适生活，来到基层默默实现着自己的人生价值。以前我们见面时问候最多的是：您吃了吗？现在呢，一见面张口就问：最近在哪个村啊？多么接地气的问候啊。还记得小长假吗？我们敬爱的"战士"们依然坚守着自己的工作岗位，放弃节假日，竭尽全力为我们早日实现小康社会而努力奋斗。他们忍受着对家庭的愧疚和对父母妻儿的亏欠，忍受着亲朋好友的误解，带着孤独和寂寞一路前行。因为他们坚信，这就是一个共产党员的职责。

——Z 姓同志用"最可爱的人"来形容一线扶贫干部

尽管扶贫路崎岖不平，尽管奔波劳碌身体疲乏，尽管白天黑夜为之操劳，但是，看到群众的笑颜，看到村庄的变化，我们欣慰地笑了。付出就会有收获，这就是扶贫的意义！我暗自对自己说："加油！你的十分辛苦换来群众的一分幸福，值了！"

——Q 姓年轻扶贫干部这样描述

在我身边就有这样一位脱贫帮扶责任人，他起早贪黑，每天工作时间长达十六个小时以上，在生病期间也没有请过一天假，克服身体上、家庭中的种种困难，投身到公安工作及脱贫工作中。记得那段时间，有的时候一整天也见不到他。在跟值班室的老王聊天时，老王说："他确实辛苦啊，我凌晨关大门时他都没回来。他跟我说'老王，这段时间晚上大门暂时别关，免得又要让你起来开'，即使再累也不忘体恤同志。"无论他睡得再晚，第二天早晨依然8点以前起床，因为每天有很多工作要做，白天要入户走访，晚上要到政府开会，他的这种吃苦耐劳、坚持不懈的精神让我感动，值得我敬佩。有一次我在县城，遇到他年迈的母亲背着他还不会走路的女儿，他母亲说："我儿子已经有两个多月没有回来了，前几天回单位开会才回来了一次，我上初中的孙子对他爸爸说：'你都不管家，还生二胎干什么？'"我作为一名孩子不满一岁的父亲，虽不能完全地感同身受，但能体会到他听到这话时那种深深的愧疚。

——Z姓警官这样讲述他身边同事的故事

……

上面这些故事，是我从几位讲述脱贫攻坚故事的扶贫干部那里摘录出来的，当时，几乎所有人都是含着热泪听完他们的讲述，因为在他们讲述的时候，所有的人都在脑子里回放着扶贫路上的点点滴滴，感同身受！他们讲述的故事虽然角度不同，但是，这些故事并不是发生在某一个人身上，而是发生在千千万万扶贫一线的干部身上。无论从事哪个部门的工作，在脱贫攻坚的一线，所有人都是扶贫斗士，所有人都有一个共同的名字：扶贫干部。在我的走访过程中，我遇到过的每一位扶贫干部，身上都有着说不完的故事。

一位彝族村的老主任，带领乡亲们修路盖房、养殖种树，乡亲们的日子一天天好起来了，他却倒下了，这个彝族的精壮汉子被白血病击倒了。但是，在病情得到控制之后，这个顽强的汉子却用惊人的毅力又返回工作岗位，带着乡亲们继续加油干。他说：“我希望我的病快点好起来，还有好多事情没干完呢，我要继续带着乡亲们干！”

一位村支书，在下乡的时候一脚踏空，手掌直接着地，当场骨折。我们赶到镇里卫生院，拿着他的X光片对着阳光正在看的时候，他却一脸歉意地说：“在这个时候搞出这样的事情，这叫啥事，耽误了多少活！”那歉意的话和阳光下那节断裂的骨头照片结合在一起，当时心酸和欣慰的感觉一起涌上所有人的心头。

另一位村支书，晚上打着手电筒进村入户查看脱贫工程进度，一脚踏在了钉尖向上的木板上，脚掌顿时被扎破！第二天一早我们得到信息，急匆匆赶到村委会看望他，村里干部却告诉我，他一早又进村去了。我们刚要赶去村里找他，他却跛着脚一瘸一拐地进来了，说：“没事没事，不是什么大事，你们都忙得很，还过来干吗！有那么多事情要做呢，我一点事没有，放心！”我们哽咽无语。

一月，正好遇到下雪路上结冰，在易滑路段，一位年迈的交警同志戴着手臂夹板正一步一滑地指挥交通。我们了解到，这位老警员即将退休，已经被安排在内勤工作，在突发恶劣天气的情况下，他主动上一线指挥交通，昨天由于地滑不小心摔坏手臂，固定之后第二天又出现在现场。面对大家的劝阻，他说：“现在脱贫攻坚正是关键时刻，人手紧，我又没啥大事，上来和大家一块干，应该的！”

……

在脱贫攻坚的路上，一个个感人的事迹说不尽也道不完，全体干部心往一块想、劲往一块使。扶贫干部们曾经笑谈，从下村狗乱叫到下村狗摇尾巴，你就能知道我们经历过什么。共产党人的责任和担当，在扶贫攻坚过程中体现得淋漓尽致，面对扶贫路上群众捧出的一盘盘瓜子板栗、倒上的一杯杯热茶、煮熟的一个个鸡蛋，我们最想说的是：干群携手一家人，试看天下谁能敌！

（图片拍摄：冉佳）

一条民族情感之路

有一次,我到大理州剑川县参加省里组织的会议。

除了知道剑川在地理位置上是云南的一个县的概念之外,原来并不知道剑川是个什么样的所在。在去之前,特意了解了一下剑川的情况。

剑川是云南乃至中国开发较早的地区,历史悠久,人杰地灵。有学者考据,最早的昆仑一说就是在剑川的石宝山地界(待考证,只是引用),“从元明以后,文风大开,科第接踵,为滇之翘楚”(引自董增旭编著的《导游剑川》一书)。这里一直有“文献名邦”之称,现在县城内还有挂有“文献名邦”牌匾的牌楼。

剑川是《五朵金花》电影中阿鹏的故乡,现在阿鹏已经成为剑川的一张文化名片。剑川以木雕和石雕闻名,是文化部、国务院命名的中国木雕艺术之乡和国家级非遗项目。这里也是滇藏茶马古道的必经之路,著名的沙溪古镇,就是当年盐帮必须经过并且短暂驻扎的驿站。

飞机落地大理机场,开车的师傅正好是剑川人,一路上我们围绕着剑川展开了谈话。

从大理到剑川,走的是大丽高速。这条高速 2015 年通车,过苍山洱海,沿着一路滇西风景,师傅聊兴很浓。

“原来我们从剑川到大理,要走上四个小时左右,要翻过大山,路上弯道大，很危险。现在可不一样了，你看咱们从大理开到剑川，一个小时多一点，全程高速，多舒服！”

“是啊，要想富，先修路啊！”

“您说得太对了，我们现在觉得可高兴了。你知道吗？我记得2015年的时候，这条高速通车，前两个月不是免费通行嘛，剑川的人都往大理跑，吃完夜宵才回来，那叫一个高兴啊！”

“是啊，路好走了，当然高兴啊！”

“我们这里还编了一个段子呢，说是早上从剑川出门，到大理办好事，到丽江吃晚饭，然后回到剑川吃夜宵。哈哈，原来三五天干完的事情，现在一天就干完了。”

“你觉得这条路修得好吗？”

“那是当然，这条路修得太好了。我们云南是边疆，咱们剑川百分之九十以上的人口都是白族人，原来没有高速（公路），出山都难。”

正巧路过双龙隧道。

“你看这条隧道长吧，修起来可难呢。你知道当时老百姓看到这条隧道打通的时候有多高兴。如果没有这条隧道，从大理回来，光上山就要开一个多小时的山路，再下山，没有两个小时是看不到县城的。”

“原来这条隧道的山顶上种着药材，去年产量特别高，一下子价格就下来了，剑川和周边消化不了这么多药材，还得从山上运下来啊！把老百姓都急坏了。后来县里的扶贫干部全部都帮忙了，上网点、找销路，后来全部都卖出去了，老百姓也增收了，多好！这里面还不是有这条路的功劳？”

“国家强大了，路修到边疆，老百姓有福了！”

“您说得太对了。你说这条路，它只是路吗？可不光是路。你说国家强大、国家发达了，要是光发展大城市，我们在这边疆也体会不到啊！现在多好，这路就修在我们身边，我们最大的感受是什么你知道吗？那就是，国家富强了，但国家没有忘了我们，我们也有高速公路了！”

“这个说法很恰当，国家没有忘了人民群众！我要为你说的话点赞了！那这也是一条连心路啊！”

“就是就是，你说得更准确，就是连上心了！我就是白族人，哎呀，那对国家的感情，真是好啊！”

云南作为一个多民族的边疆省份，高速公路的修建极大地便利了群众的出行，更重要的是对当地经济社会发展起到了重要的推动作用。又何止是高速公路呢，高铁、机场、通村道路，件件实事都办到了老百姓的心坎上。我所在的挂职地区，村村通硬化公路，穿境而过的高速公路也有数条，当年下山赶集要走几个小时，现在坐上电动三轮车、摩托车，一个上午满载而归！这就是发展给群众带来的真真正正的生活体验！

车里放的是成龙的歌曲《国家》，听着歌曲，想到习近平总书记再三强调的：“全面建成小康社会的路上，任何一个地区、任何一个民族都不能落下。”我感慨万千！

返乡的理发师

在村里待了好多天，我忽然发现头发长了，便来到镇里想找个理发店理发。在镇里转了一圈，我一共发现了四家理发店，其中有两家挨在一起，另外两家分处两地。从门外看，生意还都不错，里面的理发师都在忙忙碌碌，还有坐在长椅上等候的顾客。越是装修时尚、理发师年轻的店，顾客越多。我找了一家与时尚理发店相邻的，装修简单、略显简陋的理发店走了进去。

店里有一个中年妇女正躺在洗发椅上洗头，理发师是一位中年女性，干净利落，见到我进来便热情地招呼："稍等两分钟，马上就洗好了。"

我点头落座，一边等着，一边打量这家理发店。特别之处是，这家理发店和旁边一家成衣铺只有半扇墙相隔，还有通道相通，我估计是合伙租的门面。

"来来，"老板娘忙活完了上一个顾客，热情地招呼我，她普通话说得很好，又很健谈，"咱们先把头发洗一下。"一边洗，一边问我想要什么发型。

"看来你是见过些世面的，"坐下后，我开始和老板娘聊起来，"要么不是本地人，要么就是在外面闯荡过的。你在外面打过工？"

"哈哈，"老板娘的笑声很爽朗，"你看出来了？我还就是本地人，没有在外面打过工，我在外面也是自己开店的。只不过没有走得很远，就是在市里干过几年。"老板娘笑声里透着骄傲。

“是本地人啊！”我也笑道，“哪个村的？咋想着回来开店了？”

“我就是旁边Z村的，去年刚回来，在外面待得久了，就想着回来了。再说，在外面的话，孩子上学我也陪不了，现在孩子也大了，为了孩子上学我能在身边，回来还是好的。”老板娘继续快言快语，“咱毕竟是这里土生土长的，在外面时间长了还是想回来的，回来啥都方便，还是和老家有感情的。”

“家里还有地吗？”我问。

“没有了，分的时候我就没要。我是闺女，老公又不是本地的，是四川的。你说我们回来，我已经嫁出去了，又自己有手艺，干啥非得和家里的兄弟姐妹争这些地呢？”

“嗯，关键不是因为嫁出去了，而是因为你有手艺，自己能够立业，就把土地给需要的兄弟姐妹。你还是境界很高的。”我适时地给她戴了个高帽子。

“哎，你这话说得对，”老板娘很高兴，“你看，我们村这两年，又是高速公路占地补偿，又是土地流转的，他们也得了不少。但是，我真的一点不气得慌，咱靠自己的手艺吃饭，过得踏实，也没那么多气。”

“嗯，有境界！”我继续顺着她说，“我看很多理发店都是夫妻共同上手，你们家不是这样吗？”

“我老公不是干这个行业的，他也学不会。不过，他曾经让我和他一起干，他那个行业我也学不来。再说，也不是非得两个人一起干，各干各的，都靠自己手艺也挺好。”

“说了这么半天，你老公是干啥的？”

“哈哈！”老板娘又笑了，“忘了说了，就在隔壁，他是定制衣服的。他的手艺没得说，在市里的时候，一件衣服手工就好几百元呢。唉，现在回到镇里，没有那么多了，不过也还过得去。”

“回到镇里的收入少了吗？”

“那是肯定的啊，肯定比不了在市里的时候，在这里也就是挣个辛苦钱。但是，咱得这么想啊，回到老家了，本乡本土的，熟悉，自在，而且更重要的是可以天天陪着孩子，我真的希望孩子能好好成长。”

这时，一个年轻的姑娘走进店里问道：“你在忙吗？有空给我洗个头吗？”得知要等十分钟左右后，姑娘走了出去。老板娘笑笑，继续专心理发。

“你的心态还是很好的。那现在你的生意主要是理发还是美发的收入啊？我刚才看到我前面的那个大姐，她是专门来洗头的？为什么不在家里洗？”我笑着问道。

“嗯，其实也没有啥主要的生意，都差不多，毕竟是在镇里。你就拿美发来说，我在市里随随便便做个头发至少要三百元，加上焗油护理啥的，几百块还是挺轻松的。但是，你看我回来一年多了，从来做头发没有超过两百块的。不是没有做的，是我最高也就收到两百块。有的时候，我会教她们怎么做头发护理，让她们回家自己弄，又省钱，头发又好了。也不是说不能多收，但毕竟是乡里乡亲的，平时关系都挺好的，也就不多收了。”

“还有薄利多销呢，你收多了，人家下次不敢来了。”我笑道。

“你说得对呢，”老板娘也笑了，“这里毕竟是镇里，不能价钱太高。其实啊，老百姓现在的日子也好了，你刚才说洗头，洗头的还真是不少呢。”

“主要是镇里的还是村里的？”

“还是镇里的多一些，有时候村里的也过来洗洗头。镇里的有三分之二吧。”我还真有点惊诧，老板娘竟然用分数来表示数量，看来真的是闯荡过的。老板娘继续说：“现在生活水平高了，洗个头十块八块的还都没问题，镇里的人手里还都是有点钱的。”

“我在村子里转,没看到村里有理发馆,理发摊都没看到。”

“嗨,村里肯定开不了啊。你算算,一个村子,大的有几百户,也就几千人。农村人,有的一年理个一次两次,有的好几年都不理一次,这就是农村的习惯,你说我们要是开到村里,咋能挣到钱呢。镇里是中心,现在交通又方便,来镇里赶集,顺便剪个头,也是很正常的。”老板娘分析得头头是道。

“忘了问你了,你不是本地人吧?听你口音,看你的穿着,是来扶贫的吧?”老板娘把话题引到我身上,这倒是正中我下怀,我也想和她聊聊这方面的事。为了工作方便,一般我都是穿着迷彩服,耐脏结实,她一看就知道了。

“说到扶贫,你对现在扶贫工作咋看?”我问道。

“哎,国家政策真的是好呢!到我这里理发的也有你们做扶贫的,天天扎在村里,有的都九个月没回家了。他们也真是辛苦!老百姓的日子确实好过了,你看看现在这些房子,原来哪敢想啊!”老板娘感叹道,“要是没有这些扶贫政策,有很多人真的是日子不好过的。我们村有的老头老太太,孤身一人,这扶贫让他们都享福了!不过说实在的,这扶贫也让有些闲游烂逛的人占着便宜了。”

“你是说有些懒汉吗?”我问。

“是啊,有些懒人,真的是不争气,你说有手有脚的,就是好吃懒做,那国家也不能看着他们饿死冻死不是,这不就让他们捡着便宜了?”

“嗯,你说得对,咱们扶贫不能扶懒汉,还是要想办法给他们找点事情做,哪怕是逼着他们打点零工呢,也要让他们动起来!”

“话是这么说,可有些人真的懒!”老板娘有点义愤填膺,“他们穷啊,真的是自找的!不过话说回来,你说咱们靠自己本事吃饭,挣的钱花得也踏实。可有些人挣了一点钱就开始不安稳了，乱花也就算了，赌得精光的也有，完了就喝酒、打老婆，最后弄得家不像家的，这些风气也是不好。”

“你这话说得对，”我赞同道，“咱们不光是不养懒人，还要把社会风气往好了引导。你看你们和家乡有感情，回来好好过日子，要是大家都这样，他们的日子肯定会越来越好。”

老板娘很赞同，不住地点头。

脱贫攻坚是一场歼灭战，是要消除贫困这只发展的拦路虎，乡村振兴是我们即将面对的另一场发展之战！在乡村振兴中，新生代的农民是这场战役的主力军。像这位老板娘一样的人，返乡创业，在外面闯荡过，眼界和心态就会更加宽广、积极，对家乡有深厚的情感，就愿意为这方热土尽己所能。这是需要我们进一步鼓励的。

我曾经思考过一个问题，新生代的农民工在外面闯荡的时候会面临一种境遇，在城乡边缘化的境遇中他们的心理和行为都会受到影响。他们在外面积攒了经验、阅历、资金，回到自己熟悉的故土创业，虽然不会像祖辈一样过着传统的农耕生活，但是，他们在乡村发展振兴过程中，会起到另外一种非常积极有效的推动作用，从产业到经营、从心态到民风，都会是另一种新的引领！吸引青年农民回乡，使他们成为新农村的建设者，是一条有效的路径。

我又想到前几天遇到的一个养花的青年。农大专科学习园艺的他，在外地闯荡多年之后，回乡结婚生子，并在村支书的动员下，参与村三委的工作，同时，成立了养花合作社，虽然刚刚起步，但是能够看得出来，他在家乡的事业，正像他苗圃里刚刚长出的花苗一样，茁壮成长！

避免“熟视无睹”：火把果的故事

火把果，顾名思义，就是在火把节前后结果实的一种植物。在我工作的这个区域，每到农历六月中下旬，漫山遍野火红的火把果压得枝头沉甸甸的，随风摇摆，煞是好看。

我是从一次外出时当地同志摘下来一些让我品尝才开始关注这种小果子的。吃在嘴里，酸酸涩涩，还略带一丝甜味，虽不算特别美味，但也没有什么其他古怪味道。当地群众告诉我，火把果得名于它在彝族的火把节前后结果实。火把果还有一个别名，叫作“红军粮”，这里还有一个红色的革命历史故事。据说，在红军长征过程中，因为粮食有限，就把这些红红的果子晒干，碾成面做成干粮当作军粮，火把果为革命做出了大贡献。我没有详细地去考证这个说法的由来，但我相信，这个传说肯定是有其根据的。我工作的这个县是革命老区县，红军长征两次路过这里，在整个县域内，可以找到许多红军留下的痕迹，传颂着很多可歌可泣的红军故事。我想，这小小的红色果子，除了能给战士们当作粮食，还有它那红红火火的形态也展现着红军不屈不挠、一颗红心向着党的精神吧！当地群众告诉我，这种植物在别的地方不知道，但是在咱们这里，只要一根枝条插在地里，就能顽强地活下来，并且次年就会结出厚重的果实。我想，这也是红军顽强不息精神的另一个表现吧。

后来，我去百度专门查了一下，这种果子学名叫“火棘”，常绿灌木或小乔木，高可达 3 米，通常采用播种、扦插和压条法繁殖。火棘树形优美，夏有繁花，秋有红果，果实存留枝头甚久，可以在庭院中做绿篱或作为园林造景材料，在路边可以用作绿篱，美化、绿化环境。火棘具有良好的滤尘效果，对二氧化硫有很强的吸收和抵抗能力。以果实、根、叶入药，性平，味甘、酸，叶能清热解毒，外敷治疮疡肿毒，是一种极好的春季看花、冬季观果植物（来自百度百科）。我问当地群众，你们平时用这个东西干什么？回答说：“我们小的时候，出去放牛时渴了饿了就会摘一把吃，老人也会把它碾成面，做成粑粑吃。现在，漫山遍野都是火棘，生活也好了，也没人吃它了，我们一般是把它插在篱笆周围，它枝条上有刺，可以阻挡牲口，果实熟了红彤彤的也好看。”

“漫山遍野都是吗？”

“是的，特别多，在咱们这特好活，插上就活。”

一番谈话引起了我的思考。

我在网上查了一下，火棘有很多药用价值，还有一定的观赏价值。有的化妆品公司已经推出了火棘果珍提取的系列化妆品。看着火棘果实的形状，它似乎还有一个近亲——沙棘（我不是研究植物的，只是做一个比较）。现在以沙棘为原料的饮料等系列产品已经风靡，广受好评。我虽然不专业，但我在考虑，是不是也可以把火棘作为原材料开发出一个系列产品。

在我到相关的本地食品企业调研学习的过程中，我把这个问题提了出来，是否可以以这个不起眼的火棘为原材料，开发出一个系列健康食品。几乎所有的老板或者技术人员都是眼前一亮，他们的表情基本一致。“您要是不说，我们都没有往这方面想。这个东西太普通了，太常见了，谁能想到这东西还能成为产品?"

"其实是有可能的,"我说,"火棘含有大量的营养元素,咱们这里有大量的资源,为什么不可以开发呢?况且还有大学和科研院所作为我们的科研后盾!我想,这个东西做成产业至少有几个好处:第一,作为原生态的绿色原材料,漫山遍野自然生长保证了它的生态品质;第二,在咱们这个区域,它有着天然的生长优势,我大致了解过,虽然火棘在全国分布很广,但基本是作为绿色观赏植物,并且要防治相关的病虫害,而咱们这里,插上就活,还没有那么多病虫害,具有天然生长优势;第三,咱们要发展绿色生态农业,就一定要将自然资源变成产品,既然民间可以把它碾成粉做粑粑,还可以生吃,为什么我们不将它做成产品呢;第四,如果真的有一家企业能够将它做成产品,必将会向群众收购原材料,那么漫山遍野的野生果实就成为老百姓脱贫致富的一个来源,群众可以在农闲时采摘并卖给生产厂家,厂家既可以节省材料种植的人力成本,又可以让老百姓获得精准收益。多重好处,何乐而不为!"

我到处呼吁,引起了很多老板的重视。他们说:"还是你眼光开阔,思路超前。"我说:"并不是我观念新,而是因为我没有见过这个火把果,才会关注到它,而你们对它太熟悉了,反而不在意了。"

由此,我想到,在发展过程中,"熟视无睹、习以为常"是一个需要我们关注的问题。大到产业发展,小到细节习惯,可能都会带来一些习惯性的制约。

以火把果为例,并不是这些企业家没有思路,也不是"外来的和尚会念经",而是本地人已经对这些东西太过熟悉,反而会忽视了它的价值。其实,在我们的生活中,也经常会遇到这些类似的情况。当然,这些情况需要引起我们的注意，除了要多加思考以外，还要不断借助外界信息时刻激发自己的创新思路。

值得庆幸的是，在我这个“没见过世面”的人的建议下，好几位企业家已经开始关注这种“红红火火”的小果子，相信他们一定会在这个小果子上做出大文章。我笑谈，产品的口号我都想好了：“火把果飘香，红军粮闪光。”真的希望在这块具有红色基因的土地上，这个曾经帮助过红军战士的红色果实，也能为现在这块红色土地进入乡村振兴再大大地助力一把！

（图片拍摄：张志刚）

两名进行社会实践的研究生

今天在某中学为教师进行心理健康知识的培训。出来的路上，听到有人叫我，乍一看十分面熟，原来是我学校的两名研究生，自己来到县里进行社会实践调研，主要为自己的创业梦想进行前期准备。

偶遇两名学生，并且是本专业的师弟，我还是挺高兴的。

对于他们的创业设想，在此之前，他们的指导老师和我进行过沟通，并且希望我能够伸出援手，对这个团队进行指导。我很感谢同事对我的信任，也很欣慰这两名同学能将创业焦点放在贫困地区的发展上。

两名同学很懂事，说之前没有跟我联系，怕影响我工作，但是既然偶遇，我非常高兴地和他们深入地聊了很久。

两名同学希望能够把自己的创业和扶贫事业、公益事业结合起来，做成一番事业。这一点我是鼓励的。他们的主要设想是这样的：一方面，贫困地区的孩子因为地域限制和眼界限制，学习动力不足，对上大学的愿望不够强烈；另一方面，在校大学生也没有机会了解贫困地区孩子们的实际情况，同时，贫困地区有很多特色农产品没有在市面上广泛流通，没有发挥出最大的经济价值。因此，他们希望通过公益电商对贫困地区的农特产品进行销售，将销售的利润作为资金，组织贫苦地区的学生到发达地区与大学生进行互动，从而达到双向受益的提升。他们的可行性理由是：单做公益电商的有之，单做公益夏令营的有之，但是两者联系起来一起做的并没有。我认为，他们的想法是有创新点的。

不得不承认，这两名同学及其团队的想法是好的，怀着一腔家国情怀，将扶贫和公益事业与自己的事业联系起来，这让我很感动。但是，和他们深入探讨之后，我还是给了他们一些建议，比如要明确不同群体的需求、明确商业和公益事业的区别性和相关性，等等，建议他们要沉下心来，在贫困地区深入地和群众聊一聊，确定实际情况到底是不是他们想的那样。

想写下这篇故事的主要原因，是我在他们身上发现了一些具有普遍意义的社会对于贫困地区和扶贫工作的认知。这两名同学是社会学专业的学生，从他们的设想和所做的工作，再加上平时与社会各界人士的交流中，我觉得对于社会大众扶贫的普遍认识有以下几个方面，写下来，共同分析：

一、贫困地区的世界观和眼界的问题。很多人认为，因为贫困地区的地域限制，青少年对于外面的世界不了解，所以没有成长发展的动力。当然，这个视角是没错的，笔者也曾经写过一篇关于外出务工的文章，主要思想就是“世界观”是通过“观世界”得来的。但是，现实情况是，随着网络和智能移动终端的普及，乡村，即便是贫困乡村，通过各种途径了解外面世界的机会是不少的，因此对于外面的世界，他们并不是不了解。重点是，“外面的世界很精彩，和我有什么关系！”或者“这么精彩的世界，怎么样才能和我有关系？”所以，重点要解决的问题，不仅仅是如何让他们看外面的世界，而是如何让他们接受和融入外面的世界，把观看到的世界转化成世界观，并将外面世界的精彩本土化！

二、农村孩子学习动力的问题。在义务教育均衡发展的前提下，纯粹因为贫困而导致孩子义务教育阶段辍学的问题已经基本解决。两名同学的设想之一是：把高中生组织起来到大学进行夏令营活动，使他们通过实地体验更加深刻地树立上大学的理想。而实际情况是，贫困地区的孩子，能够上高中的，绝大部分都树立了考大学的目标，这个时候的高校夏令营，锦上添花的作用要大于雪中送炭的作用。那么，贫困地区孩子的学习动力到底来自哪里呢？

长时间的调研下来，个人认为，初中阶段以前的孩子，无论贫困与否，重要的是理想信念、丰富的素质教育以及广泛的课外知识的传授；而高中阶段的学生，贫困或者是家庭压力是他们面临的最重要的问题，因为高中阶段是要交学杂费的，对于一个贫困家庭来说，供出一个高中生，成本还是很大的。

这样一来，贫困家庭的孩子，在高中阶段一方面要面临着考大学的压力，另一方面又要想着要交的学杂费（毕竟减免学杂费等补助政策不可能全员覆盖），而初中阶段的孩子，如果自己感觉考大学无望，那么初中毕业之后外出打工每个月数千元的进项对于他们来讲无疑是诱惑极大的。那么，一个初中毕业就外出打工的孩子，他的发展路径就会非常狭窄，虽然他有可能把外面积累的资金和经验带回到乡村进行再创业，但毕竟难度稍大。

所以，乡村中小学学生的学习动力，要从根源上做文章，要从学习原动力的角度进行有效引导。否则，一个打工回来说自己每个月挣几千块钱的人对孩子说的话，会远比在课堂上简单地告诉他们学好了以后生活才能好、才能去挣钱的诱惑力要大得多。这也是很多老师反馈的，每次过节放假结束，就会有一些孩子不回来上学，被人带出去打工了。学习，并不简单的是为了学成后挣钱养家，而是有更为深刻的长远意义！这就是我们要引导鼓励的学习原动力。

三、社会捐助者的心理和需求。两位同学的设想是，每个人都有爱心，通过他们的爱心购买行动，可以为孩子们筹集一些活动费用。我很赞成他们的基本出发点，每个人都愿意为贫困地区孩子的成长出一份力量。但值得关注的问题是，作为社会捐助者，他们最大的心理是："我愿意捐助，但我希望我的捐助可以明明白白、完完整整地用在真正需要的地方，不希望我的捐助和别人的放在一起，甚至不知道用在了哪里。"那这里面就有一个问题了，如何能够满足捐助者的心理；或者说，如何能够让捐助者得到他想要的信息。所以，个人认为，能够搭建起一个满足捐助与受助双方需求的一对一对接平台是非常重要的。

四、公益与营利的问题。很多人都反感公益活动中掺杂商业氛围，这一点我也是认同的。以这两名希望创业的学生为例，他们的主要出发点是把公益当成一种事业。但问题来了，如果真的将公益做成一种事业，那他们本身的生存问题如何解决？说白了，如果公益活动过程中不盈利，他们的事业甚至生活保障将何以为继？按照两个孩子的创业思路，卖农特产品的收益将用来组织孩子的夏令营，但如果过程中捐助者或者媒体发现他们中间有盈利，难免会引起一场轩然大波。那究竟怎么办？个人认为，公益事业可以分为营利性公益事业和非营利性公益事业，应该用以终为始的态度来看待这个问题，只要是真正达成了促进贫困地区发展的目标，那么，无论营利性还是非营利性都应该得到鼓励。无非是营利性的由商业性机构来做，非营利性的由非营利组织来做而已。

以这两名学生的事情做个引子，实际上并没有评判他们创业设想的意思，而且作为老师已经做了必要的指导，只想写下这些文字，来描述一些普遍存在的认知现实和自己的思考。

农村垃圾问题

与村干部坐在院子里聊天，谈到了农村环境整治的问题，顺带就说到了垃圾的问题。

“我们上次路过一个村子，看到一个像城市里那样的大的绿色垃圾箱，还是挺先进的呢。”我们说道。

“唉，你们看到的只是一个垃圾箱，现在农村的垃圾问题还真是个大问题。”

“为什么是个大问题呢？”

“嗯，就说你们看到的那个大的垃圾箱。其实，在农村里，这种垃圾箱还真的不如城市里那么实用。”

“为什么这么说？”

“你看，农村垃圾的成分和你们城市里的不一样，农村里可不是简单的像城里那样都是生活垃圾，农村还有农业生产垃圾、牲畜排泄垃圾，等等，多着呢。你比如说育苗的泡沫箱，那个东西多大啊，那垃圾箱还不是一会儿就满了？再说了，那么大一个垃圾箱，满了以后，像城里那样的垃圾车也开不上村里的小路，还不是要靠人来清理。所以，在村子里一个人拉着这么大一个垃圾箱，还真拉不动，还是那种垃圾房比较实用。”

“那多建点垃圾房不挺好吗？”

“嗯，按照咱们统一的要求，垃圾房肯定是要建的，我们也是按照这个要求推进的。但是，农村的生活习惯也是需要慢慢养成的。我们现在主要的精力是放在村民的习惯改善上。现在，从国家到地方都配套设置了农村保洁的专款，我们也向每户收取一定的垃圾保洁费，主要是用来给保洁员开工资，还有一些垃圾清运的费用。我们的保洁员基本上都是建档立卡贫困户，这样给他们一个活计，让他们有点收入，村里的环境也好了。”

“这样不是挺好，一举多得？”

“你听我说啊，这些政策和措施是挺好的，但是，农村有现实的情况。你看，咱们这个村子，有好几个组，距离有远有近，就算在一个组里，有的地方农户住得也比较分散，这样垃圾集中就是一个挺大的问题，谁会走那么老远去扔垃圾呢？然后我们就想，要求农户每天把垃圾整理好，放在门口，由保洁员统一收集，最后集中处理。但这也会有问题，一个是农民已经习惯有垃圾随手就扔到外面，这个习惯的改变还是要费些功夫的，另外就是村里的路有的很陡，电动垃圾车根本上不去，保洁员就要走上去把垃圾取下来，工作量相当大。所以，农村的垃圾问题，关键还是习惯的问题啊。”

“嗯，成本是高了点，不过听得出来你们也在想办法呢。”

“是的，我们确实在想办法。你比如我们村，我们就想了一个办法。你说要是整体搞一次全村卫生，找一些人突击一下，那突击完了过两天又脏了。所以我们就每过一个礼拜，组织全村人参加，整理村里卫生，每家都要出人，这样搞了几次，效果就明显了，保洁员说清理的压力小多了，主要做一些收集的工作就可以了。”

“那收集完了咋办呢？”

“嗯，这又是个问题了。你说我们收集起来了，这么多垃圾往哪里放呢？

说交给县里或者镇里统一处理，这个不现实。为啥不现实？因为成本太高了。我们曾经问过，要是每隔一段时间请专业的机构来收，比如焚烧发电厂那些企业啥的，他们来一趟，转村子一圈收垃圾，那油钱就不得了，再加上处理一吨垃圾要给人家多少钱，我们哪里来的那些钱？现在把垃圾集中起来，又不能焚烧，因为焚烧会污染环境，所以我们只能找垃圾填埋场。那我们就得找不是水源地的地方，进行垃圾统一填埋，唉，还是真不容易。”

“所以，有的时候就会看见很多垃圾散落在路边？”

“散落在路边的都是农民平时随意丢弃的，我们已经在清理了，现在主要还是靠着全民一块参与，我们集中整治，收集后统一填埋为主。”村支书说着不由得皱了皱眉头，我看得出来，他对于垃圾的填埋和处理还是充满着忧虑的。

想当设计师的彝族小女孩

在一个彝族的村委会和村干部座谈，走出办公室来到院子里，转身看到食堂里有一个小小的身影，一个八岁左右的小姑娘正在用心地拿着一个大拖把拖地。我意识到，放暑假了，小姑娘跟着大人来到村委会玩，帮着干上了活。我很感兴趣，来到小姑娘面前，和她聊起来。

出乎我意料，小姑娘一点没有害羞，大大方方地和我聊起来。

“你好啊，小小扶贫队员！是来帮着做工作来了？”我笑道。

“我不是扶贫队员，我是她的侄女，”小姑娘一脸天真地指着不远处忙着的一位中年妇女，“那是我姑姑。”

“哈哈！”大家都笑了，中年妇女走过来，笑着介绍说，“这是我本家弟弟的孩子，今天弟弟和弟媳去镇里办事，我就帮着他们带带孩子。”

“你还是挺勤快的，知道帮着姑姑拖地呢。”我笑着鼓励她，“上几年级了？”

“上二年级了，”小姑娘认真地回答，“我都会干的，我还是班长呢，我在家里还能帮奶奶排洋芋呢，老师说我们可以帮大人做事了。”

“现在是放假了吧，你喜欢放假还是喜欢上学？”

“喜欢放假。”

“为什么呢？”

“因为一放假我就能和我弟弟玩了。”

“那平时不能玩吗？”

“平时没有时间啊！平时我们都是住在学校的，只有周末才能回家的。再说了，爸爸妈妈带着弟弟在城里打工呢，他们不回来我也见不到。”小姑娘笑着说，“你知道吗？我弟弟可好玩呢，现在都能跟在我后面追着跑了。”

我明白了，这又是一个由长辈看护的留守小朋友。

“那不经常见到爸爸妈妈，是和爷爷奶奶在一起吗？平时和爸爸妈妈经常打电话吗？”

“嗯，是啊，我和爷爷奶奶在家，经常打电话。”小姑娘略一迟疑，很坚定地回答。

“那他们一般什么时候回来？”

“嗯，一般过年过节才回来呢。”小姑娘回答。

“你家里面盖了新房子了吗？”我转移了话题，并没有就这个问题多问下去。

“盖了啊！”小姑娘有点骄傲。

“那你喜欢住在新房子里还是老房子里啊？”我笑着问。

“老房子。”小姑娘一点没迟疑。

“为什么？”我继续追问。

“因为老房子我熟悉啊！”小姑娘回答得很干脆。

“那新房子时间长了也熟悉了啊？还有别的原因吗？新房子老房子哪个住着舒服呢？新房子更亮堂啊！”我继续问。

“我觉得房子不应该看干净不干净，要看能不能住。我家新房子还没贴瓷砖呢。”小姑娘回答。我有点惊诧，从这句话的逻辑缜密度来讲，好像不是一个小姑娘能说出来的。

“那家里收拾得干净了是不是就更舒服了?”我继续追问。小姑娘笑着点点头,有点不好意思,不说话了。

在新农村的建设过程中,家庭卫生习惯的改变应该是一个逐步引导和渐进的过程,而这个过程应该分为两个部分,第一是改变村民原有的生活习惯,帮助他们对家容家貌进行收拾整理,第二就是紧紧抓住这新的一代,从小引导和培养他们良好的卫生习惯和生活习惯,这个工作也是应该从娃娃抓起的。

“上学感觉到累吗?老师讲的听得懂吗?”我转换了话题。

“不累啊,我都听得懂。”小姑娘回答。

“那你这次考得好吗?”

“还不知道呢,成绩还没出来。不过我觉得我应该能考得好。”

“你希望自己考得好吗?为什么?因为爸爸妈妈会鼓励你吗?”

“是啊,他们不但会给我买礼物,还会带着我到各处去玩呢!”小姑娘骄傲地回答。看得出来,这对年轻的父母应该还是比较重视孩子和孩子的教育的。

“你上学的地方离你家远吗?平时周末咋回来啊?”

“远啊。有的时候我们班同学的家长会来接,我们就坐他家的车回来,有的时候是爷爷奶奶来接我,有的时候我们几个就一起自己回来。”

“你们自己回来?走回来吗?”我知道学校离她家的距离,这条路已经硬化成水泥路,路况条件不错,但是真的要步行还是需要很长一段时间的。

“是啊!”小姑娘骄傲地说,“我们四五个人吧,一起走回来,路上还可以上山玩一会儿。”

“那你们要注意路上的车啊!还有不要到危险的地方玩。”我提醒道。

“你放心,老师天天和我们说,我们都记得呢。”小姑娘很自信。

“你喜欢你们的老师吗?”我继续询问她的学校生活。

“我喜欢我们的语文老师和美术老师,她们总是笑着,也不发脾气,对我们可好了,”小姑娘说,“不喜欢数学老师,他总是抽烟喝酒。”

“那是个男老师吧？年纪挺大了吧。”

“是啊,”小姑娘说,“我们听说他原来也不是这样,不知道为啥后来就经常抽烟喝酒,对我们也挺凶的。”

我想可能这位老师遇到了什么不顺心的事情,私事不需干涉,但乡村教师的发展确实具有很多实际特点,在笔者的另外一个调研中,对乡村教师的情况有所描述。现在,乡村教师的待遇普遍已经提升,发展空间也逐步扩展,新一代乡村教师的学历水平和综合能力普遍提高。但从另一个角度来说,乡村教师在从事教育工作的同时,还要兼顾家在农村的亲人,也要从事农业劳动等,尤其是一些从教时间较长的中老年教师,教学经验虽然丰富,但专业技能和新的教育方法掌握有限,加之职业倦怠的情况时有发生,面对青少年层出不穷的新的成长特点和思想行为特点,在应对方面略显吃力,从而对教学质量造成一定的影响。

“你最大的愿望是什么？你长大了以后想做什么样的人？科学家？医生？老师?”我继续和孩子聊天。

“嗯……”孩子想了一下,肯定地说,“我想当设计师。”

“设计师?”我很诧异,这种志向我还很少听到。

“为什么呢?”我很有兴趣。

“因为我想设计出各种各样好看的衣服。”小姑娘满脸憧憬。

“为什么想设计衣服呢?”

“因为我爸爸妈妈每次回来都给我买好看的衣服,那些衣服真好看,我就想着等我长大了，也去设计好多好看的衣服，我和妈妈都穿各种好看的衣服。”

“嗯，有志气。那你要好好学习了，将来要上大学。”我鼓励道，“你现在上二年级，再长大一点就该上什么了？”

“上三年级啊。”小姑娘一脸懵懂。

“哈哈，”我笑了，“上完三年级呢？上四年级。我说的是，你上完小学，就要上初中，上完初中就要上高中，然后呢？”

“上大学！”小姑娘抢答。

“对，上了大学还可以读研究生。等你学好了，就可以设计出好多好看的衣服了。你一定要努力啊！”

“这个我知道，”小姑娘骄傲地说，“我是班长呢。我们班有两个同学，×××和×××，他们就总是学不好，总是考30多分，老师说他们一点也不笨，就是太懒了，整天不学习就知道玩。我才不这样呢。”

“对，一定要努力学习，就像爬山，一步一步地往上爬，到了山顶就轻松了，但是爬山的时候还是有点累的，是吧？”

“是。”小姑娘若有所思。

谈话到这里，我拿起拖把问她：“我和你一块搞卫生好不好？”小姑娘高兴地答应了。

对于贫困地区的教育，前面曾经有过叙述。一方面，在国家义务教育基本均衡发展的总战略下，现在的乡村小学的硬件设施已经比较完备，能够满足孩子们的正常教育需求，新一代的年轻乡村教师学历层次普遍较高，而且由于国家对乡村教师待遇的倾斜，也有很多人愿意留在乡村任教，这些都是乡村教育发展的良好基础；另一方面，乡村教育需要更多的心理健康教育和家校互动教育，学校和家庭共同努力，可以让乡村的孩子有更好的成长支持。像这个小姑娘，虽然是留守儿童，但是由于家中父母的关心加之学校教育的关注，孩子的成长环境还是不错的。在乡村教育的发展过程中，需要重点关注的是教师教育技能的不断培训与提升、家庭与学校共同促进教育的能力等方面。

此外，留守儿童问题是一个社会普遍关注的问题。在这方面，笔者也与很多教师和家长进行过深入的探讨。曾经有研究表明，留守儿童在学校与同龄孩子交流游戏的时候，身份区分并不是很明显，或者说很多时候并不会因为是留守儿童的身份而受到同学的区别对待。留守儿童面临的最大问题是父母亲情的缺失和祖辈看护教育的疏忽。对于这种情况，笔者曾经在一些学校调研的时候与教师进行过探讨，关爱留守儿童，虽然我们可以用高尚的师德和强烈的责任感、细致的爱心进行情感的补充，但是，父母亲情的角色是不能替代的。我们看到，很多学校设立了留守儿童之家，我们认为，留守儿童之家更重要的是提供一个孩子和父母交流的机会。随着国家脱贫攻坚战役取得极大成果，网络通到行政村已经基本实现，乡村小学网络已经全覆盖。所以，我们提出了"圆梦小屋"的计划。这项计划的名字其实可以有很多其他演绎，其主要目的就是使这样的留守儿童之家能够提供给孩子和父母一个远程交流的平台。确切地说，在外打工的年轻父母拥有和使用智能手机是没有问题的，而跟随祖辈在家里上学的孩子就没有这么便利的条件了，如果在学校的留守儿童之家配备上电脑视频设备，并进行温馨的装饰，每天孩子们就可以在空余时间在这温馨的小屋里与远方的父母互动，这也将会成为老师和家长交流的平台。投入不大，结果却意义深远。大家都认同这样的想法，我们已经开始在不断地推进这项工作。

盖了景观房的农家

在村里走访，发现一栋正在盖的建筑的墙面与别的建筑不一样，一位 60 多岁的老人正在修整房屋的排水沟。我们和他攀谈起来。

“老人家，你这个房子墙面不太一样啊，用的是什么材料？”

“用的海绵砖啊！”老人有些骄傲。

“海绵砖？为什么用的是海绵砖？稳固吗？”

“当然稳固啦！我这个房子是纯钢结构的。”老人兴致勃勃，带着我们走到房子正面，“你们看，我这个房子是纯钢结构的，钢结构架起来之后，我再用海绵砖垒墙。”

我们这才发现，这栋房子确实不一样，整体很像欧洲海岸边的海景建筑，除了必要的保暖墙，其他都是半敞开式的框架结构，用方钢做支架。几名工人正在切割钢管。

“你这可是村里第一家啊！建得还挺洋气的，怎么想起盖这样的房子？”

“呵呵，这是儿子和人家商量的。儿子原来在大理打工，主要做房子的水电工，见得多了，认识的人也多，后来就回来和我商量盖成这样子，告诉我这样防震，还冬暖夏凉，我就同意了。你看，这不建起来也挺好的？”

“那你儿子还挺有眼光的，你也没用传统思想坚持一下？”

“唉，孩子大了，见识多了，我又不太懂，就听他们的。”

“这个盖起来比传统的砖混结构是不是便宜一点啊?”

“嗨,算过了,价格基本上差不多,没有便宜,也没贵多少。”

“家里有几个孩子?”

“两个孩子,一个儿子一个姑娘,儿子三十六岁了,在外面打工呢,儿媳妇带着孩子在市里,我就在老家盖盖房子。还有一个姑娘,已经嫁人了,有两个外孙子,现在姑娘也在外面打工呢。”

“我老伴走得早,老大八九岁的时候她就走了,就我一个人拉扯他们长大了。”

“是啊,您不容易,一个人把两个孩子拉扯大,现在可以享福了。”

“嗨,啥享福不享福的,孩子大了我也就没啥想法了,在家里盖盖房子。我告诉你,我前两年还和儿子一块出门打工呢,前年给人家开车运建材,一不小心把胳膊摔折了,现在钉着钢板,使不上劲,年纪又大了,这两年就不出去了。”

“孩子还是孝顺呢,每年回来买这买那的,这就挺好了。”老人看着自己的钢结构“别墅”,眼里充满着欣慰。

农村劳动力转移就业,不仅是解决生存需求、增收的重要渠道,更是开阔眼界、与世界接轨、与城市接轨的重要途径。这一家人打工带来的观念改变,这座在传统村落里砖木民居中显眼的钢结构豪宅,就是最好的证明!世界观是观世界的过程中得来的,在这一家我又深刻地领悟了一回。谨用文字记下。

一个养鸡大户的创业史

今天与乡镇的领导一起来到一家专门养殖山地鸡的养殖场，见到了养殖场的负责人——一位漂亮精干的女企业家。坐在养殖场的会客室里，我们饶有兴致地聊起了这个养殖场的由来和这位精干女企业家的创业历程，颇值得回味。

“作为一名女性，你能够白手起家，做成这样一个有规模的养殖基地，确实令人敬佩。”我由衷地称赞道。

“谢谢您的鼓励，我们还有很多事要做，现在只能说是初具规模，离我们的发展目标还是有很大差距的。”女场长彬彬有礼。

“创业不容易吧，尤其是一个女性创业更不容易。”我们感叹道。

“是啊，”女场长陷入回忆，略显激动，“我衣柜里有多少裙子啊，这几年都没穿过几次，确实不容易。”

“怎么想起了办养殖场的？和我们讲讲您的创业经历吧。”

“呵呵，其实也没啥讲的，”场长谦虚了一下，“就是一步一步往前走吧，咬着牙撑过来就是了。”她明显有些动容，我们静静地等着她讲下去。

“我当年高中毕业以后，离现在有二十年了吧，就到旁边一个市的石油公司去上班了，就是开始了打工生涯。当时我干过加油工、抄表工、收银员、出纳什么的，干了一年多，公司重组了，我们这些人就面临着被遣散。”场长陷入回忆中。“当时不怕你们笑话，在打工的企业散了以后，把住宿、伙食等费用扣掉，买了回乡的车票，我身上只有几块钱了。那个时候，您想想，干了一年，最后只剩下几块钱，廉价的劳动力啊，真是欲哭无泪。

“后来，我就揣着这几块钱，到了昆明，在人才市场找工作，开始在另外一家企业打工。那是一家做机械设备的企业。我进去以后是做销售，在那里我接触到很多进口的设备、维修的技术，那是2000年初，我在那里第一次接触到了电脑，那个时候，公司里的工程师已经可以用CAD制图了，我们看着好神奇。

“那个时候我们是男生一个宿舍，女生一个宿舍，好多人聚在一起住，每个宿舍区只有一台电脑，我就觉得电脑一点不会肯定不行，我有空的时候就偷偷地看着他们用，我自己悄悄地学。一点一点开始，真难啊，那个时候，人家工程师或者技术人员要是说，‘小×，我要干活了’，我就要马上把电脑让给人家，就这样慢慢地自学，用了一年的时间，终于学会了一些打字、简单的制图等技术。”似乎在回忆当年的情景，女场长动情地说，“当时真的是觉得，我们的差距太大了，为什么人家城里人觉得很平常的东西，我们都觉得这么新鲜？关键是还一点都不会，我就想，一定得学会了，跟上人家的步伐。当时我连自行车都不会骑，看着别人都会，我愣是用三天时间学会了骑自行车，和他们一起骑车上下班。”

“就这样过了一年时间吧，”这时候的女场长已经不用我们再提问，她已经在回忆着自己走过的路了，“我觉得，这样总是给人家打工也不是个长事，打工这两三年，在外面啥苦都吃了、啥罪都受了、啥委屈也都经历过了，总还是要回到家乡的。我就和家里人商量，用一年攒下来的钱，再向家人、朋友借一点，就回到县里租了一小间店铺，开了一家小图文店，那是2001年还是

2002年的事情。您还别说，那个时候，因为我开得早，虽然店铺小，但是市场需求还是有的，我的生意做得还是挺顺风顺水的。”她的脸上浮现出一丝欣慰。

“那你那个时候的电脑水平已经不错了吧？应该可以应付一些设计了吧？”我们追问。

“嗨，只能说是学了一些皮毛，后来又自学了一些Photoshop的技能，一般简单的还是能应付的，但是难一点的还是不行。”场长有些懊恼，“有一次，是刚开业的时候，有一位顾客来打印文稿，要做一些修改，偏偏那个时候我把输入法搞没了，那叫一个着急啊，咋找也找不到，大冬天急出一身汗。后来折腾了一个多小时，总算搞出来了，现在想想，那段日子真是不堪回首，不过还好，在自己的家乡，乡亲还是宽容的，人家也没和我急。”

“为什么就义无反顾地回来创业了呢？”我继续追问。

“就是想着不能总是让人家当廉价劳动力用，再说，总在外面漂着也不行，总要回家乡的，学会了一些技术，我也就回来了。”

“你在外面漂了有三年吧？”我问。

“有的，这三年多真是长大了。”场长感叹道。

“嗯，”我也若有所思，“从你身上，我更加印证了我的一些思考。”我也谈了一些自己的看法：“农民工返乡创业，肯定是一个趋势。我觉得，在脱贫攻坚和乡村振兴两个阶段，农民工的目的和方向是不一样的。在脱贫攻坚阶段，我们鼓励农民工外出务工，为的是通过他们的努力，能够帮助家中摆脱暂时的经济困难，我们一直说，‘一人务工，全家脱贫’，就是这个道理。而另一方面，我觉得，在我们完成脱贫攻坚任务，农民工通过自己一段时间的努力改善了家庭经济条件之后，在乡村振兴过程中，我们需要培养更多的新型农民。习近平总书记说，要留住乡愁。那么，我想，这些外出务工过的农民们，应该成为乡村振兴的一股生力军。就像你一样，在外面闯荡过，苦过、累过、委屈过，但经过这几年的磨炼，已经见识过世界，增长了知识磨炼了品质。我们都怀有浓浓的乡愁，这个乡愁会激励着我们带着外面世界的精彩回到生养我们的土地，在这里创业发展。你说是不？”

“是的，您说得太对了，我们总是要回到生养我们的这片土地的，大道理我讲不出，我就想着回到家乡，能够干出一番事业来。”女场长表示认同。

“再说说你的养鸡场是如何起步的吧。”我笑着追问。

“养鸡场干起来也不容易的，”女场长也笑了，“你爱听我就和您说说。”

“那是2010年或者2011年，我已经开图文店有七八年了，总想着这个小买卖虽然有效益，但不能满足现状。我就经常看看中央电视台的《致富经》啊，看看网上的一些农业项目什么的。咱们家乡别的没有，青山绿水是有的，有的是地方，后来我就和老乡朋友打听，大家都觉得可以尝试着在承包的山头上搞养殖，养鸡是比较符合市场需求的。这样当年我就进了3 000只贵妃鸡，没敢多养，就是尝试一下。还好，我们精心照顾，鸡苗没死多少，但是这种鸡长不大，和我们本地的土鸡、苗鸡相比，我们按只卖，算下来是不划算的。后来，有一个朋友正好开饭店，就一次性把我的成鸡全部买走了。但这样的订单不可能总是遇到，所以我也就顺势改了方向，开始改养本地土鸡和云贵地区的一些土鸡品种，这样试下来，还是本地的品种比较适合，长得大，野性足，肉质好。”

“您看看我们现在山上这些鸡，都是散养，满山跑，渴了喝山里的水，饿了吃山里的野菜野虫，我们还时不时地会将一些中草药剁碎了拌到玉米粉里，让鸡提高免疫力。现在，我们这个鸡的品牌已经基本得到了本地市场的认可,逢年过节还会供不应求。”

“确实不容易,”我笑道,“一提到你现在的鸡场,你就兴致勃勃了,这个发展过程也是很艰辛的吧。”

“唉!”场长是个性情中人,沉默了一会儿,有些哽咽,“说不苦那是假的。现在回想起来,真的有些事情太难忘了。我记得刚开始的时候,我自己带着土鸡到处推销,有一次一下车,脚一下子卡在排水沟的水泥石板缝里,当时我就觉得,完了,我的腿肯定是废了。后来缓了缓,虽然疼,但是还能动,对面小吃店的老板还有路过的乡亲一块合力把石板移开,把我救了出来。现在想想,那个时候真的是又艰苦又难忘。”

“是啊,创业初期总是困难重重,总是要坚持往前走的,实在忍不住了,就和家人哭诉一下,也就释放一些。”我安慰道。

“唉,不提也罢,”没想到我的安慰引起了她另一番感慨,“我的家人其实对我创业是不支持的。他们觉得一个女人,守着一个稳定清闲的职业挺好的。我知道他们为我好,我爱人的收入也确实足够这个家的需要,但我就觉得不能这么平淡下去,所以我刚开始干的时候都是瞒着他们的。你知道吗?我在开小图文店的时候,我妈总是会把饭送到店里,好多年啊,我出来打拼反倒没有了。”说到这里,女场长只能苦笑。“家人真的是为我好,我也知道,但是,开弓没有回头箭,我就是要拼一拼、试一试。现在大家也都理解我,支持我了。”

“那是因为你已经做成功了。”我笑着说。

“哈哈,还不能算成功,”女场长也笑了,“还有很多事情要做。我们现在面临的最大问题是订单和生产的问题。”

“您能详细说说吗?”

“您看我前面说了吧，这几年我们做的东西真，质量也好，大家也都认可了，不光是鸡，土鸡蛋也是一项重要销售，有的时候都会卖断货，尤其是逢年过节。你一定会问我们为啥不扩大产量。说实在的，我们现在的这片山，还有五万羽的养殖扩大量，但是，我们不敢轻易扩大啊。如果真的扩大了，该出栏的时候，多耽搁一天，就会多搭进去几千元甚至上万元的费用，没有稳定的大订单，我们是不敢轻易扩大的。”

“是的，”我们点头称是，“现代农业是订单农业，没有订单，盲目扩大生产会对企业产生大影响。”

“是啊，”场长继续说，“还有就是生产问题。说实在的，我干这个企业，除了实现自己的抱负，还有就是要带动广大的乡亲们致富。我已经把鸡苗分给有能力养鸡的乡亲，只要按照我们的技术，老人家在家都能养，这样我们保底收购，就能让乡亲们通过我们合作社来致富。另外，我们还吸引了国家给贫困农户的产业扶持基金入股，带着贫困农户一块分红，也给他们带来一些收入。这里面有个问题，就是乡亲们养殖的水平不一样，有的好，有的不好，然后，养得好的有时候市场要是价格好他们就自己去卖了。所以，我们正在制订收购的品级标准以及市场价格，这样就可以保证乡亲们养的鸡，我们能够用他们期望的价格收购回来。”

“是的，”我们非常赞同场长的思路，“农村散户经营最大的风险就是抗市场波动的能力太低，如果都是自己散养，价格一好，大家都养，养多了价格就下来了，都不养，价格又上去了。你们的合作社，最应该在这其中承担协调生产和组织市场的功能，再加上你刚才说的分品级收购、按照市场价格保护群众的收益，这也是咱们合作社的责任呢。”

聊得兴起，场长热情地邀请我们到她的养殖现场参观。

在参观的路上，我和同行的乡镇领导也聊了起来。

“这个女场长真的不容易，是一个敢闯敢拼的实在人。”镇里领导感叹道，“创业之初，她四处奔波，现在，我们从政府的角度对他们这样的企业尽力地提供服务，支持咱们的本土企业做大做好做强。刚才咱们一块聊，有很多观点都说在我的心坎上，我其实心里还有一个担忧。”

“您说说看，什么担忧？”

“咱们县虽然是贫困县，但是咱们的资源并不缺，咱们是农业大县，资源丰富，老百姓只要勤劳，总会富起来。但是我在想，全国有多少个县啊！有多少丰富的资源啊！咱们农民最擅长的就是养牲口种粮食，那如果全国所有的县都在发展类似的养鸡养鸭什么的，那市场能消耗得了那么多吗？当然我们有测算，是因为刚才你们说到市场风险，我才想到这个问题。其实这个问题我们镇里已经在研究了。产业发展不能单一化、同质化，不光是以咱们县为出发点，要以全市、全省、全国为着眼点，我们不能只做简单的种植和养殖。刚才您说得对，有一股特别重要的力量，就是已经出去打工，看了世界、长了见识、活了思想的农民工，如果他们愿意回来，我们就一定尽力支持，创造好条件，做好服务，让他们回到家乡，以传统农业的种植养殖为基础，发展更高科技、现代化、有价值和技术含量的新产业，那样我们才真的是为乡村振兴贡献力量。”

我极为佩服这位乡镇干部的眼界和思路！国家乡村振兴的大战略已经开始，这些基层干部正在结合自己的实际情况，不断地思考和探索，我也感到备受鼓舞。

尝到甜头不如看到甜头：种玉米记

今天我发了一条朋友圈，说的是：在学校领导及老师们的关心和牵线下，在热心科研机构的无私帮助下，在县里领导和干部的配合下，引进的新品种玉米终于发苗了！我很高兴。我是不经常发朋友圈的，这条朋友圈赢得了关心我的领导同事朋友师长的点赞。而我要写下这个故事，是想从另一个角度描述一个种玉米的故事，这个故事的名字我想就叫“尝到甜头不如看到甜头”。

拿到第一批玉米种子，是在去年的六月份。那是学校的老师邀请科研机构来县里进行考察，其中有一位玉米专家，在考察了我们这里的地理条件和气候条件后，向我们推荐了一个新的玉米品种，并详细介绍了该品种玉米的特点和市场前景。而且专家说，这个品种的玉米，不仅仅是玉米本身具有很高的使用价值，如果大规模种植，还可以在休闲食品、玉米酿酒、新型饲料等多个方面发展相关产业，从而提升种植的附加值。

说实话，当时我非常兴奋，在挂职期间，能够通过学校牵线搭桥获得这样一个项目，一定会得到当地老百姓的欢迎。因此，我当时向专家申请，能不能我们先找一些农户试种一下，如果效果好，以后可以作为产业发展。专家也很支持，说只要你们种成了，一定会成为一个有潜力的产业。

在等待种子的过程中，我怀着兴奋的心情走进农户家，向他们介绍这个项目,每一个听到的人都觉得这是个好东西,要是真能种出来,那对大家都有好处啊！这更加坚定了我的信心。然而,当我问到重点的时候——你们种点不？他们的反应是：这是个好东西,可我们原来没种过啊。我们这里适合生长吗？要是种不好咋办？……种种反应令我愕然！有人偷偷告诉我,没有种过,群众有怀疑也是正常的。

好吧,既然是实际情况,那我们也不强求,县农业局主动站出来表态：我们来种,种出来再示范推广！谢谢农业局。也是好事多磨,农业局去试种了,一个是因为时令有点晚,另一个是因为正赶上雨季,可怜几亩种子选手,刚刚出芽就被一场大雨全部淹掉了。扼腕叹息的同时,我真的准备放弃了。

心里一直惦记着这个事情,转眼到了今年,又到了玉米播种的时令了。我又和专家联系,和专家讲清楚了实际情况,申请了一批种子。专家还是大力支持,说,希望你们能够种出来！我说,我一定种出来！

我开始在各地游说,大家的反应还是一样,表示这是个好东西！仅此而已。后来,我专门找到了一个乡镇,由乡镇政府出面,来促成这件事。在和乡镇领导商量的过程中,他们跟我说明了操作技巧：能说服老百姓种,是因为你这个种子是免费给他们的。而且,为了能够种成功,我们一定要选择那种我们信得过、有一定能力和想法、认真负责、敢于尝试的人来种,必要的话我们还要从镇里申请一些农业相关的补助,并且要和他们说清楚,这是免费给他们试种的良种,试种成功了,收益可以由他们支配,试种不成功,也不要回来找政府！

我忽然明白了。在与他们交流的过程中,我了解了群众的几种心理：

第一,这个种子是免费的,是不需要自己花钱买的,如果要花钱买,因为没有人种过,万一种砸了,就全部亏进去了。第二,这个种子是政府给我种的,要是种不出来或者赔了,那你政府是要给我说法的。所以才有镇里领导的“要和群众说清楚”的说法。第三,种子是免费的,政府还给我一些化肥薄膜的补贴,那就是我帮着政府来种呢,那种好种坏也和我没啥关系。所以才有镇里领导“找信得过、有一定能力和想法、认真负责的人来种”的说法。

我感谢镇里领导在操作技巧上的传授,也感叹基层工作经验的重要性。结果是,在各级领导的共同努力下,由两个村的“能人”接手的新品种玉米终于发芽了,我也来到田间地头和他们请来种地的农民一起移栽玉米苗。在和农民聊天的过程中,他们很多人会问我:“这个玉米真的那么好吗?看起来苗和其他的没什么两样啊?”“按你说的这么好的玉米,要是种出来拿到市场上人家不认咋办?卖不出去咋办?”“这个玉米种子多少钱一斤?收入成本到底咋样?”……我暂时还没有办法回答这些问题,只能等到几个月以后有收成了再说。也许我还会面临一个新的问题:新品种玉米咋样卖出去?那是后话了。

我和县里很多领导及同志聊起过这个话题,他们给我的反馈是,群众的积极性是要激发的,有句话说得好,只有尝到甜头,才能进一步做下去。而在农村,面对群众,要激发他们创新的动力,更好的办法是让他们能够看到甜头。我觉得这些话充满着基层经验的实际智慧。

结合种玉米的经历,我觉得以下几个方面是值得总结的:

第一,农民群众的产业发展致富必须有领头人带领。这个领头人可以是企业,也可以是个人,但一定是敢于第一个吃螃蟹的人,是能够让别人看到他吃螃蟹吃得香的人。这个种玉米的故事,如果换一个版本,由一家大型企业或者一个领头人出面,自己投资,明确群众的风险保底,不管你种得出种不出,我保证你比种其他的作物收成不少,那将不会有这些波折。所以,由此看来,农村产业发展,致富带头人的作用不容忽视,一是要加强对于他们的创新意识的培养和培训,二是要通过多种途径丰富他们的新信息来源,三是要加强对于他们的扶持。

第二,农村产业的发展一定是能够做到封闭链条的。任何一种产业的发展,都应该是从产到销的封闭链条,这样才能够消除农民群众的顾虑。

第三,合作社是农村产业发展的一个有力支撑。现在,县里在推进“党支部+”的模式,比如“党支部+合作社+龙头企业+群众”,就非常顺利地将群众的单独产业探索集约成了闭合链条的合作社企业经营模式。县里干部曾给我讲了这样一个故事:某村子有一位南方老板,退休之后夫妻俩带着资金来到乡村,种植人参果,并由自己在南方的网络进行销售。老板夫妇雇用当地村民进行种植,并将种植技术无偿传授给农民,几年下来,效益很好。农民看到甜头并掌握了技术,就回家在自己的地里进行种植,老板夫妇并没有计较,而是热心地采购农民种植的水果进行转售,自己又开始种植另一种水果了。不得不说,这位老板还是有责任心的,这个地方的百姓也是幸运的。如果换作另外一种做法,群众单干了,老板不干了,那群众最后的销售还是会出问题。

四个月后,经过精心的护理,新品种玉米终于结果了!望着沉甸甸的玉米,我心里既激动又感慨!趁着玉米嫩,我们煮熟了分给大家尝鲜,大家都说好吃、香!我又和种植大户、带头人们商量:这个玉米如果煮熟了卖,或者只卖玉米棒子让大家吃,这只是初级产品;能不能留一些,做成玉米汁饮料,或者晒干了,碾成粉破成粒,做成玉米饼、爆米花等衍生产品,或者尝试着用这种新玉米酿酒……大家都说好。

当然,我知道,这又是一轮新的想办法让大家“看到甜头”的过程。

瓜田里的谈话

驱车下乡，路过一片瓜田大棚。瓜的长势很好，我饶有兴致地下了车走到大棚前，正值中午，一对六十岁左右的老两口正在大棚中紧张地忙碌着。我走进大棚，一股热浪扑面而来，八月的天气，太阳很毒，棚内温度极高。我叫上老两口，出来凉快一下，抽根烟歇歇。老两口欣然应允。

“大棚里的瓜长得不错啊，你们照顾得很好啊。”

“哈哈，还行吧，你别看长得不错，这会儿该熟的时候正是黏人的时候，要细致了，一不小心就容易坏掉呢。”

“种瓜也是学问呢。你们是哪里人？这瓜田是你们的？”

“我们就是本地人，这瓜棚是老板的，我们是来种地的。”

“你们老两口都出来打工啦？那家里谁照顾呢？”

“锁门啦！就全心地在这里种瓜了，儿子也在这里跟老板干呢。我们就包这个棚，儿子有时间来帮帮忙，没时间就忙活他的。”

“那你这个棚实际上是你们承包了的？”

“可不是嘛！就是我们包下来的，你看附近这些棚，都是包给个人了。”

“哦，我原来以为你们是给老板打工呢！”

“不是不是，全都包出去了。要是老板请人打工，那老板肯定是要赔钱的。一天的活，两天都干不完呢。现在都是包给个人，你看，这大中午的我们两口子还不是过来侍弄了?”

“这家合作社的负责人主要是通过这种方式带动咱们老百姓脱贫的。”一旁同来的镇里干部向我们介绍。

“是哩是哩。这棚是他们合作社盖的,就是土地包给我们种,种出来以后他们负责帮我们卖,价格都是不低于市场价的。还有,去年直接就把地给我们了,都没要我们租金,从今年才开始收我们租金的。到时候我们卖了瓜,除去地租和化肥、农药啥的,剩下的钱就都是自己留着了。”

“那今年产量咋样?”

“现在还没出来呢,比上一茬好,上一茬长得也不错,但是可能是因为生地吧,产量一般,不过老板都帮我们收购了,听说因为上一茬产量不高,老板在市场上卖得并不是特别好,说是因为去年瓜的市场整体情况就不太好,但是还是按照原来说的价给我们了,我们倒没啥特别的损失。就想着这一茬好好侍弄侍弄,有个好价钱。你看我这棚这一茬一亩咋的也要收个四吨半到五吨瓜。就是有一点,熟了马上就得摘下来上市,要是熟了不摘,那损失就大了,坏得很快。就看今年市场咋样,也说不好,不过老板他们会去跑市场的。”

“那这些技术是你们现学的?还是有人来教你们啊?”

“技术不用我们操心,我们只管干活。老板会专门派技术员到各个棚看,啥时候该做啥,都会及时告诉我们,我们只管干就行了。”

“那这个合作社还是不错的,都不用你们出什么钱,只管干,到时候把瓜卖给老板,就等着收钱了。”

“是的,确实我们没有什么投入,现在让我们投我们也投不了这个大棚。其实我们就是现在投入劳力,以后就再加上地租就是了。其实,这对老板也是好的，我们包了棚，我们也尽心，他要是真的雇人来干，可能还要往里搭一点呢。我们不用去想怎么卖，他们去卖。我这一块，一亩能收个六千元左右吧。”

“其实我们还有个担心，”老人又补充道，“说实话，老板确实是想做个好事，我们是盼着这个事情越做越好，也确实怕这个事情会做不好。为啥这么说？因为现在种瓜的人太多了，你说我们也种，那万一要是市场上比不过人家，老板不就要赔？你说我们在路边卖，是卖得挺贵的，十几二十块钱一公斤，那你说过路的人能买多少？还不是要大批量地往市场上送？老板压力也挺大的，我们也替他担心。”

“嗯，您的担心说明你们心连心啊，”我们笑道，“可能老板也会有他的考虑吧。”

这时，同行的镇里的同志告诉我们，老板和技术员以及镇里的农技人员正在离这里不远的另外一块基地上巡查，听说我们来了，在那里等我们。我们正想和老板聊聊，便驱车前往。

迎面走来的老板是一位典型的敦实厚道的农民，他把我们让进了会客室。在座的还有他的合作者，一位北方来的汉子，还有镇里的农技人员。我们就香瓜种植的项目聊了起来。

“当时是怎么想到开始种瓜的？”我饶有兴致地问道。

“这个说来话长，”老板笑了，打开了话匣子，“主要是咱们这里瓜种得少啊！其实我们从两年前就开始尝试着种了。就是我和山东的朋友一块弄的。”

“怎么开始的呢？”

“呵呵，这个开始还是有点故事的。”旁边的合作者是一位山东大汉，有着特有的爽快豪放。“我们两个原来都不是干农业的,他是做工程的,本乡本土人,我是搞通信基建的,我们俩也是从那个时候开始认识的,都是实在人,逐渐成了特别要好的朋友。老 H(指老板)在村里面威信很高,带着很多人出去做工程,大家都信任他。有一次一个外地客商说要过来流转土地做农业,老 H 帮着他和村委会一块协调土地,等土地协调下来,那个客商又因为其他原因不能来了。后来我们老哥俩坐下来一合计,干脆,他不干咱们自己干,就这样拉起队伍就干起来了。”

“那怎么就选择种瓜了呢?”我继续追问。

“老 Z(合作人)那边种这些产业可成熟了,”老 H 介绍道,“他家乡山东那边,种瓜的特别多,而且量特别大,技术也成熟,交易也成熟。后来我们就想,咱们这边的气候正好可以和山东那边互补,那边没有的时候,咱们这边正好成熟,可以补上市场需求这块空白,我们就这么着开始了。”

“听你们说是两年前开始的,当时开始的时候自己投的资?没有找政府扶持一下吗?”

“这个还真没有,”老 Z 憨厚地笑笑,“我们当时不是没想过要找政府。后来想想,这都是设想,要是干成了当然好,要是干不成,那不是给政府添麻烦吗?又是脱贫攻坚的关键时候,先别添麻烦了,我们先自己干着。没想到他们很快就知道了。”

“可不是嘛,”旁边的镇干部也笑了,“县里那段时间正是脱贫攻坚最关键的时候,我们天天下村下乡,然后就路过他们那片地,眼看着大棚就盖起来了,我们在想,这是在干啥?不像是群众自己干的,但要是有外地客商来投资,我们肯定知道啊!后来我们就做了详细了解,才知道他们老哥俩开始在干农业了!”

“还是怕添麻烦，”老Z说，“万一政府给了我们很多支持，我们没干成，那不成了欺骗了，我们就想着自己干呢。”

“后来政府知道了以后，就和我们一块推进这件事，我们就用先盖起来的大棚开始种，第一茬收获还行，这个时候我们也有了点信心。政府关注了以后，就帮我们到处争取资金，帮我们又争取了一大部分产业扶持的资金，我们就又扩大了一些规模，建了另外一片大棚。”老H补充道。

“这里面还有一个小插曲，”镇里的分管同志插话道，“我们帮着争取了省市相关的扶持资金后，他们扩大了生产，说实在的，我们心里也有点惴惴的。为啥呢？专项资金投进去了，万一没有想象的那么好，或者种出来卖不掉，我们也不好交代啊！我们那阵子也是急得不得了。后来，这两位老总看到我们心里发慌，就主动提出来，让我们到山东启发他们创业的那个地方实地考察一下，后来，我们镇里的相关人员真的去实地考察了一下，那种热闹、红火、专业的气氛让我们一下子放心了。一是技术成熟，二是市场需求量大，更重要的是，咱们这里正好和那边的季节互补，能够填补市场需求的空白。我们回来后就有信心了。”

“嗯，这个事情还真是很重要，”我们插话道，“我们刚才在那片基地和承包的农民聊天的时候，他们的担心和当年镇里干部的担心是一样的，你们还真得和咱们承包的农民们把这些讲一讲，给他们树立起信心。”

“您说得有道理，”老Z说道，“说实在话，要不是我从我们老家来，非常熟悉这个市场，我也不会轻易出手的。他们（镇里干部）去看过了，就有信心了，第一茬可能产量低一点，但是我们种出来的瓜品质很好，很适应这里的气候，第二茬熟地就好了，我们那边也是一样。现在，我们是不愁种不出来，反倒是愁不敢接单。有很多客户看到以后，和我说要订多少多少，我现在不敢答应啊，刚刚起步，你说要接了人家单子，后面货跟不上，那不就麻烦了。”

“现在咱们县里正在大力发展产业，您看咱们的环境咋样？”我们问道。

“您是说生产经营环境吧？我觉得太好了。我们没找政府，政府自己找上我们了，帮我们解决这个解决那个。关键是，现在咱们国家不像我们那里当年那个情况了。当年我们那里刚刚推行种植的时候，谁都不敢做，老百姓也都不接受。那个时候我也在政府干过，政府好的思路，只能通过任务的形式，让党员带头干，后来干出成绩了，群众才相信了，积极参与进来。你看现在我们县，那叫一个红火，已经成为一个很大的瓜果蔬菜的集散地了，每个村都有自己的产业。现在我和老 H 来咱们县里，前年开始干的时候，那都是主动干的啊！老百姓也是想找一条产业的路子，都愿意流转土地、发展产业，现在环境越来越好，政府帮我们又争取了资金，让我们扩大生产，我们真的觉得干起来有劲呢。”

“那您觉得现在在发展过程中，还有哪些困难和瓶颈呢？”

“说起困难和瓶颈，肯定有。我们现在不愁没有订单，但是，订单来了我们又不敢放开手去接，万一产量跟不上，不就完不成订单了？要是提高产量，就要扩大规模。现在我们自己前期投入的加上政府帮我们争取的资金，都已经将这些种植都种足了，再扩大，我们压力也大。建一个大棚还是要好几万块的，要老百姓自己投资去建，老百姓也有压力的。”

“不是有小额贷款可以支持吗？”

“是的，老百姓确实可以贷款建大棚。但是，您知道，虽然大家都想发展产业，但是贷款这个概念在农村，接受起来还是有一定难度的。很多老百姓会想，万一我贷了款，到时候还不上咋办？所以这就形成了一个走不出来的圈，这也是我们现在遇到的最大的困难。我们最希望的是，我们把精力从种植上撤出来，主要提供技术服务和经营，让老百姓自己去种，我们来收取一定的技术服务费，然后用不低于市场价收购保证群众的收入。这样多好！”

“另外一个困难，就是用工的问题。在农村，好多时候其实不存在用工的问题，关键是，现在是瓜田里最忙的时候，也正是老百姓侍弄自己的烤烟田最忙的时候。有的时候就算给高工钱，也雇不到很多人，就算雇到了，也是瓜田烟田两边跑，质量还是跟不上啊。”

“所以你们就尝试着把现有的瓜棚承包给农户了？”

“可不是嘛！我们是从上一茬瓜开始这么做的，上一茬的时候，我们直接免费把地给农民种，第一年不收地租，不收服务费，就是让老百姓自己种，种完我们销售。现在看下来，效果还不错，后面我们还是要按照这种方式，慢慢推广。毕竟是自己承包的地，干起来有劲头，也用心不是！”

“那你们现在合作社全职的核心人员有多少？”

“我们现在其实是这样的，专职的人员不多，主要集中在咱们现在所在的这片基地上，其他基地都已经承包出去了，就是现在这一块，是咱们合作社的老班子在经营着。”

“怎么叫老班子？”我们好奇。

“呵呵，就是当年跟着我干工程的。”老H笑了，带着点骄傲，“我当年说不干工程了，回乡干农业，这些兄弟二话没说，就都跟着我回来了。都是本乡本土的，他们愿意跟着我回来。”

“还是因为你有人格魅力。”我们笑着赞扬他。

“哈哈，不敢当，”老H笑了，旋即正色道，“这些兄弟跟我走南闯北，吃过苦，也受过累，但是也长了见识，他们知道回乡里干农业是有希望的。”

“确实是，”老Z附和道，“这个老班子踏实肯干，确实是我们的生力军。”

“其实，我想到一个问题，”我也是有感而发，“这个老班子和你们走南闯北见过世面，你们又说现在扩大生产，老百姓贷款有顾虑，其实，你们可以充分调动你们老班子的成员分头发展，他们有见识，能够接受贷款，又信任你们，可以作为你们产业的星星之火，由他们再带动周边的亲戚朋友，你们的产业不就可以扩大生产了？不是比让他们聚在一起挣打工的钱会更好？”

“这确实是个好办法！”两位合作社的老总深以为然。

（图片拍摄：保家伟）

村支书们的感受

这是一个做了八年村支书的三十多岁的年轻的“老支书”。在做村支书前，他曾经在外面做生意、跑运输，家里日子过得较殷实。当了八年村支书，他把精力全部投入到了带着乡亲发展上，赢得了乡亲们的认可和拥护。谈起当村支书的感受，他说出了真实情感，我记录如下：

“说到我最高兴的事，那就是经过我们村委会的共同努力，村民的住房改善了，该修的修了，该盖的盖了，远在山上的贫困农户也住进了易地搬迁安居房。真是发自内心的高兴。我们村干部，每天苦来苦去，每月也就是两千来块钱，你说要真是为这点钱，我自己干点啥生意不比这强？可是，再苦再累，看见乡亲们的笑脸，就觉得值了。

“要说最委屈的事，就是总有一些个别的人，你掏心掏肝地帮他，帮他争取政策，帮他找出路，他还是不满意，说你不给他这个，不给他那个，说咱们不管他。有个人，长年在外面打工，酒喝多了还来闹，还埋怨村里不给他享受相关政策。其实，我们都打过多少电话、发过多少信息了，他既不理你也不回来。还有的人有赌博的恶习，输了钱就找我们村委干部闹，要这政策、要那政策，你说他有这种恶习，咱能惯着他吗？咱们帮的是志气，这样的人不能惯着！没想到他直接打电话给政府，告我！我不怕，一点也不怕！我没有私心，我干事没偏倚。

“要说最欣慰的事啊，有啊！当了这么多年村支书，我的家人、亲戚、朋友们，没有一个因为补助、建档立卡的事享受过特殊对待，从来都是公正的，亲戚朋友们也都理解支持我，这样我在村里说话有底气，办事硬气！我最生气的事，是碰到那种一身懒骨头还到处找碴的人，我也是针锋相对的，有的时候该骂该训的时候，我也会大声训斥，基层工作，这是难以避免的。

“最感动的事也有啊！有一回也是政府热线，乡里转给我，把我吓一跳，以为又发生了什么事情！后来一了解，原来是住上搬迁新房的少数民族群众，感恩的心情没有地方表达，就打了政府热线，说要表扬我们，感谢政府！我估计政府热线接到这种要表达感恩心情的热线电话应该也不多吧！

“要说心情啊，说实话，干了这么些年，要是我自己干工程和生意，肯定能挣不少钱。但是现在，我们自己穿得丑点、吃得差点，都不在乎，我们看到乡亲们吃得好、走得畅、住得稳，心里比啥都高兴。

“说起村里这几年的变化，真的是太大了，路通了，房子都盖起来了，看着每一处都觉得心里舒坦。咱们有个自然村，上级选中做试点，建设幸福乡村。刚开始推倒旧房子时，那叫一个难啊，大家都不愿意。后来，经过努力做工作，还是都同意了，全部都建了新房。在政府补贴了之后，农户自己贷了几万元的款，这个贷款反而成了大家挣钱打工的动力了，家家户户都出门打工挣钱，形成了一个良性循环。现在不但贷款还上了，还越挣越多。”

另外一个老支书，当了十余年，也是大家公认的有能力、有魄力的能干支书。谈起基层农村工作，他是这样说的：

“我觉得，农村工作最重要的就是基层党组织的建设。我可以骄傲地说，我们村委会的班子是最团结的。我们做工作，不管是什么，一定是党员和干部冲在最前面！党建带群建，党风促政风！只有这样，才能有效地推进工作。

“我最大的感受，就是‘党支部+’这个概念。说实在的，‘党支部+’，这个概念实实在在地落在我们基层工作上，就是党支部出面，老百姓心里就有底！党支部不在，老百姓干什么都心里没底啊！比如咱们要发展产业，有公司来了，合作社也建起来了，要是村党支部不在里面，那群众入股啊、参加啊什么的，他就心里没底。说基层党组织是基层的堡垒，用咱自己的话说就是，党支部就是老百姓发展的定心丸！

“你问咱们班子团结一心咋做到的？那就是对事不对人！不管啥事咱们支委共同商量。这事对，咱就干！这事不对，咱们就改！这就公平了嘛！

“咱们基层党员确实存在一些老龄化的现象，我们已经注意到这个问题。现在，我们村年轻党员占三分之一左右吧，但是，这些年轻人中还有很多是组织关系在村里，人在外面打工的。现在咱们村里的党员力量主要还是四五十岁的中年党员。我们现在发展党员，一个重要原则就是年轻化。我们是成熟一个发展一个，三十多岁的党员成熟了就发展，在咱们村里能发挥很大的作用。另外，在外面打工但组织关系在村里的，逢年过节回到家乡来，我们也会上门聊聊、看看，要把组织的关心送到，让他们记得一名党员的身份。这就是凝聚力啊！

“咱们这里是城乡接合部，流动人口多，各种商业、用地等事情也比较多，但因为咱们有一个强有力的基层组织，所有党员都能发挥积极作用，咱们干什么工作也没掉过链子！”

另外一个做了很多年村支书的“乡村能人”，曾经在外面自己做生意，后来回到村里开展村支部工作，一直做到村支书。他也谈了一些感想，记录如下：

“我要说的是，在村里干支书，是要带着乡亲们过上好日子，那你自己就得干出个样来！要是自己都干不出个样子，你说老百姓谁信你，谁跟着你走！

“最委屈的是，咱们做村干部的，就是要一碗水端平，就是不能优亲厚友！这几年脱贫攻坚的政策好，很多乡亲都享受到了国家的政策，你说我们本乡本土的，有多少亲戚朋友啊！都要找我说情，我要是真的端不平这碗水，你说我说话还能硬气得起来？

“你说这样的事情，家里咋能没有矛盾？有啊！”他叹了口气，苦笑。“妻子家里的亲戚找过我多少次了，说为啥不能给他们政策！那咱们得按照政策办啊！符合条件就有，不符合咱们不能给啊！正好那一阵子没黑天没白天地忙啊，也回不了家，他们再在老婆耳边说来说去，老婆就顶不住了。给我发消息，有情绪了！说我自从当了村支书以后，是不是变了，变得不近人情，变得官气太大！你说我委屈不？唉，牵扯了好几天，回家做工作，努力沟通，终于解释通了。啥不近人情还官气，都哪跟哪啊！我要是没有原则了，那以后还咋干！以后说话还能硬气不？”

“有的时候村民到村委会来，到我办公室，指着我说，是不是不送礼你们就不给我们办事！我就理直气壮地说，咱们是按照政策办，凭良心说，我是拿过谁的烟还是拿过谁的酒？心里有底，咱们说话就硬气，咱干活就有底气！”

村支部作为最基层的单位，承担着群众工作的基础性工作，筑牢基层党组织这个战斗堡垒，树立村干部的正直威信，才能取信于民！上面这些村支书的话语，都是在调研过程中进行整理的，记录下来以见基层干部工作一斑。

伍

研究与思考

（图片拍摄：李荣伟）

鹊桥仙·故处

适足乡土，
笔随心录，
思意跨越滇沪。
会当一朝扶贫人，
便难却他乡故处。

时回梦里，
心念飞度，
情牵振兴前路。
再会春沐家园时，
又重忆乡情如故。

精准扶贫背景下贫困农民主体话语特征分析

——习近平总书记扶贫开发重要论述的社会学实践与应用

一、引言

在十九大报告中，习近平总书记指出，让贫困人口和贫困地区同全国一道进入全面小康社会是我们党的庄严承诺。2020 年，中国人民将全面脱贫，这是中华民族信心和力量的体现。

党的十八大以来，脱贫攻坚战取得决定性进展，6 000 多万贫困人口稳定脱贫，贫困发生率从 10.2%下降到 4%以下。当前，脱贫攻坚已经进入了啃硬骨头的阶段，需要重点攻克深度贫困地区脱贫任务。“精准”是习近平总书记提出的针对贫困最行之有效的“良药”，“贵在精准，重在精准，成败之举在于精准”。精准扶贫，政策要精准、实施要精准、措施要精准、对象要精准……只有做到这一系列的精准，才能啃下“贫困”这块“硬骨头”。贫困群众作为精准扶贫的受益者，精准掌握其感受和思想，对于我们进行系列精准的工作具有极大的保障作用。

二、社会学视角下的精准扶贫实践：宏观目标的微观执行

习近平总书记指出，我们不能一边宣布实现了全面建成小康社会目标，

另一边还有几千万人口生活在扶贫标准线以下。如果是那样,就既影响人民群众对全面建成小康社会的满意度,也影响国际社会对全面建成小康社会的认可度。所以,“十三五”时期经济社会发展,关键在于补齐“短板”,其中必须补好扶贫开发这块“短板”。当扶贫工作进行到攻坚决战的时候,精准扶贫、精准脱贫即是将宏观战略转化为微观的战术,在这个过程中,扶贫与脱贫工作要做到精准,就必须将重点落在具体措施和具体人员身上。

社会学理论经过多年的发展,已经实现本土化,并且已经呈现出本土解释的强大生命力。贫困问题并不是中国特有的问题,但是,中国的贫困问题有着其独特性。用本土化的理论解释本土化问题,已经成为社会学界广泛的共识,在精准研究农民个体和农村社会问题上,具有较强的信度和效度。

习近平总书记关于精准扶贫工作的重要论述,要求我们要找准“穷根”、明确靶向,量身定做、对症下药,真正扶到点上、扶到根上。运用社会学的微观研究特点,将重点精准落在农村、农民身上,是一个较为可行的实践。话语理论和权力理论在微观社会学研究中发挥着极为强大的作用,本研究以在农村扶贫攻坚第一线进行的社会调查为基础,对于贫困农民主体的话语特征进行分析。

1. 话语环境塑造农民强烈的自我认知

这里所说的话语,并不简单地指说话,实际上,“我们生活在一个完全为话语所标记、所交织的世界中”,这种话语就是“说出所是”。话语展示了两个关键因素,一是秩序,二是符号系统。福柯认为,所谓的“真理”,实际上是在面对着复杂的权力、道德、知识关系的时候,人们自觉不自觉地遵守的通过话语建构的秩序和符号系统。

换句话说,这里所指的“真理”,实际上就是人们在一定的历史时期,为了构建和维持某种社会秩序而人为规定出来，并且在潜移默化中让人不自觉地广泛认同的一种规则。当这个规则得到普遍认同并内化为个体认知时，它便成了“真理”。

这个规则有两种功效：第一是处于这个“真理秩序”中的个体会潜移默化地接受规则并将之转化为自主认知；第二是在行为过程中按照这个秩序所要求的规则来进行行动选择，同时返回来强化这种秩序认知。

这个规则有双重效应：一是社会个体通过话语的表达不断地规范和强化这个规则，二是社会个体又被这个规则所规范出来的话语特点不断地反过来强化自身的认知与行为。

中国的乡村就是这样一个典型的环境存在。

2. 全景敞视主义下的广泛自我强化

习近平总书记强调：做好精准扶贫，建档立卡制度要坚持，依靠群众精准找到和帮助贫困户。建档立卡制度的目的，就是要精准识别贫困户和贫困村，并依据精准识别之后建档立卡的结果，进行有针对性的帮扶。经过建档立卡的群众，自然明确了贫困户的概念和角色界定，享受国家各种帮扶政策的扶持。

在社会学中，福柯的“全景敞视主义”的概念可以比较直观地分析作为角色特征已经确定的建档立卡户的群体特征。所谓全景敞视主义，就是当今社会的权力机制，已经不是强制的权力对于社会个体进行鼓励与惩罚的作用机制，而转变成弥散的权力，也就是说，每个人同时是权力的施放者和接受者，每个人都在向别人施放着权力的影响，同时也接收到别人权力的影响。这就产生出一种现象，整个社会成了一个全方位敞开的监视和规训系统，每个处在这个社会中的个体，在执行着外界根据其角色定位传递过来的角色规范的时候,同时在扮演并强化着这种角色特征。

建档立卡贫困户,作为脱贫攻坚中精准识别出来的帮扶对象,已经完成了社会角色的固化,既受到社会各界传递过来的"贫困户"的认定目光的"监视",在接受帮扶和脱贫努力的同时,也在不断强化着自身的"贫困"特征。

3. 贫困群体的主体感受与行为选择

按照上述理论,个体都会按照某个约定俗成的规则,对于自身和他人的说话办事的方式进行规范,以便于成为一种"正常""合法"的生活。这样一来,当社会的每一个个体都将这个规则作为主体性的规则进行自我判断和规范之后,就不断地进行自我规训和熏陶,以确保能够将自己训练成为符合社会所需要的"主体";与此同时,又不断地以这样的规则来衡量他人是否符合标准,从而不断强化这种标准的合理合法性。

经过精准识别成为建档立卡户的贫困群众,在国家脱贫攻坚的大战略中,受到了关注和扶持,成为一个特定的群体。在典型的差序格局的中国乡民社会中,这个群体逐渐形成了一个典型的话语集群,具有特定的主体感受。一方面,作为受助对象,他们心中充满着感恩;另一方面,由于受到了广泛的关注与扶持,个别人出现了"等靠要"的消极思想。随之而来的行动选择,也出现了两种结果:一方面,大部分人积极寻找脱贫致富的路径,努力脱贫;另一方面,又有个别人安于享受帮扶政策,斤斤计较于眼前利益的情况。

习近平总书记指出,脱贫致富终究要靠贫困群众用自己的辛勤劳动来实现。没有比人更高的山,没有比脚更长的路。要重视发挥广大基层干部群众的首创精神,让他们的心热起来、行动起来,靠辛勤劳动改变贫困落后面貌。从社会学角度深入分析贫困群众的话语特征,有针对性地开展工作,切实落实习近平总书记关于扶贫的重要论述,是社会工作者和脱贫攻坚工作者的重要责任。

三、精准扶贫过程中农民话语群像

1. 从“羞谈贫”到“争谈贫”：精准推进中的心理失衡

领导，你们这次来是干什么的啊？到我家看看吧，我家的房子已经很破了，家里也没有劳动力，挣不到什么钱，可困难了，来帮扶一下我们吧。

——一个30岁左右的少妇在看到入村工作队时尾随一路强调的话语

某某家你们沿着这条路走上去右手拐弯就到了，哎呀，他们家这次又发了一小笔！

——某个村民在遇到慰问人员问路后的感慨

面子是中国人最看重的东西。改革开放初期，如果某个村子能够出现一个“万元户”，那就是勤劳致富能人的标志，是会得到全村人羡慕和尊重的；如果说某家是困难户，那代表着这家人是没有“面子”的。《中国农村扶贫开发纲要（2011—2020）》明确提出建立健全扶贫对象识别机制，瞄准贫困户，做好贫困户建档立卡工作，并实行动态管理，实现扶贫对象有进有出。建档立卡制度从此展开。在刚实施的时候，有些贫困家庭为了顾全“面子”，不主动申请贫困资格，或在填写基本信息的时候人为地将“可支配收入”填多，因而错过了得到帮助的机会。

习近平总书记不止一次强调过：“扶贫开发贵在精准，重在精准，成败之举在于精准。”在各级政府不断加强精准扶贫力度的过程中，精准识别贫困户工作越做越细、越做越实，很多确实贫困的家庭得到了应有的脱贫扶持。

部分因为各种原因没有被纳进建档立卡的农户心理有了变化，生活贫困没有被纳入贫困户的群众开始争取资格，很多不符合建档立卡标准的农户为了能够享受帮扶政策，也开始利用各种办法争取建档立卡资格。

所有村民都在进行着紧张的思考，这一点可以在召开村民大会的现场他们的眼睛和表情中读出来。

——一位驻村扶贫工作队员这样描述某村新一轮的建档立卡申报审核村民大会的情景

情况还是很复杂的，有的家庭儿女在市内有商品房，为了能够得到贫困认定，将户口与老人分开，让老人住在老房子内，不进行修缮，以老人的名义进行申报争取；有的是分户不分家，将自己与儿女的户口分开，车和房落在自己名下，让儿女去申报……

——一位村干部这样描述现实情况

从“羞谈贫”到“争谈贫”的话语转变和心理变化，一方面，说明近年来，我们的扶贫工作做得扎实，受关注的贫困个体有了脱贫的显著效果，获得了有针对性的帮扶；另一方面，也说明在基层农村，由于教育程度和生活习惯的差异，造成了一些人“等靠要”的思想，形成了“要致富找政府”的思维。

习近平总书记明确指出，要解决好“扶持谁”的问题，确保把真正的贫困人口弄清楚，把贫困人口、贫困程度、致贫原因等搞清楚，以便做到因户施策、因人施策。习近平总书记强调，扶贫先扶志，扶贫必扶智。扶志就是扶思想、扶观念、扶信心，帮助贫困群众树立起摆脱困境的斗志和勇气；扶智就是扶知识、扶技术、扶思路，帮助和指导贫困群众着力提升脱贫致富的综合素质。

面对贫困群众心理失衡的表现，要求扶贫工作必须按照总书记的指导，一方面，精准确定确实贫困需要帮助的群众重点帮扶，另一方面，要从志气上、思想上帮助群众克服“等靠要”思想，变“要我脱贫”为“我要脱贫”，真正将脱贫致富的主动权放在自己勤劳奋进的基础上。

2. 小心翼翼的“我要脱贫”：缺乏信心的话语表达

谢谢您来我家看我们，和我们说了这么多，请您放心，我们一定努力，争取早日脱贫，减轻政府负担。

——一位贫困群众给帮扶队员发的短信

对于贫困群众来说，随着近年来脱贫攻坚政策的不断落实，加之宣传教育的不断发展，贫困群众的脱贫意识有所增强，尤其是在变“要我脱贫”为“我要脱贫”的政策宣传和信心鼓励之下，很多农户也在积极地寻找脱贫之路。

感谢共产党啊！政府这么关心老百姓，送米送油，还帮助找工作，我知足啦！感谢共产党啊！

——一位80多岁的老人家拉着扶贫队员的手感慨

说真的，谁愿意穷啊！我两个儿子，都在外面打工，挣不了多少钱，现在老伴又病恹恹的，我又得看着两个孙女，日子过得还是紧巴巴的，但我也挺知足的，不用总是犯愁吃喝，两个孙女好好读书，日子总会好起来的。

——一位60多岁的村民如是说

应该来说，群众对于党的脱贫攻坚政策是充满感恩的，但是，对于他们来说，充满豪情地喊出“我要脱贫”“我能脱贫”的壮语还是有一定的压力的，从他们的话语特征中我们可以看出：

第一，对于脱贫攻坚的工作充满着感恩。农民朴素的知恩图报情感使得他们对于政府脱贫攻坚的工作充满着感恩，在对现在生活满意的同时，也充满着对于美好未来的憧憬。

第二，由于自身素质基础带来的“本领恐慌”给脱贫带来瓶颈掣肘。大部分贫困农户是由于自身素质和教育水平的限制，导致了脱贫致富能力的缺乏。

我知道出去打工挣得多，可是咱四十多年都没离开过家，识字也不多，也不知道到了那边是个啥情况，要是被骗了就永远回不来了，那可咋办？

——一位村民在企业进村招聘会上和村干部如是说

第三，农民朴素的感恩与回报价值观带来的“利他脱贫”压力。一方面，我们一直关注贫困群众的脱贫，从各种角度对其进行帮扶，这对于他们来讲是一种激励与促进。另一方面，农民朴素的感恩与回报的价值观使他们对于脱贫的认知，从自己摆脱贫困上升到一种回报帮扶的“脱贫”行为。这当然是令人感动的，但也会带来一种负面的急于脱贫的焦急恐慌。“努力脱贫，给政府减轻负担”正是他们这种朴素的利他主义的外在表象。

由于致富本领的缺乏、自我认知的弱化以及价值观的局限，导致贫困群众在喊出脱贫致富口号的时候，缺乏必要的信心。决心有了，信心稍弱，这是实际的现象。

习近平总书记指出：要帮助贫困地区群众提高身体素质、文化素质、就业能力，努力阻止因病致贫、因病返贫，打开孩子们通过学习成长、青壮年通过多渠道就业改变命运的扎实通道，坚决阻止贫困现象代际传递；把政府推动发展同吸引各族群众积极参与发展统一起来、把生产条件改善同生活条件改善统一起来、把生产和发展教育文化事业统一起来，最大限度调动当地群众的积极性，变要我发展为我要发展。要树立贫困群众脱贫的信心和勇气，就是要按照习近平总书记的要求，调动群众积极性，鼓励他们将摆脱贫困作为自己发展的目标，加强教育和培训，使他们能够掌握脱贫的技能，提高自身的素质。

3.“尝到甜头”和“看到甜头”：产业发展脱贫的犹豫

要是真有人来住，不给钱我们也愿意让他住一宿，更何况还给钱呢。可是就我们家的这个情况，万一真的干了没人来咋整？村里面有能人能干这个，你去问问他们，他们肯定能干得出来。

——一位村民在面对扶贫干部鼓励他因势发展农家乐的时候如是表示

“产业发展脱贫一批”，大力发展产业是脱贫攻坚过程中让贫困群众获得可持续性收入的重要途径。在脱贫攻坚的过程中，鼓励一些人因地制宜地发展产业，从而先动起来、富起来，并且带动贫困农户共同脱贫。“党支部+企业（合作社）+贫困农户”的扶贫模式在脱贫攻坚战中发挥了巨大的作用。

尝到甜头以后继续跟着干，老百姓总归会愿意的，但是，甜头从哪里来，还不是要有人先干起来？我们的任务，就是要大力地鼓励农民结合自身的实际情况，帮他们找到能够看到的甜头，鼓励他们先干起来，那就会有更多的人尝到甜头。现在，国家给贫困户都有产业扶持的资金，帮助他们找到这些资金的投入途径，让这些资金真的能够产生效益，这是我们要努力做的。

——一位扶贫工作队员这样说

产业发展的投入和推进，对于农民群众来讲，之所以犹豫，不单是教育背景、眼界认知的限制，更多的是对于市场知识的匮乏、对本身能力的缺乏自信和对已获得收入本能的保护。“尝到甜头”，前提是农民要先动起来，找到投入的路子并敢于行动，这对很多群众来说是很难迈出的第一步。能够“尝到甜头”的人，往往是村民口中的“能人”。而“看到甜头”，是鼓励农民迈出第一步的必要条件，这就需要将村中能人的经验总结推广，比如，农村致富带头人帮扶的机制，就是把已经尝到甜头的人和想要尝甜头的人结合起来，以手牵手帮扶的形式，鼓励广大群众结合自身实际动起来！帮助农民群众“看到甜头”，不光是脱贫的短期需要，更重要的是为他们致富奔小康提供强有力的持续性支持。

习近平总书记强调，各级党委、政府和领导干部对贫困地区和贫困群众要格外关注、格外关爱，履行领导职责，创新思路方法，加大扶持力度，善于因地制宜，注重精准发力，充分发挥贫困地区广大干部群众能动作用，扎扎实实做好新形势下扶贫开发工作，推动贫困地区和贫困群众加快脱贫致富奔小康的步伐。我们要在充分了解当地实际情况的基础上，帮助群众因地制宜地拓展发展思路，为他们提供更加细致丰富的市场知识、发展技能，提供必要的“迈出第一步”的能力、信心和勇气的支撑，把他们面前的“甜头”说清楚、讲明白、分析透彻，鼓励农民群众充分利用政策迈出产业发展脱贫致富奔小康的步伐。

4. “患寡”更“患不均”：脱贫攻坚中的信任与满意

我们家情况和他们家差不多，为什么他们是建档立卡户而我们不是？

我们家也困难呢，为什么不来帮扶一下我们？

他们根本不符合条件，他们都能有，我们为什么不能有？

——精准识别建档立卡过程中经常会出现的群众的说法

在这些话语表达中，我们可以分析出两个层面的意思：一是资源的匮乏，农户的获得感没有得到满足，得不到的东西总归是好的，是要争取的；二是攀比的心理，在这里并不需要去分析到底是嫉妒还是心理不平衡，总归是有参照物之后的心理“不均”的衡量标准导致的攀比。

第一，信息不对称导致的信任感缺失。按照国家建档立卡的要求，确定建档立卡贫困户需要经过严格的流程，通过农户申请、民主评议、公示公告和逐级审核的方式进行确定。在这个过程中，村民是申请者也是参与者，通过共同的评议确定贫困户。但是不否认，在个别地方会出现环节不完整、不严谨，在甄别过程中出现“优亲厚友”的现象。在中国乡村这样一个典型的“差序格局”社会，一旦出现上述情况，信息会传播得极为迅速。当农民感觉现实与自己理解或者掌握的信息不一致时，就会产生极大的不满情绪。

第二，解释不到位导致的满意度下降。

有一次我到一个贫困户家走访，当问到她对于脱贫攻坚政策满不满意的时候，她的第一反应是不满意。我问她为什么，她列举了一系列原因，没钱、没有别人过得好、没有别人受慰问的多……我和她坐下来细细地聊，一直说了两个多小时。后来我听说，当有其他走访者来问她的时候，她说对于工作还是满意的。我感觉，有的时候我们不仅要做大量的工作，还要考虑到群众的心理，静下心来和他们深入地聊一聊。

——一位驻村干部对于群众满意度的感受

为什么要把这家定为贫困户，为什么要把那家定为动态识别，为什么这个资源给他不给我……类似于这样的问题，是脱贫攻坚干部最多要解释的。从贫困群众的心理来看，他们更多关注的是在自己脱贫的过程中是否已经享受到了该享受的，而很多工作，需要脱贫攻坚的同志们静下心来进行深入的解释工作，帮助群众在心中建立一本明白账，才会赢得他们满意的回馈。

第三，有限资源情况下的匮乏恐慌心理。

现在是脱贫攻坚的时候，能多争取一些是一些，等到脱贫攻坚结束了，就没有这么多好的政策了，到时候和谁要去啊？

——被问及为什么要争建档立卡的时候一位村民如是说

在村民的心理上，资源是有限的，不可能每个人都得到，如果不争取自己就会有损失，这是典型的匮乏恐慌的心理。在这种心理所带来的焦虑情绪下，很容易造成“患不均”的攀比、嫉妒甚至诋毁现象的产生。

“患寡”更“患不均”，说明基层群众对于脱贫攻坚工作的公开、公正充满着期待。打赢脱贫攻坚战，是我们党向人民做出的庄严承诺。习近平总书记多次强调，纪检监察机关要严肃查处扶贫领域的腐败问题。“政治路线确定之后，干部就是决定因素。”扶贫攻坚的任务重、要求严、时间紧，扶贫政策需要干部去落实，扶贫资金需要干部去分配，扶贫项目需要干部去推动，扶贫资源需要干部去集结。各级干部是在脱贫攻坚一线落实党的政策的标兵。“村看村、户看户、群众看干部”，各级干部尤其是脱贫攻坚一线的基层干部，一定要做好党的政策的落实者、解释者，做老百姓的贴心人，以扎实的作风、严格的纪律、为民的情感，带领广大群众树立脱贫的信心，让群众切实感受到公平和公正，为脱贫攻坚营造良好的氛围。

5.“眼前”还是“长远”：选择脱贫道路的两难

那太远了！我家里还有烤烟要种呢！

现在盖房子的多，就是平时在镇里打打零工，有时间就去，干一天挣个一两百块钱，一个月下来也有不少呢。我想过到外面去，但是认字不多，没见过市面，更没啥技术，不说被骗不被骗，人家会不会要我们呢？还是在镇里打打工得了。

我儿子就在昆明打工呢，帮人家运建材、卖建材，一个月挣个几千块，有活的时候就忙点，没活的时候就挣得少点。也就刚够他自己在昆明吃住，这不小孙女给我们放在家里，我们还得贴补。

——面对询问为什么没有到远方打工发展时的回答

习近平总书记指出：“要依靠产业带动和必要的政策激励，鼓励创业、扩大就业，努力增加城乡居民收入。”“要加大扶贫劳务协作，提高培训针对性和劳务输出组织化程度，促进转移就业，鼓励就地就近就业。”就贫困地区群众脱贫而言,零散打工的收入并不是脱离贫困的持续动力。习近平总书记已经给出了明确的道路,依靠产业带动和政策激励,为群众提供可持续性的产业收入,依靠转移就业,给群众找到具有持久后劲的脱贫致富之路。

上述贫困地区群众的话语,表达出了几层意思:首先,大部分人希望能有一个长期稳定的收入来源;其次,由于自身的素质水平限制对于离开乡土具有一定的恐惧感和焦虑感;最后,生活实际也有诸多因素限制了外出就业的条件。

第一,缺乏"观世界"的勇气和自信。扶贫先扶志,一个人的精神状态,决定了这个人对于客观世界改造的动力和能力,而正确的世界观可以激发积极向上的精神状态。对于贫困地区的贫困群众来讲,他们面临的客观世界决定了他们的世界观,要带领他们脱贫,激发他们的脱贫动力,充实和改造世界观是一个必经的路径。观世界是世界观的重要来源。在贫困地区群众看来,外面的世界很精彩,外面的世界也很无奈。"怕被骗"削弱了外出发展的勇气,"人家不会要"使得自我素质认知进一步降低从而失去自信。

第二,"小富即安"思想形成的路径依赖。"宁要眼前钱,不要将来债",很多贫困群众认为,已经拿到手里的钱才是实在的,多年经济上谨小慎微的生活形成了相应的路径依赖。在本土打零工可以按天结算,种地可以将收成收入掌握在自己手里……这种思想上的路径依赖在很大程度上限制了贫困群众创业、产业就业的能力。

第三,技能匮乏造成的焦虑与恐慌。贫困地区群众外出就业最大的门槛,除了对外界不了解产生的恐慌心理之外,就是技能缺乏的焦虑与恐慌。外出就业的主力群体是现在30~40岁的劳动群体,这些群体大多是初中学历以下，甚至有些是小学程度，当他们踟蹰在招聘单位面前时最担心的是自身的知识素养和操作能力，即便是最简单的流水线操作工，也会因为自身的本领缺乏导致他们不敢迈出这一步。

在精准扶贫的过程中，政策设计和服务的针对性已经为农民提供了很多机会，从贫困群众个体感受出发，要激发其长远脱贫致富的动力，需要进一步按照习近平总书记“提高培训针对性和劳务输出组织化程度”的要求，进一步将工作做实做细。

提高培训针对性，一方面，就是要针对农民的实际情况设置技能培训内容和方法，要综合考量其接受程度和理解程度，在内容和方法上进行有针对性的设置，通过循序渐进的培训真正使农民掌握技术。另一方面，在培训过程中，要注重技能培训与思想培训同时推进。要讲清楚，走出去不单单是为了在外面挣钱，更多的是开阔眼界、拓展思路；也要讲清楚外面的世界很精彩，外面的世界不无奈。提高劳务输出的组织化程度，要从搭建农民脱贫致富的就业平台和消除群众恐慌情绪两方面双重推进。

政府的领导都在这里了，放心，绝对不会被骗的，而且会很有保障的！

——在一次政府搭台的企业招聘活动现场群众的相互劝慰

可以看到，对于政府工作的信任可以进一步激发农民克服恐慌情绪的动力。

习近平总书记指出，贫困地区要从实际出发，因地制宜，把种什么、养什么、从哪里增收想明白，帮助乡亲们寻找脱贫致富的好路子。所以，在鼓励贫困群众走出去、观世界的同时，也要因地制宜地立足农村实际，找到切合实际的发展路子,为农民做好长远致富路径的设置。

6.“随”还是“不随”:乡村民俗的面子问题

嗨,你说随不随,咋可能不随嘛!我一年各种事情咋也要随个两三千元吧。有啥办法呢,乡里乡亲,有事不随咋说得过去嘛!

——一位群众如此表述乡村随礼的心情

在农村,房子就是面子。很多人认为盖得起大房子才能让村里人看得起。我们现在要做的工作,是要和群众说清楚,盖房子是好事,但是,因为盖房子,因为面子,把自己弄得穷困不堪可实在是划不来。

——一位扶贫工作队员如是表达

过年了肯定要杀头年猪嘛!请村里亲朋好友过来一块聚聚,图个喜庆热闹。要不别人家都杀,咱没有,那咋行!

——一位村民谈到杀年猪时这样说

“面子”这个中国特有的词汇可以说包含了中国微观权力表达的精髓。请人帮忙是求面子,给人帮忙是给面子,热情好客是好面子,小气吝啬是没面子。这碗“面”中国人吃了几千年,还是没有吃够。从上述话语可以看出,所谓的“面子”成为农村群众被“绑架”的无奈之举。中宣部、中央文明办在“推动移风易俗　树立文明乡风”电视电话会议上进一步明确,要深入贯彻落实习近平总书记系列重要讲话,特别是关于移风易俗工作的重要指示精神,站在提高农民素质和农村社会主义文明程度的高度,站在深化美丽乡村建设、建设社会主义新农村的高度,站在完成脱贫攻坚艰巨任务的高度,深入开展移风易俗、树立文明乡风活动。中国几千年的乡土民俗,婚丧嫁娶、乔迁生子等是村民社会交往和人情互动的重要方式，而当传统的民俗被“礼金”取代之后，带来的是乡情的淡化、金钱的衡量。

我们全家一年总共收入一万多块，其中最大头的支出就是人情往来、看病吃药和日用开销，村里谁家有事总归要给一些的。

——一位村民这样归纳家庭收支

在脱贫攻坚的道路上，转变思想、倡导文明生活，是为脱贫攻坚致富奔小康提供良好的外部环境保障。

“脱贫攻坚战的冲锋号已经吹响。我们要立下愚公移山志，咬定目标、苦干实干，坚决打赢脱贫攻坚战，确保到2020年所有贫困地区和贫困人口一道迈入全面小康社会。”习近平总书记铿锵有力的声音鼓舞着神州大地的亿万中华儿女，每一个中国人都在用自己的行动践行着党的庄严承诺：“在扶贫的路上，不能落下一个贫困家庭、丢下一个贫困群众。”

在具有典型特征的中国乡村社会，从社会学的角度，通过对贫困群体话语特征的分析，从贫困群众的主体感受、认知和行动特点出发，进行精准施策、精准帮扶的分析，是我们深入学习领会贯彻习近平总书记扶贫开发重要论述的实践思考和尝试。

参考文献

1. 中共中央组织部干部教育局，国务院扶贫办行政人事司，国家行政学院教务部.精准扶贫　精准脱贫——打赢脱贫攻坚战辅导读本.北京：党建读物出版社，2016.
2. 中央文献研究室.习近平总书记重要讲话文章选编.北京：中央文献出版社，党建读物出版社，2016.

3. 中共中央宣传部.习近平总书记系列重要讲话读本(2016 版).北京：学习出版社，人民出版社，2016.
4. 何毅亭.以习近平同志为核心的党中央治国理政新理念新思想新战略.北京：人民出版社，2017.
5. 吴猛.福柯话语理论探要.北京：九州出版社，2010.
6. 杨瑚.精准扶贫的贫困标准与对象瞄准研究.甘肃社会科学，2017(1).
7. 胡光辉.扶贫先扶志　扶贫必扶智——谈谈如何深入推进脱贫攻坚工作.今日海南，2017(2).

(图片拍摄：章明)

乡村振兴背景下贫困地区青少年心理健康教育服务模式探索

一、阻断贫困代际传递：扶贫=扶志+扶智+扶心

习近平总书记指出，消除贫困、改善民生、逐步实现共同富裕，是社会主义的本质要求，是中国共产党的重要使命。对于发展教育脱贫，习近平总书记指出，治贫先治愚，扶贫先扶智，国家教育经费要继续向贫困地区倾斜、向基础教育倾斜、向职业教育倾斜，帮助贫困地区改善办学条件，对农村贫困家庭幼儿特别是留守儿童给予特殊关爱。

贫困不可怕，我们可以通过一系列的努力摆脱贫困，可怕的是即便脱离了暂时的贫困，由于缺乏知识、缺乏认知、缺乏技能，使得生活重新返贫。只有靠教育，才能够真正地让贫困地区中的下一代掌握脱离贫困的技能，彻底摆脱贫困。

我们在广大的贫困地区真实地看到，农村小学、初中的基本硬件水平在不断地加强，农村教师的整体水平也在不断提升。但是，在贫困地区，青少年的心理健康是一个不容忽视的问题。留守儿童、家庭暴力、学校欺凌、情感缺失等现象，在农村地区，尤其是贫困农村地区体现得非常明显。

扶贫先扶志，要让贫困群众变“要我脱贫”为“我要脱贫”，这是战胜贫困

的动力；扶贫要扶智，要通过教育阻断贫困的代际传递，要通过知识使贫困群众摆脱愚昧和落后，这是战胜贫困的本领；扶贫也要扶心，要通过心理健康知识的普及，使青少年能够身心健康全面地发展，让他们的生活中充满阳光，这是他们战胜贫困的心理支持和能量来源。在扶贫"扶志+扶智"的方程式中，加入一个"心"元素，用"扶心"为孩子们的成长注入阳光，也是我们需要努力工作的一个重要方面。

二、城乡有别：贫困地区的青少年更需要心理健康教育服务

1. 一个案例引发的思考

小李是一个面目清秀的女孩子，虽然只有 14 岁，但是个子比同龄人高，显出青春的成熟气息。本该上学的她，已经在酒吧、夜店等地方打工 2 年了，来到她的家，我们是想看看这个孩子到底为什么不上学，出了什么问题。她穿着一条时尚的却略显磨损的连衣裙，画着浓浓的烟熏妆的眼影，耳朵上戴着 4 个耳钉，这些装扮显然不符合她 14 岁的年纪，更与家中贫困简陋的配置不相符，唯一与这个环境相符的是孩子脚上穿的一双简陋的塑料拖鞋。我们来到她的家中，她父母招呼我们坐在陈旧的沙发上之后，便沉默地坐在墙角的小板凳上。这个过程中，小李只是抬头看了我们一眼，一直坐在我们对面的茶几边上，摆弄着手中的手机。

为了打破沉默，我们从手机游戏开始和她聊了起来。

"你在玩'段子'吗？这是一个很受欢迎的娱乐 APP，很多人都喜欢，我有时候也会看看的。"

"嗯。"她很轻蔑地、不屑地看了我一眼，继续玩手机。

“能和我说说你为什么愿意玩这个游戏吗?”

“你不用套我的话！我知道你们来干什么！我已经跟你们说过很多次了,不去上学！我不上不上就是不上,我说过的话,是算数的!”孩子像暴雷一样突然发泄似的抬起头来,向我们声嘶力竭地喊了这样一句话。

“能和我们说说为什么不愿意上学吗?”短暂的震惊之后,我们索性直截了当地问道。

“我和你们说不着！我自己的事情我自己说了算,就算我自己死在外面,也和别人没有关系。我就是这样,你们别和我啰嗦了,我就是不上!”她脸上一脸的冷酷和不屑。

此时墙角蹲坐的父亲突然发话了,用急促和责备的方言训斥道:“让你上学还不是为你好！我们每天累死累活地干活,不就是为了你！你还不知足,还要这么闹！你对得起我们吗?!”

似乎父亲的话刺激到了孩子,孩子突然抬起头,声嘶力竭地带着哭腔反驳:“整天就会说是为了我,你们哪里为了我了？我在学校,人家孩子都有父母过来看看,你们啥时候来看过我？我想见你们都见不到！哪里是为了我了?”

“那你周末不是还回来吗？回来不就见到了？你回来不要吃、不要穿啊！我们不干活哪里来的钱?”父亲辩解道。

“哼！周末回来！周末回来你们还不是忙你们的！陪着我的只有手机,只有手机！你说我除了玩手机还有谁理我?”孩子继续声嘶力竭。

“那我们还不是要挣钱养你!”父亲继续辩解。

“又是挣钱,又是挣钱！我上学的时候就是想见你们,有时候我和你们说没钱了,告诉你,那是我撒谎呢,我就是想让你们给我送钱的时候来看看我。你们呢？哪次不是让别人带给我！”

“我们有活计，又在打工，哪有时间啊！挣钱还不是为了你以后。”父亲继续辩解。“是啊，确实在打工、忙乎活计，家里的猪牛都得喂。”母亲在一边补充。

从父女之间的对话，我们似乎明白了孩子的心结。我们示意父母暂时回避，独自和孩子聊起来。

“刚才你说的话我听懂了，我现在明白你的感受了，我能理解你的心情，你心里有恨、有委屈是吧？”

孩子抬头看了我一眼，眼中闪过一丝亮色，瞬间又恢复了倔强的冷笑大声说：“你懂啥！你知道啥！我告诉你，我自己的事我自己做主！谁也不能管着我！我就是不上，你们再怎么说我也不上，说死我也不上！我还告诉你，谁也不许欺负我，也不许欺负我的家人！绝对不行！我爸我妈老实窝囊，那也不许别人欺负他们！上回××（邻居）和我爸吵架，他竟然和我爸称自己老子！我上去就骂他！谁也不准欺负我们家人！”

“我能理解你现在很委屈，对父母有失望，是吗？”

“总是我的错，到啥时候都是我的错，除了会骂我啥也不会。”孩子开始痛哭，“前两天，我爸和邻居吵架，那个家伙骂我爸，我实在气不过，上去帮我爸骂了他两句。可是回来，我爸又把我狠狠地骂了一句。我现在是废了，抽烟喝酒啥都会了。可是就是这样，也没看到他们心疼我，还是除了打就是骂！我回家就只能躲在自己房间里！我有时候也想和他们坐下来好好说说心里话，可是没说两句他们就起来忙别的，或者就是一顿臭骂！我真的没办法。我现在真的是废了！”

我们把父母叫进来，让他们和孩子在一起。经过发泄之后的小李，心情已经稍显平静，看到父母进来，她又恢复了冷冷的表情。她对父母说："反正我现在是废了，我已经会抽烟、会喝酒，我也不上学了，以后爱咋样咋样了，你们就挣你们的钱吧。"

看着父母惊愕的目光，看着小李故作冷静却充满悲凉的稚嫩眼神，我们都陷入了沉思。

表面看来，这是一个处于青春期的孩子逆反的典型案例，但是究其深层原因，却和贫困地区的经济生活状况和农民的知识水平有着极大的关系。在农村，尤其是贫困地区的农村，对于孩子的教育主要以"放养"为主。这种"放养"与城市中的"放养"是不同的概念，这种"放养"是只要吃得饱穿得暖有学上就可以了，家长没有更多的精力关注孩子的成长需求。在沉重的生活压力下，农村家长长期为生存而忙碌，很少能够腾出精力来与孩子进行深入交流，更不要说关注孩子的成长情感需求。他们认为，孩子只要没饿着、没冻着，就会自然而然地长大，教育是学校老师的事情，送到学校就什么都解决了，自己的事情就是挣钱养家。然而，小李的这个案例充分说明，孩子在成长过程中需要的父母的情感关怀和深入交流是不可以缺失的。TA 理论（沟通行为理论）认为，在孩子的成长过程中，当他（她）受到伤害或者需要关爱的时候，如果长期得不到父母的有效情感支持，就会让他（她）本来就弱小的自我认知变得更加强烈，无力感、挫折感不断增强，最终由"我不好—你不好"的认知，发展成"我好—你不好"的阶段，就像一个受了伤的小兽，躲在角落里自己无奈地舔舐着伤口，它心里想的是：你们等着，总有一天我会好起来！

另一个方面，小李的父母都没有上过学，除了沉重的体力劳动之外，没有更多的知识积累。即便他们希望与孩子交流,其方式也是简单粗暴的教训与责骂,更不要说充分考虑到孩子的情感需求,从孩子的角度进行教育引导。这个方式的直接结果就是让孩子不断加深“是我的错,又是我的错,总是我的错”的自我认知,最终导致不可调节的亲子关系。

2. 贫困地区孩子的心理健康环境现状

前面说过了,对于心理健康教育和辅导,城乡是有区别的,乡村孩子特别是贫困地区的乡村孩子更加需要心理健康教育的辅导。贫困地区由于经济社会发展相对滞后,社会认知相对落后,在发展教育过程中,很难有更多的精力和意识进一步关注孩子们的心理健康发展。在贫困乡村调研过程中,我们曾经不止一次听到乡村教师的疑问:在知识教育方面,我们已经尽力了,教育部门也为我们提供了很多与发达地区教师学习交流的机会,但为什么我们的学生成绩不能有一个跨越式的发展?我们也曾经听过农村家长的抱怨:孩子这是怎么了?咋就这么不听话?咋就不知道我们的辛苦和用心?等等。这些现象,与充分尊重青少年的身心健康发展特点、尊重青少年的心理需求有着极大的关系。总结下来,我们发现,农村,尤其是贫困农村的青少年心理健康问题主要有以下几个方面的特点:

第一,家庭角色和功能缺失或错位。留守儿童问题是一个全社会普遍关注的不可忽视的问题,在农村,尤其是贫困农村,家长外出打工,孩子由祖辈照看的情况十分普遍。无论是双亲外出留守儿童还是单亲外出留守儿童,其家庭结构都是缺失的。由祖辈照顾的孩子,普遍存在父母亲情关爱的缺失和渴望、与祖辈交流的障碍、祖辈教育的简单粗暴甚至没有教育只有喂养;由于农村父母知识水平普遍偏低,在与孩子交流和教育孩子的过程中,缺乏必要的正确教育方式,父母角色的承担只有简单的衣食抚养或者粗暴的责骂教训,使得孩子希望得到的恰当的父母角色出现偏差;此外,还有一种现象,有很多年轻的父母,也就是刚刚到法定结婚年龄甚至个别没有达到法定结婚年龄的年轻父母,生育孩子之后根本没有心理准备,也不知道如何承担父母的角色,孩子主要由祖辈抚养,祖辈承担了实际的父母角色,这对孩子的成长也是极为不利的。

第二,自我认知受经济社会发展状况影响。青少年的认知发展是一个从主观自我到客观自我的过程,孩子们从我是谁(自我概念)到我是什么样的人(自我评价)的认知进行发展,并同时进行着我为什么会这样(自我体验)过程。研究表明,小学生阶段,随着年龄的增长,自我评价的水平会逐渐降低,也就是说,随着年龄的增长,小学生会逐渐觉得现实自我和理想自我的符合程度越来越小,对自己的认知印象逐渐变低。前面曾经用TA理论来做过简单说明,孩子小的时候,面对成人会感觉到自己很渺小,因此接受教育、接受改变的过程比较容易。随着年龄的增长,当所需要的关注没有受到重视之后,就会变成另外一种自我贬低,甚至会发展成为自尊受损或者自卑。比如,在边远贫困地区,还存在着很多重男轻女的现象,当女孩子逐渐长大,发现自己不是原来想象的那么受到父母的重视,那么她的认知发展就会受到阻滞,自尊心和自我价值感受到打击。

由于经济社会发展的实际情况,在贫困地区,青少年父母的知识水平和经济水平有一定的局限,对于鼓励孩子正确自我评价的过程仍然是部分缺失的。"棍棒底下出孝子""不打不骂不成材"的观念还被比较广泛地接受。"笨蛋""你咋这么废物""学不好就是浪费钱""咋不去笨死了算了"……类似于这样的带有贬低甚至侮辱的教训词汇还会层出不穷,这对于孩子建立正确的自我评价是极为不利的,严重的会引起情感损伤和内心冲突,为以后的心理问题埋下伏笔。在上述的案例中还有一个小插曲，当孩子随着笔者避开父母在门外准备倾诉委屈的时候，一位村民走过，善意地提醒："哭有啥用！要听话，好好跟人家说！"这个善意的提醒，实际上也触碰了孩子的自我评价的敏感区，导致正要倾诉的行为戛然而止，马上转入冷漠不言。

第三，信息多元化与生活单一化矛盾并存。前面提到过，当整个社会已经发展到信息多元、交流方式多元的时候，偏远农村其实也在这样一个环境中潜移默化地发生着变革。随着国家脱贫攻坚工作成果的逐步展现，偏远农村的光纤网络通信已经基本普及，这就使常年处于信息相对闭塞的山村群众打开了了解外面世界的一扇窗子，随着这扇窗子的打开，更多的外面的精彩开始慢慢影响着人们的思维。智能手机、智能游戏已经成为困扰乡村教师的一个新生问题，很多老师表示，孩子们回到家，原来还可以帮着干干农活，现在一回家就拿着父母的手机，一刻也不停，忙于生计的父母也乐得孩子不来打扰；有的孩子通过上网了解到外面的世界很精彩，开始对自己的生活产生不满和厌恶情绪；一名初中毕业的青少年，因为跟着别人出去见识了一下外面的世界，回来以后对自己生在这样一个穷乡村心存不满，甚至发展到打骂父母的程度。在信息多元化和农村生活的单一化的矛盾冲突中，农村青少年形成一种微妙的心理状态：一方面，希望努力拼搏摆脱眼前的贫困状态；另一方面，对于未来的期望又伴随着迷茫，毕竟拼搏的过程相对漫长和痛苦。在这种微妙的心理冲突下，有的孩子沉迷于网络世界不能自拔，有的孩子模仿外面的所谓精彩的世界，吸烟、早恋、打架、混迹于各种不良场所。

第四，角色定位受社会现实影响。一个刚刚初中毕业在外面打工了半年的年轻人对我说：感觉我现在就像一个"废物"，原来想着外面的天地广阔，有我一片闯荡的天空，可是出去了才知道，我只能干体力活，别的都需要有能力有学历，我咋努力也跟不上人家，可是干体力活我又干不动，回到家里赶上农忙，我跟着爹妈下地，也不会干，他们倒没说啥，我心里不是滋味啊！这位青年人的话折射出一种非常典型的现象——“两边不讨好的人生”。很多年轻人向往着外面的精彩世界，出去了才发现，没有自己想象得好，回来以后，不屑、不能、不愿意参与父辈的传统的农耕劳作，就这样在纠结的角色中摇摆。另一个方面，当到了中学阶段，青少年的道德发展虽然逐渐成熟，但更重要的是不稳定的动荡性。道德动机理想化、信念化，感情表达丰富强烈，但同时伴随的是敏感、脆弱、冲动，他们渴望独立的评价和行动，但又面临着理想和现实差别的问题。有老师表示，很多中学生说得最多的话是“我要坚强担当，我要为自己负责”，但在行为上却有着极大的定位偏差。一方面，他们觉得自己已经长大了，已经能够处理任何问题；另一方面，当他们在实际处理问题的过程中，又发现现实和自己原来设计的结果有着极大的出入。这就会导致几种结果，要么奋发图强，要么停滞不前，要么自我否定。

三、贫困地区开展心理健康教育的必要性

1. 老师的疑问：为什么学生成绩不能再上一个台阶？

客观地说，在智商上，没有任何证据可以表明城乡孩子存在明显差距，从教育教学的质量上来说，随着国家对义务教育的加大投入，现在的农村中小学的教学硬件和师资水平已经上升了一个大的档次。农村中小学教师的学历水平不断提升，本科率也不断提高，加之国家对于农村中小学教师的各种技能培训不断加强，农村的基础知识教育水平已经完全能够满足学生知

识增长的需要。但是,很多老师会发出上述疑问:为什么我们这么尽力地在教,孩子们的成绩却不能有一个跨越式的提升?似乎总有一个隐隐的坎横在前面。

当城里的孩子家长在为学校组织的家长会头疼如何安排时间、面对老师的时候,乡村的老师们也在为家长会头疼。“有的时候孩子生病了,我们和家长联系:你过来看看,我们一块把孩子送到医院。家长回复说:我们忙不过来,没有时间,你们老师看着办吧。”一位老师说到这种情况,无奈地苦笑。开一次家长会,家长根本来不齐,就算来了,也是爷爷、奶奶或者其他亲戚,交流都会成问题。“曾经有一位学生的奶奶来到我们的办公室,气势汹汹地用方言和我们说了半天,最后我们才明白,她要说的是为什么要批评她的孙子。”另一位老师也表示无奈。家庭教育、家校互动对于孩子的成长有着极大的支持作用,但是,在贫困地区,这两个重要的支撑功能并没有能够发挥,孩子学习之外的情感需求没有得到满足,在促进成绩提升方面就产生了一个难以逾越的鸿沟。

2. 家长的困惑:孩子到底怎么了?

相比教师的苦恼,很多农村家长也是满心的困惑:我都已经把孩子养大了,送到学校了,学校就应该教育好,我们还要挣钱养家供孩子读书呢。上面案例所描述的家长的观点,并不是个别的现象。他们认为,我们每天拼死拼活,还不是为了孩子能够长大,好好学习,你们还要我们做什么?!当老师告诉家长,孩子需要情感方面的关心、需要父母多鼓励多陪伴的时候,很多家长表示迷茫和不解。

另外,随着社会的发展,心理健康的概念已经得到普遍的认同。我们会发现一个现象,提到心理健康,从教师到家长,没有人会说不重要,但是究竟该如何做，大部分人都表示不知道。虽然乡村教师的素质不断提高，但面临学生复杂的心理健康问题的时候，很多老师也觉得无计可施。有的老师表示，明明已经知道班里的某个孩子出现了明显的抑郁甚至自伤自杀倾向，但根本不知道如何处理，每天胆战心惊，唯恐孩子出事，告诉家长，家长也是着急加无奈；有的老师表示，很多时候还会出现部分老师用简单粗暴的方式处理孩子的问题的现象，“不遵守纪律就给我滚回去”“怎么这么笨，以后怎么办，你还是别上了”，类似于这样简单粗暴的语言还是会出现；甚至有的学校会出现学生打骂教师的现象……教师和家长都在疑问：孩子到底是怎么了？

3. 社会的认知：“这个人是精神病！”

前面说过，对于心理健康的重要性，社会是普遍认可的，但是对心理健康的基本概念和基本认知，在社会上还是有很多的误区。很多人甚至认为，真的产生了心理健康问题，就是得了精神病，是难以启齿的。在笔者的访谈中，发现不仅是社会的认知，就是在某些学校中，个别教师也会认为，心理健康出了问题就是得了精神病。事实上，很多农村地区所谓的精神病，更多的不是病理性的精神疾病，而是应激性的心理反应。在某个村庄，我们见到了一个村民口中的精神病患者，这是一个 20 岁出头的年轻人，穿戴整齐，目光茫然，漫无目的地游走着并不时自言自语。村民说，这个年轻人原来也是读书的，成绩还很好，就是在中学的时候和一个小姑娘谈恋爱，后来被人家甩了不说，还被当着很多人的面奚落了半天，回来他把自己关在屋子里几天，出来就这样了。实际上，这种应激性的村民所谓的“精神病”，如果当时干预得当，及时疏导，还是有可能避免悲剧发生的。

4. 学生的担心：“我该怎么办？”

其实，在贫困地区，心理健康的重要性虽然基本得到了认同，但是对于青少年心理健康问题的处理，还存在着一个怪圈：没有人说不重要—有了问题不知道是问题—知道了也不愿意承认—承认了也不知道去求助—想去求助也不知道该去哪里求助。这种怪圈，让家长和教师感到纠结，让学生感到困惑。笔者在调研中了解到，有的中学生，感到自己有了心理抑郁倾向，向亲密的朋友和家长倾诉，家长通过各种途径，找到了自认为是明白的有知识的人进行劝解，劝解的结果是孩子感到没人理解，更加困惑和痛苦。这样"明白人"转"明白人"，对孩子的自我认知造成了一定的伤害，也为后面转入专业干预人为地增加了阻碍。以至于孩子最后在求问：我究竟应该怎么办？实际上，在青少年教育过程中，作为家长和教师，一定要掌握一些基本的心理健康常识。在与乡村教师的交流中，我们不止一次地提到，要通过观察孩子的行为了解孩子的内心世界，要练就一双能够发现问题的眼睛，这样才能及时地发现问题，及时地寻求专业的支持。

四、贫困地区心理健康教育服务体系建设探索

贫困地区的教育发展，一定要有心理健康教育作为孩子成长成才的保障，这不仅仅是保障孩子身心健康全面发展的需要，更是国家教育战略的大局需要，是我们通过教育阻断贫困代际传递的重要支持。在扶贫攻坚过程中，我们应该紧密结合贫困地区的教育发展实际，有针对性地进行现阶段可行的心理健康教育服务的工作。下文记录的对我挂职的县进行的心理健康教育服务体系的建设，对贫困地区开展心理健康教育服务工作的方式进行了探索。

1. "发现—评估—干预"的总体服务体系

国务院办公厅印发的《国家贫困地区儿童发展规划（2014—2020 年）》

（下文简称《规划》）中明确提出："建立健全儿童心理健康教育制度，重点加强对留守儿童和孤儿、残疾儿童、自闭症儿童的心理辅导。加强班主任和专业教师心理健康教育能力建设，使每一所学校都有专职或兼职的心理健康教育教师。在农村义务教育学校教师特设岗位计划和中小学教师国家级培训计划中，加大对体育和心理健康教育骨干教师的补充和培训力度。"在贫困地区开展心理健康教育服务，要按照《规划》要求，加强对中小学班主任和专业教师心理健康教育能力的建设，并进行有步骤有层级有针对性的能力培训。以该县的实践探索为例，建立一个"发现—评估—干预"的教育服务体系。

该县属于国家级贫困县，已经达到国家义务教育基本均衡发展的标准，中小学教师素质较高。从学校分布来看，存在着乡村教学点、乡镇中心完全学校和县级学校三个层面。结合该县实际情况，对教育系统的三个层面进行三级网络的设置。

（1）村组一级发现。在乡村一级教学点，主要对教师的基本心理健康常识进行培训。通过培训使大部分教师尤其是班主任，能够掌握基本的心理健康知识和心理问题的识别能力，使教师在日常教育中能够第一时间发现学生心理健康问题的苗头，在日常的学生教育和家校沟通中能够传授一些心理健康常识，在与学生的教育互动中掌握一定的心理健康教育技巧。

（2）乡镇一级评估。乡村一级教师的培训，目的并不是将所有教师都培养成专业的心理健康专业教师，而是帮助其掌握基本心理健康教育技能。按照该县现行的教育管理体制，乡镇中心学校承担着组织管理本乡镇所有中小学教育的工作，以乡镇中心学校为核心，组织该乡镇若干骨干教师（包括专业教师和特岗教师），组成专业教研室或教研组，进行针对性更强、专业内容更为丰富的深入培训和研讨,面向全镇进行心理健康指导工作。对村组学校上报的疑似心理健康问题进行评估和初步干预。

(3) 县级以上干预。县级教育主管部门成立全县的心理健康教育服务专业教研室,遴选专业教师和相关人员组成专家团队,对全县开展教育服务工作。专家团队的主要工作任务包括:对乡镇经过初步干预遴选出的问题进行进一步干预;接受县级以上各种专业培训,不断提升专业能力;与县级以上教育系统或专业机构的专家进行专题研讨,针对性地解决学生问题;对全县教师进行不同层级的专业培训;开展相关的科研活动等。

(4) 引进专业辅助。在建设“发现—评估—干预”体系的过程中,有必要引入相关的专业辅助。该县引入了专业的心理测量软件系统,可以以中心学校为单位,根据需要对学生进行专业测试,以供专业教师参考;在专家支持上,该县建立了县级心理健康教育服务中心,通过中心平台,与相关大学、专业教育机构建立联系,定期进行远程督导和实地辅导,借助外界专家资源对县里的教育服务工作进行支撑。

2.“统筹—科普—志愿”的协作推进机制

(1) 政府统筹,部门协作。该县政府层面专门出台了全县青少年心理健康教育服务体系的文件。在文件中推出了培训计划、关爱计划、健康计划、朋辈互助计划、爱心手牵手计划等“五个计划”,全面强化全县青少年心理健康教育体系,为青少年全面健康发展奠定坚实的基础;并要求全县教育、工青妇、财政、卫计、宣传等相关部门联手协作,加大投入力度,全力推进该项工作。此外,该县还充分运用相关大学、社会专业机构等专业资源对全县的青少年心理健康教育工作进行指导。

(2) 平台辐射,多层科普。在该县和对口支援大学的共同努力下,全县的心理健康教育服务平台成立。平台包含了知识宣传、专业测量、游戏指导、健康辅导等多个方面的内容，并与相关大学建立了长期的心理健康专业指导关系，在全县各行业遴选心理健康专业和具备专业资质的人员作为专业志愿者，成立了心理健康教育辅导员工作室，依托平台开展心理健康教育服务。与此同时，各乡镇着手组建心理健康教育教研组（室），对相关人员开展专业知识和科普知识的巡回培训。运行一段时间之后，取得了良好的效果。

（3）教育指导，志愿参与。在加大教育系统专业技能培训的同时，共青团、妇联等群众组织积极行动起来，依托庞大的志愿者团队，开展志愿者的技能培训和问题发现的志愿工作。各乡镇团委组织团干部、志愿者积极活动在乡村田间地头，在传播心理健康知识的同时，也积极搭建另外一条发现问题的平台。通过团组织与教育系统的联手行动，这个体系有效地覆盖了乡村非在学青少年群体以及需要关注的群体的心理健康教育需求。

3.“活动—教育—督导”的技能提升方法

（1）学生游戏活动。根据专业教师配备和教师专业水平的实际情况，中小学的心理健康教育内容应主要以游戏活动为主。事实上，学校在现阶段普遍开设心理咨询专业机构的工作还需要进一步推进，在专业机构未完成全面普及的情况下，学校开展心理健康教育最好的方式是由教师经过初步培训之后，开展学生的团队游戏辅导，使学生在心理健康游戏活动中经过自身体验收获心理健康的知识；对于教师来说，心理团队游戏，更重要的是引导、组织和感受分享，专业知识技能的要求相对不高，便于操作。

（2）知识普及培训。对于心理健康知识的普及培训，按照上述总体体系的目标要求，比较好的方式是对于教师进行分层次、分阶段的专题培训。对于普通教师,进行初步常识的培训;对于班主任和德育教师以及骨干教师,可以进行初步评估方法的培训;对于乡镇教研组和县级专家组的成员,进行深入的专业知识和操作技能的培训。对于学生的心理健康普及教育,一方面,可以以上述的游戏辅导为重点,开展游戏教育及体验;另一方面,可以开展心理健康书籍的阅读和分享,可以与德育教育的内容相结合,进行积极心理调适知识的传授。

(3) 专业人员督导。在分层培训的过程中,对县乡一级的专业教师的评估和干预工作,可以结合专业人员远程督导的方式进行。聘请相关大学心理健康教育咨询专家和社会专业机构、专业人士作为督导专家,定期对县内专家进行专项远程督导,解决实际问题。

4. "朋辈+家校+校社"的互动支持模式

(1) 朋辈辅导共成长。结合乡村中小学实际,大力促进学生朋辈辅导的工作。在该县,每个乡镇都有中心学校。所谓的中心学校,就是从小学到初中的完全制学校,或者是一到六年级的完全学校。在中心学校中,可以充分利用学生高年级带低年级的特点,遴选高年级学生作为心理健康小使者或者小志愿者,经过教师对其的初步知识普及培训,让他们成为关爱低年级学生、传播正能量的使者,同时,也促进这些小志愿者本身心理健康的全面成长;对于相对简单的村组教学点(三年级以下学生),除了培养校内的小志愿者以外,还可以充分利用中心学校统筹全乡镇教育管理的优势,由中心学校的小志愿者或者心理健康兴趣小组不定期地组织开展教学点活动,对于锻炼学生的实践能力也有一定的帮助。此外,学生朋辈志愿者还可以协助教师更早、更快地发现问题的苗头。

(2) 家校互动强协调。前面讲过,家校良性互动对于学生的健康成长具有极大的支撑作用。结合乡村外出务工家长较多、留守老人照管孩子较多的情况，充分利用科普宣传材料、学生桥梁纽带和教师家长沟通技巧等途径进行家校沟通。尤其是心理健康科普工作，需要学校和乡村党团组织共同携手，通过共青团、妇联等基层单位的活动组织，对农村家长进行科普宣传。

（3）校社携手促发展。在脱贫攻坚的大战略中，全社会普遍关注贫困地区青少年的教育发展，充分依托社会各界人士的爱心行动，将心理健康教育活动推向深入。在进行爱心活动过程中，在对孩子们进行经济支持、知识支持的同时，还建议社会爱心人士能够更加关注孩子的内心需求，在资助过程中，情感关怀、成长支持也是一个重要内容。爱心人士的一封情感丰富的信函、一次充满鼓励的深谈、一场活跃互动的游戏活动，都会给孩子强大的心理支持，极大地促进孩子健康心理的发展。

教育是阻断贫困代际传递的根本途径，在传授知识的同时，帮助贫困地区的孩子身心全面健康发展，是我们在脱贫攻坚过程中必须重视的一个重要课题。在国家教育发展战略的指导下，结合贫困地区实际情况，我们认为，在扶贫过程中加入“扶心”的内容，是阻断贫困代际传递，为贫困地区青少年成长成才注入持久能量的一个重要途径。建立一个适合贫困地区实际情况的青少年心理健康教育服务体系的实践探索，是在教育扶贫领域的一个有效尝试。

转移就业脱贫：
从鼓励农民勇于“观世界”谈起

党的十八大以来，党中央就扶贫开发脱贫攻坚作出了重大决策部署，打响了脱贫攻坚战，开创了扶贫开发新局面。现在，脱贫攻坚已经到了关键时刻，习近平总书记强调：“农村贫困人口如期脱贫、贫困县全部摘帽、解决区域性整体贫困，是全面建成小康社会的底线任务，是我们作出的庄严承诺。”在这样的时不我待的环境中，我们更应该增强紧迫感、使命感和责任感，以绣花的功夫进一步加强扶贫工作的精准化，以决战决胜的勇气和钉钉子精神，坚决打赢脱贫攻坚这场输不起的硬仗。

农村劳动力外出务工是我国农业剩余劳动力转移的重要方式。现阶段，我国农业存在大量剩余劳动力，且农村劳动力外出务工的空间也在不断扩大。对于贫困地区来说，在资源和产业化都相对有限的情况下，剩余劳动力外出务工，既可以掌握一定的生产生活技能，又能够带动一家脱贫，是非常便捷快速的脱贫方式。在精准扶贫的过程中，全国各地都以转移就业作为脱贫的重要途径。习近平总书记指出：“要加大扶贫劳务协作，提高培训针对性和劳务输出组织化程度，促进转移就业，鼓励就地就近就业。”

以云南省为例，昆明率先开发“昆明就业直通车”APP服务平台，实现就业岗位、创业项目与求职者及用人单位线上线下的有机结合，打通了服务城乡劳动者求职应聘的“最后一公里”。

应该来说，贫困地区为了能够促进农村劳动力转移就业脱贫，出台了大量行之有效的政策和措施，比如，政府搭建针对性就业培训平台、联系劳动力接收单位、给予转移就业补贴、提高外出就业组织化程度、加强外出务工人员的服务，等等。这些措施极大地激发了贫困群众外出务工的动力，增强了外出务工的信心。但是，不可否认，还有部分贫困群众对于外出务工持观望和犹豫的态度，如何能够进一步激发这部分群众外出务工的勇气，通过转移就业促进其脱贫并持续增收，是现阶段脱贫攻坚关键时期的一个重要课题。

本研究对劳动力转移就业的情况进行了深入广泛的调研，并着重从贫困地区劳动力个体心理活动和思想实际出发进行了一些思考。研究意义在于，通过对外出务工持观望态度的群众实际心态的了解与描绘，找到鼓励其外出务工脱贫的方法和途径。

一、农村劳动力转移就业的瓶颈

在农村剩余劳动力需要转移就业的同时，很多发达城市的企业出现了“用工荒”的现象，一边是相对过剩、需要脱贫致富的劳动力资源，另一边是大量需要劳动力的用工企业，本来可以完美结合的供需双方，却非常尴尬地同时存在。到底问题出在哪里？高双等在《我国农村劳动力外出务工的动力分析》一文中，对于农村劳动力外出务工的内在动力进行了分析，并指出：虽然农村劳动力外出务工的收入要远远高于在农村务农的收入，但由于就业管理制度、社会保障、户籍制度、自身素质等原因，造成虽然外出务工的收益比在家高，但是成本过大，尤其是农村劳动力在务工过程中需要直接支付的直接成本较大，极大地削减了外出务工的净收益。①

愿意外出务工的剩余劳动力，在政府这几年的搭建平台、优惠政策等鼓励下，基本上已经在外打工了。还有一部分劳动力，明明具有外出打工的条件，却没有外出的动力，这里面也存在很多原因。

——一位人社部门的工作人员这样描述

笔者在×县对这一现象进行深入了解后结合调研实际进行了一个分类，分别为：以打工为完全收入的“成熟型”、家庭和打工兼顾的“灵活型”以及持观望态度的“犹豫型”。在这些分类中，以打工为完全收入的成熟型已经完成了劳动力的转移，并且打工成为家庭生活的主要支撑；家庭和打工兼顾的灵活型主要以就近就便的劳动力转移为主，也实现了家庭收入的基本稳定；还有一类剩余劳动力，有心外出打工却有多重顾虑。对于第三类犹豫型，其主要特点包括文化水平低、家庭普遍贫困、对外界充满未知恐惧。

习近平总书记指出，贫困地区要从实际出发，因地制宜，把种什么、养什么、从哪里增收想明白，帮助乡亲们寻找脱贫致富的好路子，要依靠产业带动和必要的政策激励，鼓励创业、扩大就业，努力增加城乡居民收入。对于有劳动能力可以外出务工却又犹豫不决的人群，要按照习近平总书记的指示，详细深刻地了解其思想状况和实际情况，解决其实际困难，帮其找到可持续的增收脱贫致富的道路。能够外出务工，则要消除其疑虑和惶恐，提供有效的培训和服务；实在不能外出务工，也要依靠产业带动，帮助找到持续增收的好路子。

① 高双、高景璐：“我国农村劳动力外出务工的动力分析”，载《人口学刊》2012 年第 3 期。

这样,也就解决了部分剩余劳动力不能转移就业增收的瓶颈问题。

二、纠结于外出务工和贫守家园的农民群像

1.“挣到手里才是真的”:零散收入与持续收入的选择

最近附近的活计挺多的,我只要有空,就出去给老板打打工,一天能挣个两百块钱,当天就给,这不挺好。看看那些出去打工的人,一年到头累得不行,不也就一天挣个几百块钱,还有可能干了半天拿不到工钱,还是我这样来得实惠。

——一位经常在本地打些零工的农民如是说

这位农民的想法得到一些人的认同。在他向笔者诉说这种想法的时候,旁边几个同样打零工的邻居表示了赞同的意见。对于这样的想法,当地的村镇干部的看法是不一样的。他们帮助农民算了一笔账,如果外出打工,按照包吃包住一个月拿 3 000 元来算,农闲的时候干上几个月,就能为家里带来近万元的收入,而如果打零工,并不是每天都能够挣到 200 块钱,也并不是每天都能保证出工。

在脱贫攻坚战役中,各地都在进行安居工程和危房改造工程等,基础建设用工需求一时间大增,所以,在村子周边很容易找到零散工作,工钱当天结算,这确实满足了农民当天见钱的现实需求,但这毕竟是短期效应,没有可持续性。另外,在本乡本土打工,从感情上来讲更加接近,并且家就在旁边,满足了归属倾向;从生活习惯上来讲,周边都是邻近乡亲,语言、饮食都比较一致,更加自由舒适。综合看来,外界按月结算工资的长效性合同打工

对于农民的吸引力还不够强烈。

与其在外面人生地不熟的，再不小心遇上个拖欠工钱的老板，还不如在家周边能干点就干点，挣一点是一点。

——一位农民这样总结

2.“我怕被骗”：外出务工的本领恐慌

你们这个厂子是真的吧？我们去了不会被骗吧？你们那个地方是个啥样？

——一名妇女在前来招聘的企业面前询问

“怕被骗”是很多农民踌躇于迈出打工第一步的最大障碍，这种怕被骗的心理，很大程度上来源于对于自身的本领恐慌。这种本领恐慌体现在很多方面，主要包括对于自身知识、年龄、生活习惯、社会交流等方面的恐慌。上述那名妇女在询问之后，在招聘摊位旁与几个同村人小声商议，主要内容就包括上述几点。

在中国的广大农村，尤其是边远山区和欠发达地区，农民的生活维持还是以种植养殖为主，一个农村的壮劳力在家中种地养牛砍柴挑担样样是好手，但一旦走出山村换一个环境，他便会无所适从。在国家教育的不断发展普及前提下，现阶段的青壮年农民已经基本没有文盲了，现实情况是留守在乡村的青壮年，最高的学历是初中毕业，还有很多是由于各种原因小学辍学。

随着信息技术的发展，电视、网络在乡村已经不算稀奇的物件，当具有初中以下学历的农民接收到纷繁芜杂的电视网络信息之后，就会产生一个心理的矛盾:“外面的世界很精彩,外面的世界也很无奈。”如果完全不了解外面的信息,由于生活所迫,便会“无畏”地走出大山追求生活改变;如果对于外面世界了解得很清楚、很深入,那也便会放下包袱,坦然面对。而现实是有些人从未走出大山,对于外面的世界一知半解,传统的“在家千日好,在外半步难”的观念便会成为农民走出大山的最大掣肘。

3.“家里走不开”:眼前实际与长远打算的纠结

家里还有三亩烤烟,还有几亩苞谷,你说我咋出得去啊。

家里老人没人照顾,孩子还小,出不去啊。

——这是很多不能出去打工的人的无奈说法

中国农村的家庭架构要比城市里复杂,农民除了要照看土地,还要照看老幼妇孺。实际上,这种情况是一种眼前实际与长远打算的现实纠结。拿某村一个农户举例,这户共有两位老人、两个上小学的孩子和夫妻两个。对于外出打工,老人的意见是不愿意让儿子外出打工,因为“父母在,不远游”,家里有几亩地够吃就行,甚至威胁儿子和媳妇说,如果外出打工,他们不会帮着照顾孩子;妻子的意见是趁着年轻出去闯一下,但是孩子上学没人照料;丈夫的意见是家里的烤烟和苞谷两位老人忙不过来,需要自己留下来,因此只能在种地之余打打零工,很辛苦但挣钱不多。这一家的现状折射出当今农村的一些实际情况。

4.“外面生活不习惯”:外出务工的生活焦虑

在外面实在不习惯,天气热得受不了,吃得寡淡,也没有地方耍,真的太不自在了。

——一个在浙江打工的年轻人如是说

这个年轻人的话在某种程度上体现了一些不愿外出打工的人的心态。笔者曾多次听到外出打工归来的人抱怨：车辆太多太嘈杂、人太复杂处不来、饮食实在不习惯、气候不适应……这种心态折射出的是一种拒绝改变的心态。如果外出打工还是以在家里的生活习惯为标准，那么势必会产生对于生活的焦虑。不可否认，外出生活会有各种不适，但对于外出打工的目的还是需要进一步明确，是为了能够改变家乡的生活。这一点需要在教育和引导上进一步强调。

三、鼓励“观世界”：外出务工脱贫的内部动力

扶贫先扶志。人的精神状态决定了人对于客观世界改造的动力和能力，而正确的世界观可以激发积极向上的精神状态。对于贫困地区的贫困群众来讲，他们面临的客观世界决定了他们的世界观，要带领他们脱贫，激发他们的脱贫动力，充实和改造世界观是一个必经的路径，这就需要鼓励贫困群众勇于“观世界”。

我知道出去打工挣得多，可是咱四十多年都没离开过家，识字也不多，也不知道到了那边是个啥情况，要是被骗了咋办？

——一位村民在企业进村招聘会上和村干部如是说

这就是一些农村剩余劳动力在面对转移就业机会时犹豫心态的真实写照。这时候，要通过鼓励群众“观世界”，来打破犹豫心态。

1. 只有“观世界”，才能打破“无知恐慌”的二元尴尬循环。前面说过，如果是对外面的世界全然不了解，也不会有恐慌畏惧的心理，如果对外面的世界了然于心，当然也不会焦虑。所以，要鼓励农民“观世界”，就是要不断丰富他们的知识结构，丰富他们的社会认知。可以通过职业技能培训、外界信息培训等多方面的培训丰富农民群众的知识，来打破越不知越畏惧、越畏惧越不知的二元尴尬循环，帮助农民群众满怀信心地走出大山。

2. 只有“观世界”，才能更加明确“贫困”与“小康”的概念。贫困的概念是相对于富裕和小康而言的，我们要做的不仅是帮助农民脱离贫困，更重要的是帮助他们致富奔小康。在国家大力脱贫攻坚的战役中，广大农民群众已经不再为吃饭穿衣犯愁，如果农民群众将不愁吃穿作为生活的满足点，那就会缺乏进一步谋求幸福的动力。所以，要鼓励农民群众进一步脱离贫困奔小康，就要通过各种途径向他们描绘不远的将来即将实现的美好生活蓝图。这就需要我们鼓励他们走出去“观世界”，通过“观世界”来为自己将来的美好生活树立目标，为脱贫攻坚注入持久的发展动力。

3. 只有“观世界”，才能掌握更多的产业发展理念和本领。通过鼓励农民群众走出去“观世界”，就会进一步开拓其视野、提高其劳动生产技能。这一点在很多地方外出打工后回乡创业的人的身上可以得到证明。广大农村蕴含着丰富的自然资源、人文资源和生产资源，通过外出打工实现了“观世界”的农民群众，会更好地发掘和利用乡土资源发展家乡建设。这也是激发农民发展的内生动力的有效路径。

四、鼓励“观世界”，帮助农民闯过几道关

要鼓励农民走出大山，接触外面的世界、开阔自己的视野，就要按照习

近平总书记的要求,“帮助乡亲们寻找脱贫致富的好路子”,要因地制宜地帮助农民群众闯过几道关。

1. 以加强教育引导帮助群众闯过“志向关”

扶贫先扶志,要通过宣传教育引导来克服群众“等靠要”“贫困光荣”的思想,扶贫不扶懒汉,要帮助贫困群众树立“我要脱贫”的牢固意识。对于个别思想僵化、安于现状的群众要加强教育力度,一户一策地进行教育引导。

2. 以加强技能培训帮助群众闯过“技能关”

充分依托政府和社会爱心力量,为农民群众开展各方面的职业技能培训。笔者工作的县依托乡村课堂进行送技能下乡活动,开展面点师、机械师、酒店服务等多个方面的技能培训,受益群众轻松打破了技能恐慌的掣肘。

3. 以加强异地服务帮助群众闯过“生活关”

生活习惯差异是客观存在的,为了能够帮助群众闯过“生活关”,可以在劳务输出聚集的地方设立县域服务机构,派遣当地干部进驻,为当地打工群众开展异地服务,并且可以在打工聚集地成立打工者工会,为同乡群众营造归属氛围。

4. 以加强环境营造帮助群众闯过“创业关”

外出打工是权宜之计,回乡创业建设家乡才是长久之计。当地政府应该营造良好宽松的创业环境,为在外务工开阔了眼界的群众打开一扇回乡发展、回乡创业的宽松政策之门,并给予相应的政策倾斜支持,最终形成从打工脱贫到创业致富再到共享小康的良好氛围。

综上所述,鼓励农民“观世界”,不仅是帮助农民树立和完善“世界观”的必由之路,更是帮助他们树立与命运抗争的勇气、寻求改变现状的动力、掌握新思想和新技能的方法、追求美好生活的愿望的有效途径。

乡村振兴：让青年农民从城乡“边缘”到振兴“主力”

——兼谈农民工返乡发展

习近平总书记强调，要提高农民素质，培养造就新型农民队伍，把培养青年农民纳入国家实用人才培养计划，确保农业后继有人。在我国正在进行的脱贫攻坚的世纪决战中，农村的经济社会发展的中坚力量是新生代的青年农民，这是一个充满活力和希望、能够在农村脱贫攻坚致富奔小康过程中发挥重要的群体。党和国家对这个群体充满期望，也正是习近平总书记的愿望，要把这个群体培养成我们这个农业大国的农业“后继之人”。

时间临近2020年，在国家即将实现全面小康社会的时候，“80后”“90后”甚至“00后”的青年农民已经走上历史舞台，在国家大力推进义务教育均衡发展的背景下，即便在贫困地区，因为贫困导致初中以下辍学的情况已经极为少见。也就是说，青年农民的教育程度能够总体保持在初中以上文化程度，很大一部分人接受了高中教育或者中等职业教育。

这个群体承担着国家农业发展的未来重任，随着我国社会结构的变革、经济社会的迅速发展，这个群体也面临着传统城乡二元结构和社会日新月异的双重影响，使他们在生存环境、社会认知、心理反应和行动选择方面具有相对独有的特征。尤其是处于相对贫困地区的青年农民，面对贫困的乡土和外面的精彩世界，呈现出了一种更为突出的边缘化特征：一方面向往城市生活的精彩却无从融入，另一方面抗拒传统的农民身份却被乡土排斥。他们游走在高楼和土地之间，具有自己独特的话语权力表达，具有独特的群体亚文化，这种边缘化心态的社会现实使得贫困地区青年农民的生存选择呈现出典型的行为特征。

国家的乡村振兴战略提出了走中国特色社会主义乡村振兴道路，让农业成为有奔头的产业，让农民成为有吸引力的职业，让农村成为安居乐业的美丽家园。让我们在这样一个背景下再次审视这一批新生代的农民，在拼搏于城乡边缘环境中谋生存的同时，很多人已经在理性地思考，经过了外出务工的磨炼，经过了见识和经验的积累，是否可以将后部分的人生目标转回到养育过自己的家乡？一批新的乡村振兴的主力军已经打好行囊，准备回到乡土，在祖辈父辈经年累月劳作的土地上干出一番新的事业。

一、外出务工：摆脱贫困的有效路径

习近平总书记明确指出，要加大扶贫劳务协作，提高培训针对性和劳务输出组织化程度，促进转移就业，鼓励就地就近就业。在广大贫困地区，尤其是处于脱贫攻坚关键时期的贫困农村，如何进一步激发农民群众外出务工的勇气，通过转移就业促进其脱贫并持续增收，是现阶段脱贫攻坚关键时期需要研究的一个重要课题。

十九大报告指出，让贫困人口和贫困地区同全国一道进入全面小康社会是我们党的庄严承诺。2020 年，中国人民将全面脱贫，这是中华民族信心和力量的体现。党的十八大以来，在以习近平同志为核心的中共中央的坚强领导下，脱贫攻坚力度之大、规模之广、影响之深前所未有，取得了决定性进展。但是，脱贫攻坚越到临近胜利，难度就越大，面临的困难也越多，要求我们按照党中央的统一部署，不断地推进“五个一批”，最终打赢脱贫攻坚战。

在“五个一批”的脱贫攻坚路径中，发展生产脱贫一批，就是要鼓励引导和支持所有有劳动能力的人依靠自己的双手开创美好明天。鼓励农民外出务工，进行劳动力转移就业是最为快捷和实效的方法。

“一人打工，全家脱贫”，这是在贫困农村广泛传播的一条标语。在江苏省某企业打工的云南省的一对年轻夫妻曾经给我们算过这样一笔账：“在我们老家，也是一个贫困县，主要的农业种植是烤烟、苞谷或者洋芋。种烤烟是一个磨人的细致活，非常耗费人工，我们种一亩烤烟，刨除所有的必要耗费，纯收入能在三千元左右，还要不能碰上灾害天气；如果种洋芋，每亩地在一千元左右的收入，种苞谷（玉米），每亩地也就几百块钱。另外，现在家里的土地基本上都流转出去了，自己种的没有多少，辛苦一年也挣不到几万块钱。像我们夫妻这样，一块出来打工，家里的孩子请老人帮忙带着，有点地流转出去，老人家有精力种上几亩，我们两个在外面打工，公司包吃包住，每个月能拿个四五千元，我们两个省着点花，一年能拿回家七八万块钱。这样苦个几年，攒下点钱，再回老家看看干点啥。”

另一个就近打工的农民给我算了这样一笔账：“我家里有四亩多地，全部流转出去了，每年每亩是一千块左右，四亩就是四千块，流转的土地给老板种蔬菜，我就在自己的土地上打工，每天能拿个一百块左右。我要是一年能干上两百天，一年也能收入两万多块钱，比起我种四亩烤烟，要多个万把块钱，还省了不少精力。”

从上面的情况来看，在摆脱贫困的关键时期，充分调动贫困地区劳动力转移就业，通过打工改善经济条件，是一条必经之路，也是最有实效、最迅速的路径之一。

二、融入的困境：游走在城乡边缘的人生

费孝通先生在 1994 年的讲演中说：农民只能靠种田吃饭，不能靠种田生活。这是广大农民从经验中得出的结论……农民总是要千方百计地在种粮食之外搞些收入才能维持生活多方面的需要。① 改革开放后，离开农业生产到城市务工成为一种新的潮流，曾经风靡一时的电视剧《打工妹》真实地反映了外出打工者的真实境遇，也正是费老所说的维持生活多方面的需要。所谓的农民工，狭义解释，就是仍然为农业户籍，但已经脱离农业生产，进城务工和在本地或异地从事非农业劳动的劳动者。② 截至 2017 年末，全国农民工总量为 28 652 万人，比上年增长 1.7%。其中，外出农民工 17 185 万人，增长 1.5%；本地农民工 11 467 万人，增长 2.0%。

诚然，外出务工可以解决紧迫的经济问题，但是，农民工群体也面临着另外一个新的问题，他们游走在城乡的边缘，对城市生活充满向往，却难以融入城市；对青年一代农民工来讲，他们从一成年就开始外出打工，不会也不愿意再返回到父辈的传统的农业生产中来。这就产生了一种两难的尴尬。在对外出务工人员的访谈中发现，很多人表示，在城市里只是为了挣钱，能够在城市里扎根是很遥远的事，但是回到农村从事传统的农业生产，他们又不愿意。

---

① 费孝通：《行行重行行——中国城乡及区域发展调查》，北京：群言出版社 2016 年版，第 643 页。

② 中华人民共和国 2017 年国民经济和社会发展统计公报。

笔者在乡村调查中与乡村的老年人和村干部就青年一代农民外出务工的现象进行过这样的对话：

“你说现在的年轻人啊，还真是这么个道理，”一位村干部说道，“现在让他们干农活，真的是难为他们了。说实话，现在能在地里干活的，要么就是三四十岁的人，要么就是老年人了。其他的基本上都出去打工了。其实也挺好，要是安心打打工，挣点钱回来盖房子娶媳妇，也是不错的。”

“啥挣到钱了？没看他们拿回来一点，有的时候还和他爹妈要。我们那个，初中毕业就不上了，说和人家出去打工，时不时地就回来住上个把月。你问他为啥不出去了，他也不说就待在屋子里，要么就玩手机，要么就出去和啥子朋友闲游烂逛。说让他下地帮着干点啥，要么不去，去了也不会干。”一位老人顺着说。

“确实是这样的，”我说，“这些青年，尤其是初中毕业的青年，知识技能储备比较低，到了大城市，打工也比较难，归属感差，回到乡村，又不能从事传统农业劳动，就造成了这一批青年人被边缘化了。”

“就是就是，你说这意思我听懂了，就是这个意思，两边不待见嘛，城里待不下去，村里也待不下去。”大家都笑了。“你说这些青年人咋办呢？我们村里就有，整天要么就是打打零工混日子，要么就在家玩手机，闲游烂逛。”

融入不了城市，又返不回乡村，这样的一个群体真的是处在了一个两难的境地吗？

三、并非两难：乡土在召唤

我们都知道，脱贫攻坚是一个阶段性的战役，当这个战役取得阶段性胜利之后，我们马上会转入经济社会的全面发展。要解决农村地区的长久发展，要实现农村的振兴，更重要的是实现农村的产业发展，而产业发展需要的是信息、技术和活力，这部分“两边不待见”的年轻人，正是承担这项工作的最好角色。所以，这部分群体并不是处于两难境地，而是面临着新的一轮乡村振兴的召唤。

从一直读书读到初中毕业，然后外出打工，这一批青年农民虽然没有接受更高的教育，但他们接受了社会实践的洗礼。叶落总要归根，让他们回到家乡再从事传统农业劳作，无论从心理上还是从技能上，他们已经无法承担和接受，但是，在乡村振兴过程中，他们有着独特的不可替代的社会价值。

首先，他们年轻，有希望，有活力；其次，他们有一定的知识水平，对于新事物、新信息接受比较快；再次，他们对乡土充满感情，爱这片家园；最后，他们的乡村关系网络在本乡本土，具有一定的人际关系力量。更重要的是，在外出务工的过程中，他们开阔了眼界、解放了思想，成了“观过世界”的一代。我们都知道，世界观是从“观世界”的过程中得来的，这些人正是通过“观世界”学习到更多的社会经验和信息经验。

在一个种植水果的合作社内，笔者和合作社负责人就企业的发展和经营的主要问题进行过这样的对话：

“现在我们的合作社已经在市场上有了一定的固定下家，因为我们的产品质量好，很多下家都想和我们做生意，但是我们还是有顾虑的。这个顾虑来源于两个方面：第一个方面，是我们扩大生产的压力比较大。我们种植的是水果，我们希望能够带动农民群众分散种植，由我们进行技术指导，并且保护农民利益，以市场价加保底价进行收购。但是您知道，我们这个种植需要搭建大棚，如果由我们合作社全部搭建，我们的资金压力太大；如果让群众自己搭建，群众手中的资金有限，贷款虽然不是新鲜事物，但对于农村群众来讲却是一个非常大的挑战。现在参加我们合作社，自己贷款建大棚的，基本上都是打工回来攒了点钱，也能够接受贷款这个事儿的人。

“另外一个方面，就是我们产业发展的问题。农业发展，无论是种庄稼还是养牲口，重要的是大家要把它当成产业来做，而不是各干各的，那样抗风险的能力太差了。看着啥好就种啥，等你种出来，大家都种，价钱肯定就下来了。不瞒您说，我原来是做工程的，现在回来做合作社，跟着我一块干的，大部分还是和我当年一块出去闯荡的弟兄们，他们能够接受这个，也愿意将这个做成一项事业。而咱们在家的人，还是分散着在经营自己的那些地，最多就是我需要人手的时候过来打打零工。”

在一个鲜花种植的合作社内，我见到了一个正在研究花苗长势的年轻人。他告诉我，他就是这个村子里的人。谈起回乡发展，他是这样说的：

“我就是学农技的，前面两年一直在外面打工，干过技术，也干过体力活，也挣到一些钱。去年过年村支书到我家，和我聊起了回乡发展的事情，我想想也是，总在外面飘着，就算挣着点钱，家里老婆孩子老人都照顾不了，也不是长久之计。我就在支书的动员下，回来干我的老本行。咱们村子里有地，环境又好，本乡本土的，环境熟悉，现在政策也有支持，我和支书一块弄这个养花的合作社，他搞经营我搞技术，再叫上乡亲们帮忙，我想一定能够干成的。”

我们国家正处在传统农业向现代农业转型的关键时期，而在这个时候，农村劳动力大量向城市和非农产业转移，而且新生代农民工对土地已经有了“陌生”感，留守在农村的人群又呈现出总量相对不足、整体素质偏低、结构不尽合理等系列问题，就像上述合作社负责人所说的，能够接受发展理念的，大多数是在外面闯荡过的、有一定见识的人。在这样的背景下，故乡的发展呼唤着在外务工人员的归来,乡村的振兴呼唤着新一代生力军返回故土。

四、返乡发展:培养乡村振兴的“主力军”

习近平总书记指出,实施乡村振兴战略,走中国特色社会主义乡村振兴道路,让农业成为有奔头的产业,让农民成为有吸引力的职业,让农村成为安居乐业的美丽家园。这给广大农业工作者和亿万农民发出了动员令。乡村的振兴,是产业的振兴、文化的振兴、生态的振兴,农业强、农村美、农民富,是我们努力的方向,是摆脱贫困之后更加辉煌的未来。习近平总书记指出,要培养更多爱农业、懂技术、善经营的新型职业农民。培养新型的农民,这些在外面打过工的,有一定的知识积累和经验储备的青年一代,正是我们需要重点培养的主体力量来源之一。

早在2015年,国务院办公厅先后印发实施了《关于支持农民工等人员返乡创业的意见》和《关于推进农村一二三产业融合发展的指导意见》,2016年印发实施了《关于支持返乡下乡人员创业创新促进农村一二三产业融合发展的意见》,2018年,国家又进一步在政策上、措施上支持农民工返乡创业,这都是为乡村振兴注入的活力剂。

M女士是一位回乡创业的女企业家,她讲述的几年的经历有效说明了农民工返乡创业的历程:

“我当年高中毕业以后,离现在有二十年了吧,就到旁边一个市的石油公司去上班了,就是开始了打工生涯。当时我干过加油工、抄表工、收银员、出纳什么的,干了一年多,公司重组了,我们这些人就面临着被遣散。当时不怕你们笑话,在打工的企业散了以后,把住宿、伙食等费用扣掉,买了回乡的车票,我身上只有几块钱了。那个时候,您想想,干了一年,最后只剩下几块钱,廉价的劳动力啊,真是欲哭无泪。

"后来,我就揣着这几块钱,到了另外一个城市,在人才市场找工作,开始在另外一家企业打工。那是一家做机械设备的企业,我进去以后是做销售,在那里我接触到很多进口的设备、维修的技术,那是 2000 年初,我在那里第一次接触到了电脑,那个时候,公司里的工程师已经可以用 CAD 制图了,我们看着好神奇。

"那时候我就觉得电脑一点不会肯定不行,我就有空的时候偷偷地看着他们用,我自己悄悄地学。一点一点开始,真难啊,那个时候,人家工程师或者技术人员要是说,小×,我要干活了,我就要马上把电脑让给人家,就这样慢慢地自学,用了一年的时间,终于学会了一些打字、简单的制图等技术。当时真的是觉得,我们的差距太大了,为什么人家城里人觉得很平常的东西,我们都觉得那么新鲜?关键是还一点都不会,我就想,一定得学会了,跟上人家的步伐。

"就这样过了一年时间吧,我觉得,这样总是给人家打工也不是个长事,打工这两三年,在外面啥苦都吃了、啥罪都受了、啥委屈也都经历过了,总还是要回到家乡的。我就和家里人商量,用一年攒下来的钱,再向家人、朋友借一点,就回到县里租了一小间店铺,开了一家小图文店,那是 2001 年或者是 2002 年的事情。您还别说,那个时候,因为我开得早,虽然店铺小,但是市场需求还是有的,我的生意做得还是挺顺风顺水的。

"后来,大概是 2010 年或者 2011 年,我已经开图文店有七八年了,总想着这个小买卖虽然有效益,但不能满足现状。我就经常看看中央电视台的《致富经》啊,看看网上的一些农业项目什么的。咱们家乡别的没有,青山绿水是有的，有的是地方，后来我就和老乡朋友打听，大家都觉得可以尝试着在承包的山头上搞养殖，养鸡是比较符合市场需求的。这样当年我就进了3 000只贵妃鸡，没敢多养，就是尝试一下。还好，我们精心照顾，鸡苗没死多少，但是这种鸡长不大，和我们本地的土鸡、苗鸡相比，我们按只卖，算下来是不划算的。后来，有一个朋友正好开饭店，就一次性把我的成鸡全部买走了。但这样的订单不可能总是遇到，所以我也就顺势改了方向，开始改养本地土鸡和云贵地区的一些土鸡品种，这样试下来，还是本地的品种比较适合，长得大，野性足，肉质好。

“您看看我们现在山上这些鸡，都是散养，满山跑，渴了喝山里的水，饿了吃山里的野菜野虫，我们还时不时地会将一些中草药剁碎了拌到玉米粉里，让鸡提高免疫力。现在，我们的鸡的品牌已经基本得到了本地市场的认可，逢年过节还会供不应求。

“现在，我们合作社已经把周围的村民们都带动起来了，我们不光带动了很多建档立卡户家庭，还有一些农户我们给他们提供鸡苗，让他们按照我们的技术养，我们再来收购，然后统一销售，这样就解决了销售问题。现在，村民们都行动起来了。我这边也吸引了很多原来在外面打工的人，他们愿意回来一块做养殖产业，我们也支持，大家携起手来，都是在外面闯荡过的人，回到家乡还不是干劲更足！我们后面还要在养殖的基础上不断地细化经营，研究延伸产品，苦日子过去啦，后面一定会越来越好！”

青年一代的农民虽然已经不适应传统的农耕劳作，但他们对土地、对故土的情感并没有减弱消失，这个群体非但不是处于两难境地的边缘化人群，而且应该是具有极大社会价值的乡村振兴生力军，他们拥有着在外面打工积累的经验、教训、信息、视野，他们学会了外面新鲜的技术、方法，回到乡村，他们有着更为广阔的用武之地；作为土生土长的乡亲，他们的社会网络在乡村，他们的社会资源在乡村，他们带着活力回到乡村，会具有极大的鼓动力和号召力，会为沉寂的乡村带来新的生气；政府做好优质的服务和鼓励，为他们提供一切必要的支持，会极大地增强他们发展的动力和信心。这样一支生力军，必然会为乡村振兴提供巨大的推动力。

从脱贫到富裕、从富裕到振兴，农业农村农民问题是关系到国计民生的根本性问题。在云南调研时，习近平总书记曾经深情地说："留得住绿水青山，记得住乡愁。什么是乡愁？乡愁就是你离开这个地方会想念的。"是的，无论飘在何方，故乡永远是我们的根。这对在外漂泊务工的青年人来说，更有着深刻的意义。从打工到回乡发展，是一个从脱贫到致富的过程，是一个从工作到事业的转变过程，在我们大力实施乡村战略的历史时期，在外务工的青年一代农民，并不是被边缘化的一群人，农村广袤的土地在召唤着他们，故乡深厚的乡愁在思念着他们，希望他们能够带着在外务工积累的经验回乡发展，带着对土地深切的热爱回乡创业，在农村广阔天地上建功立业，为乡村的振兴贡献出自己的力量。

后 记

伴随着这本杂文集的付梓,我的两年的挂职也结束了。原来似乎对两年的概念没有明确的认知,现在觉得,两年很快,快得让我似乎感觉不到时间的流逝。当然,我知道,这两年,不是我一个人在奋斗,我的身边,有着家人的付出,有着领导同事们的关心和支持,有着朋友们的挂念。作为后记的文字,我想表达和感谢的太多,总想着怎么能够充分表达我的情感。抽了个时间,我翻看了两年来我记录下的每一篇日记,重新回到了刚刚过去的两年的岁月。

我是何其有幸,能够用两年的时光和彩云之南的战友们并肩奋战!我又是何其有幸,能够在挂职的两年内亲身参与了这样一场脱贫攻坚的世纪决战!感谢学校给了我这样一个学习锻炼的机会,感谢我的挂职单位,是他们让我深切地感受到了基层工作的使命与光荣。无论是出于对责任使命的担当,还是出于对学校深厚情感的责无旁贷,或者是对自己人生作为和回报家人奉献的一个交代,我都要感谢这样一个挂职的机会。

还记得我准备出发的时候,学校领导和师长们谆谆嘱咐,注意安全、注意身体、注意工作……学校会给你坚定的支持,我知道,这一系列的"注意"背后,是他们对我的关心和支持、信任与期望;同事朋友们也很关心我,表达出奇的一致:家里有什么事情就说,我们都在……我知道,这是大家在让我安心。其实,两年来,我一直不是一个人在战斗,我一个人又能做什么呢?

学校领导们来了，尊敬的师长们来了，学校同事们来了，学校学生们来了……他们带来的不仅仅是对我的鼓励和关心，更多的是科技、教育、产业等支持贫困地区脱贫发展的各种资源。

两年来，我与挂职当地的领导、同事、乡亲们建立了深厚的感情。他们从来没有把我当成外人，而是从一开始就用最真挚的情感接纳我，用最真诚的行动来支持我。无数次对我生活的关心细致到吃、住、行，无数次对我工作的支持细致到每一个建议、每一个环节……当我和大家一起深入到脱贫攻坚第一线并肩奋战的时候，我深深地感受到这是一个有信仰、有思路、有干劲、有情有义的群体，他们正在筑牢我们带领群众脱贫致富奔小康的基石；当我深入到乡亲们中间，和他们一起捧起水烟筒聊起家常的时候，我深切地感受到这群朴实、善良、勤劳的中国农民对幸福生活的渴望！

两年来，对我的家人，我是充满愧疚和感激的。当我在爱人和父母面前说起挂职扶贫的想法时，家中出现了一段时间的沉默。妻子默默地看着我，我在她疲惫的眼神（我的爱人在一家跨国公司工作，每天工作紧张忙碌）看到了一丝离愁，更有一丝坚定；父母默默地看着我，我在他们慈爱的眼神中看到了一丝不安，更有一丝关切。过了许久，妻子深吸了一口气（我能感到她强忍着泪水），哽咽地说："我心里明白，理智上我会一如既往地支持你，情感上我确实有点舍不得。"听到这里，我突然感到鼻子一酸，五味杂陈，是感动，是不舍，是感谢！我的父母说："孩子，我们三个人意见一致，支持你的决定，你要照顾好自己，不用担心孩子，家里我们三个会相互扶持！"我已经忍不住自己的情感（我知道，两年的时间，一个男人壮劳力不在家里，他们将承受怎样的压力）……谢谢你们！

家里还有一个虽然年纪小但是极为重要的成员——我的小女儿。我还清楚地记得，当我们大人在讨论这件事情的时候，她一反常态地静静地坐在沙发上，没有插嘴。我一直在想，要用一种什么方式来告诉孩子这件事并得到她的支持。我和孩子平时交流得很多，而且一直在用平等的身份和角色。当天孩子没有问什么，我也没有多说，只是在找机会向她解释。适逢十一长假，按照计划我们一家三口回北京探亲旅游。在高铁上，我用手机找到了一些贫困山区孩子的实景图片，指给她看，孩子说："爸爸，这些小朋友真的很可怜，但是，您给我看这个是什么意思？"嗨，我聪明的女儿啊，你这是反被动为主动，让爸爸如何回答？我说："你们是不是有一首歌唱过'……长大要为人民立功劳'，爸爸长大了，现在需要我去帮助他们，你觉得可以吗？""可以啊，但是，你要去多久？""不长，爸爸会尽量多回来看你。"孩子突然意识到了什么，不再说话，眼泪却掉了下来！"爸爸，我不想让你去，我怕你去了不回来，我就成了留守儿童了。"我突然心头一紧。

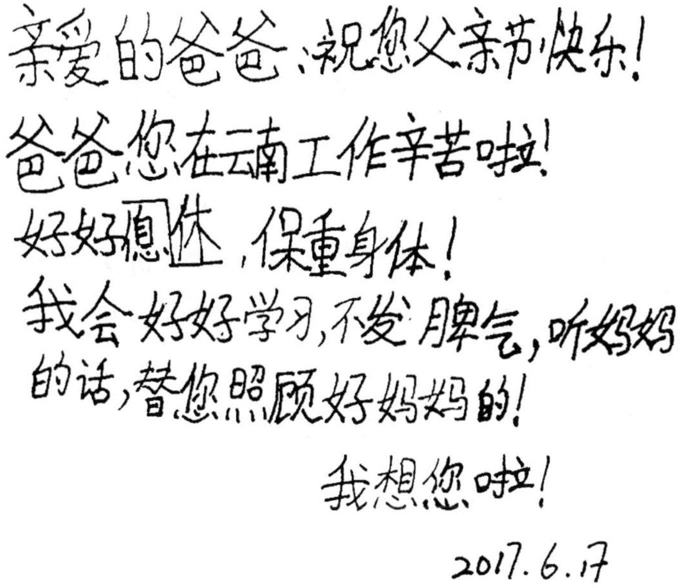
亲爱的爸爸：祝您父亲节快乐！
爸爸您在云南工作辛苦啦！
好好休息，保重身体！
我会好好学习，不发脾气，听妈妈的话，替您照顾好妈妈的！
我想您啦！
2017.6.17

图片说明：女儿在父亲节给我写的信

在北京旅游期间，我忽然发现孩子经常哼唱“长大要为人民立功劳”这句歌词，我有点忐忑了。一天晚上，我和孩子在街上散步，孩子又唱起了这首歌，我问：“你觉得爸爸应该去吗？”孩子似乎下了很大的决心说：“爸爸，理智上我支持，情感上舍不得！”我愕然，这话是孩子说出来的？哦，记起来了，几天前我们大人在商量的时候，孩子已经把我们说的话都记在心里了。我

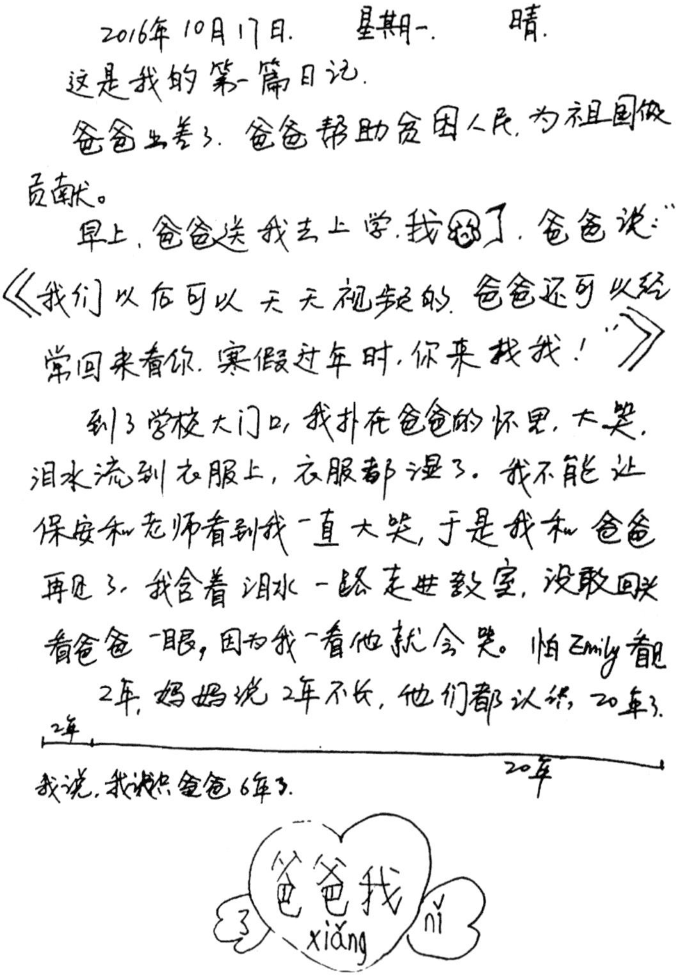
2016年10月17日. 星期一. 晴.
这是我的第一篇日记.
爸爸出差了. 爸爸帮助贫困人民, 为祖国做贡献。
早上, 爸爸送我去上学. 我（哭）了. 爸爸说:"《我们以后可以天天视频的. 爸爸还可以经常回来看你. 寒假过年时, 你来找我!"》
到了学校大门口, 我扑在爸爸的怀里, 大哭. 泪水流到衣服上, 衣服都湿了. 我不能让保安和老师看到我一直大哭, 于是我和爸爸再见了. 我含着泪水一路走进教室, 没敢回头看爸爸一眼, 因为我一看他就会哭。怕Emily看见
2年, 妈妈说2年不长, 他们都认识20年了.

我说, 我认识爸爸6年了.

图片说明：我刚刚挂职出发时女儿写的第一篇日记（妈妈代笔）

突然感到愧疚，孩子在这几天里心里是承受了多少压力！她不能理解“挂职”是怎么回事，她只知道爸爸会有一段时间不在身边，她害怕的是自己成为留守儿童(奶奶经常给她讲这样的故事)。现在，她能说出这样的话，可见她心里是经过了怎样复杂的斗争才做出了决定。谢谢你，我懂事的乖女儿！

中午出发赴云南，早上我去送了女儿上学，孩子在学校门前拥抱了我，我看到她的眼泪掉了下来，又猛地一擦眼睛，说“爸爸再见”，头也不回地直接走进学校。真的，一直没回头。我傻站在那里，心里一阵难过。到了云南后，女儿写了一篇日记，那是一篇让我感动得热泪盈眶的反映了孩子心声的日记！妻子说：要让她学会直面自己的情感，抒发出来，对身心有好处。

两年来，我曾经笑问过爹妈：你们生日我不在身边，是不是忠孝不能两全？爹妈说：好好工作，不用你惦记！爱人笑着说：你一不在家，我们好像得了“你不在家综合征”，一个月内，从老到小四个人相继病倒，不过还好这个综合征是暂时的，现在都好了，安心干你的活。

……

两年，我想说的很多，想表达的情感也很多，但再长的话也有结尾的时候。在即将结尾的时候，我的脑海里浮现出一幕幕温暖的画面。关心支持帮助的我的人太多了，我不能一一列举。在这里，向关心支持我的学校领导、市县领导和同事朋友们表示真诚的感谢，向指导帮助我的老师们表示感谢，向朴实善良的乡亲们表示感谢，向惦念安慰我的朋友们表示感谢，向默默付出的亲人们表示感谢，向为我提供照片和文字素材的朋友们表示感谢，向帮我精心策划和出版这本小书的编辑老师们表示感谢！

要特别感谢曹锦清先生为我作序。我诚知自身浅薄，先生能够欣然提笔为后辈作序，加之很多师长和领导对作品给予悉心指导，我感恩之余更深感提携之情、鞭策之力、前行之责，唯有日行日省，不断砥砺以为报。

谨以这本浅薄的小书献给你们！

也献给广大奋战在脱贫攻坚一线的战友！